図解 ビジネスモデル・ジェネレーション ワークショップ

今津 美樹

Business Model Generation WORK SHOP

Contents

図解
ビジネスモデル・ジェネレーション
ワークショップ

本書の読み方 —— v

● INTRODUCTION

巻頭マンガ Comic
BMGの描き方講座 —— vi
動画視聴案内 —— xiv
ダウンロード案内 —— xv

● INTERVIEW

［企業導入インタビュー01］株式会社日立ソリューションズ —— xvi
［企業導入インタビュー02］NTTアドバンステクノロジ株式会社 —— xviii
［企業導入インタビュー03］メディアサイト株式会社 —— xxii

Work Shop chapter 1
完全再現 BMGワークショップ

ビジネスモデル・キャンバスをみんなで作成してみよう —— 2
ビジネスモデル・キャンバスの9つの要素 —— 4
「顧客セグメント」で、属性ごとにグループ化する —— 6
「価値提案」で顧客のニーズと自分の価値をマッチさせる —— 8
「チャネル」と「顧客との関係」を検討する —— 10
「収入の流れ」と「顧客との関係」を記載する —— 12
「主なリソース」と「主な活動」を検討する —— 14
「キーパートナー」と「コスト」を検討する —— 16
イノベーションワークに挑戦しよう —— 18
キャンバスに"揺らし"を起こしてみよう —— 20

Method
chapter 2
導入事例で学ぶビジネスモデルのつくり方

ビジネスの現場で役立つBMG —— 24
自分たちのビジネスをキャンバスに描いてみよう —— 26
新規ビジネスのプロトタイプを作成してみる —— 28
新規ビジネスのアイデアを整理する —— 30
新規ビジネスの課題を分析する —— 32
ファーストキャンバスを描く —— 34
共感マップを使ってキャンバスに改善を加える —— 36
ヒアリングして顧客イメージを明確化する —— 38
価値提案を見出すための4つのポイント —— 40
キャンバスに変更を加えてセカンドキャンバスを描く —— 42
SWOT分析を使ってビジネス環境の変化に対応する —— 44
SWOT分析の結果からシナリオを検討する —— 46
外部環境の影響も考慮したサードキャンバスを描く —— 48
ビジネスモデルデザインにおけるまとめとヒント —— 50

Business Model
chapter 3
キャンバスの導入・活用のための手順

プロジェクトや企業・組織への導入とその準備 —— 54
組織やビジネスを改革するためにBMGを導入する —— 56
BMGを現場へ導入する —— 58
BMG導入プロジェクトを立ち上げる —— 60
ワークショップやグループディスカッションの重要性 —— 62
ワークショップを盛り上げるテクニック —— 64
写真を活用してキャンバスを保存する —— 66
完成したキャンバスを元にプロトタイプで小さく検証してみる —— 68
顧客からの反応を元にビジネスモデルを改善する —— 70
BMG研修導入事例①個々のキャンバスを定期的な評価でフォロー —— 72
BMG研修導入事例②自社ソリューションで継続トラッキングが可能に —— 74
BMGのメソッドを企業研修として導入する目的と効果 —— 76
イノベーション人材育成のためのワークショップ —— 78
全社研修や事業部研修でワークショップを開催する —— 80
新人、若手社員向け研修としてBMGのワークショップを開催する —— 82

Personal Model
chapter 4
個人をビジネスモデル化してデザインする

自分自身をビジネスモデルとしてデザインする —— 86
個人のビジネスモデル・キャンバスの使い方 —— 88
働き方のスタイルを見直してみる —— 90
［ケース 1-1］業界再編のために転職を検討する —— 92
［ケース 1-2］顧客を変更してリ・デザインする —— 94
［ケース 2］独立起業を検討する —— 96
［ケース 3］自分を新しくデザインする —— 98
［ケース 4-1］自分の目指す道で独立起業 —— 100
［ケース 4-2］事業を通して自分の生き方を見つける —— 102

Case Study
chapter 5
ケース別 BMGキャンバスの事例集

ビーエムシー・インターナショナル　付加価値税徴税システム —— 106
ビーエムシー・インターナショナル　新しい市場のリバース・イノベーション —— 108
でんかのヤマグチ　顧客サービスで差別化を実現 —— 110
タイムズ24　多様なサービスを展開するコインパーキング —— 112
タイムズ24　カーシェアリング「タイムズカープラス」—— 114
スターフェスティバル　宅配弁当「ごちクル」—— 117
サントリー&サーモス　マイボトルドリンク「drop」—— 120
オーパワー　節電プラットフォーム —— 124
リネット　クリーニング保管サービス —— 126
N社＋M社　「アサイーボウル大福」開発プロジェクト —— 129

● Appendix 付録
本書使用フレームワークについて —— 132

本書の読み方

本書は以下の構成になっています。

■chapter 1　完全再現 BMGワークショップ（動画視聴あり）

ビジネスモデル・ジェネレーション（BMG）で最も活用するツール「ビジネスモデル・キャンバス」の使いこなし方を、著者が実際に行っているワークショップを誌上と動画で完全再現しながら理解を深めていきます。動画コンテンツの視聴に関しては、xivページをご参照ください。

■chapter 2　導入事例で学ぶビジネスモデルのつくり方

最初のアイデアをどうやって整理してキャンバスに描き、ビジネスモデルとして成立させるかをご紹介します。プロジェクトの様々なフェーズやシチュエーションで利用できるテクニックやツールも解説します。

■chapter 3　キャンバスの導入・活用のための手順

BMGを企業や組織で導入・活用するために必要な手順やヒントをご紹介します。BMGを広めるためにワークショップなどを開催し、ファシリテーションしようと思っている方は必見です。

■chapter 4　個人をビジネスモデル化してデザインする

個人のビジネスモデルについて、ビジネスモデルYOUのフレームワークを活用しながらご紹介します。個人をビジネスモデル化する方法と、個人のビジネスモデル・キャンバス（パーソナル・キャンバス）の記入例を紹介します。

■chapter 5　ケース別 BMGキャンバスの事例集

様々な企業や組織などのビジネスモデル・キャンバスやVPキャンバスの記入例を紹介します。ご自身の企業を分析していて行き詰った場合などは、この章に掲載されている他社事例を参考にしてみてください。

■Appendix 付録　本書使用フレームワークについて

本書で使用したフレームワークの一覧です。ダウンロードして使えるものもあります。ダウンロード方法など、詳しくはxvページを参照ください。

Comic BMGの描き方講座

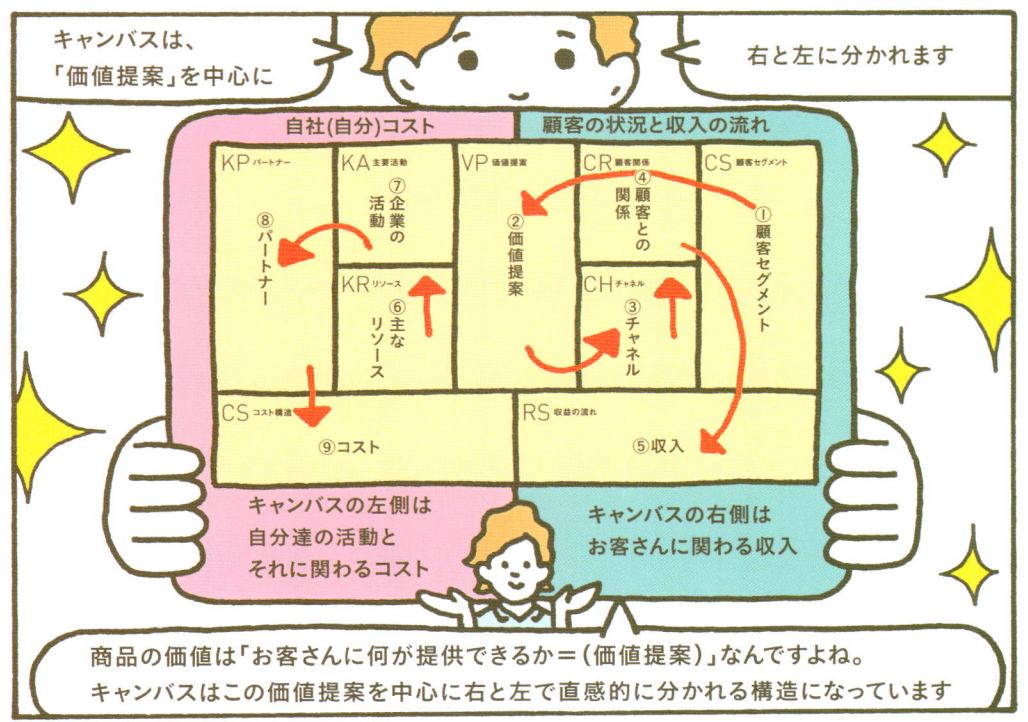

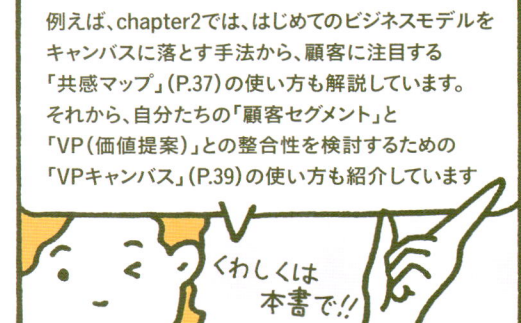

Comic BMGの描き方講座

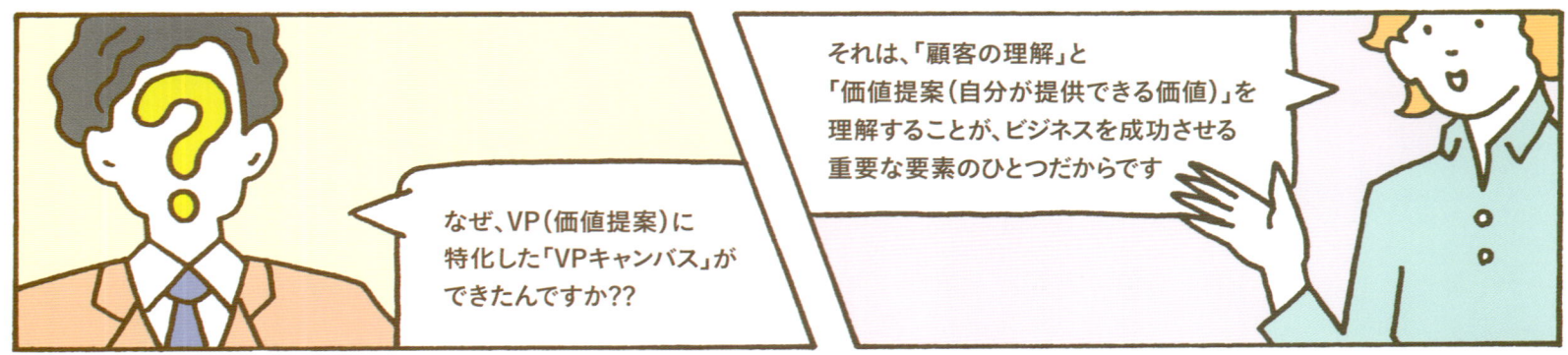

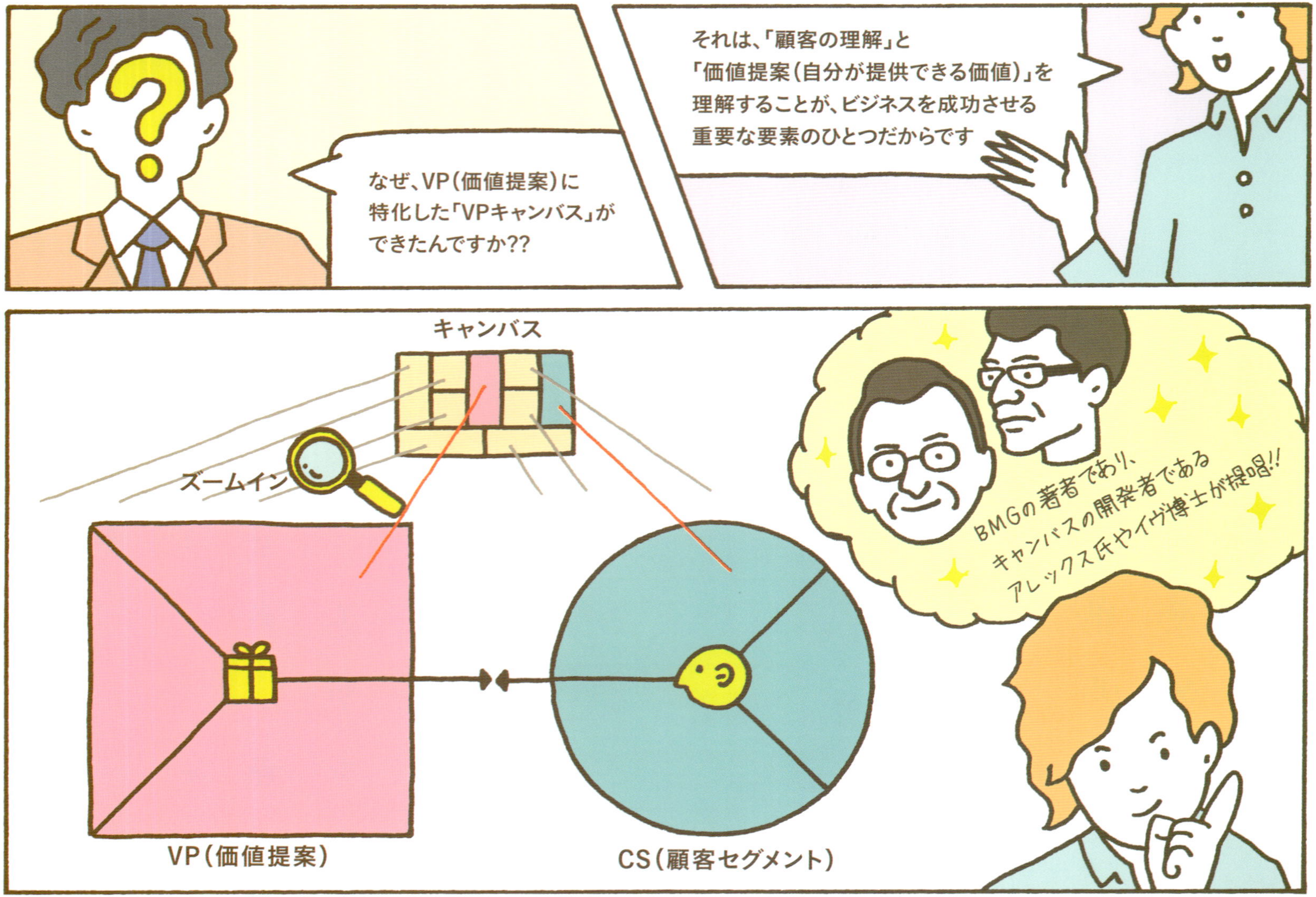

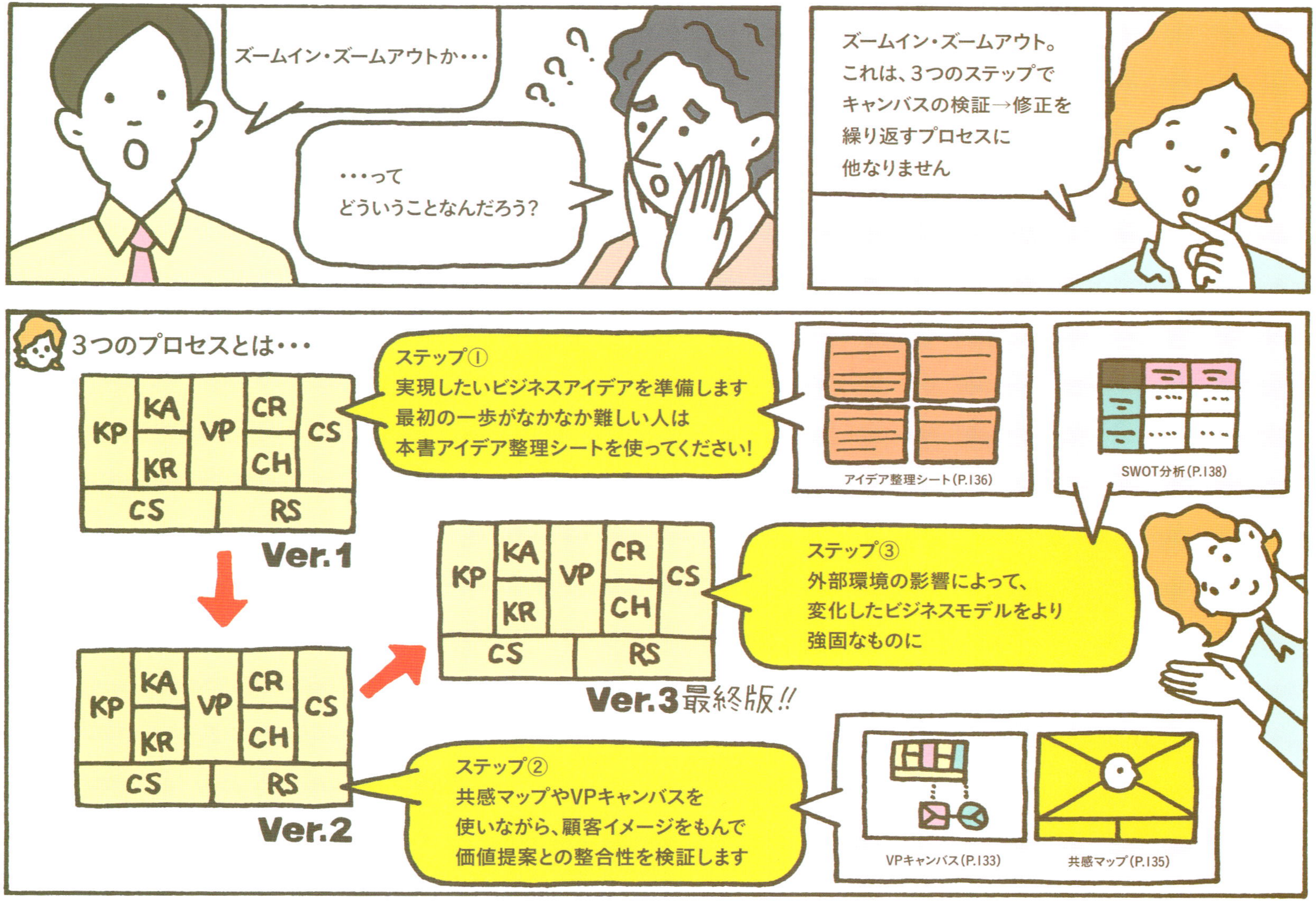

Comic BMGの描き方講座

Comic BMGの描き方講座

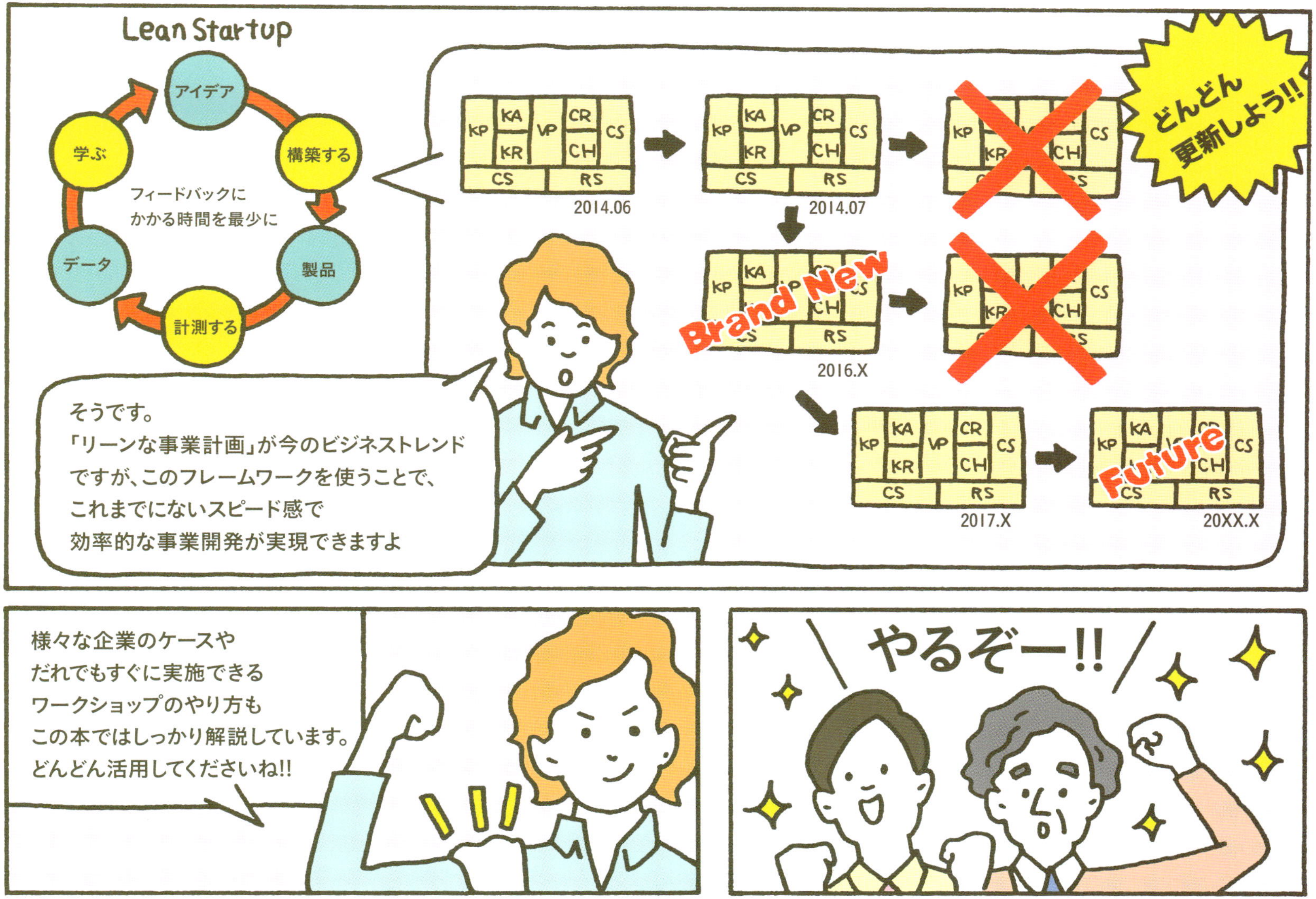

● 動画視聴案内　　本書のChapter1で再現したワークショップを動画で視聴できます。書籍と照らし合わせながらご活用ください。

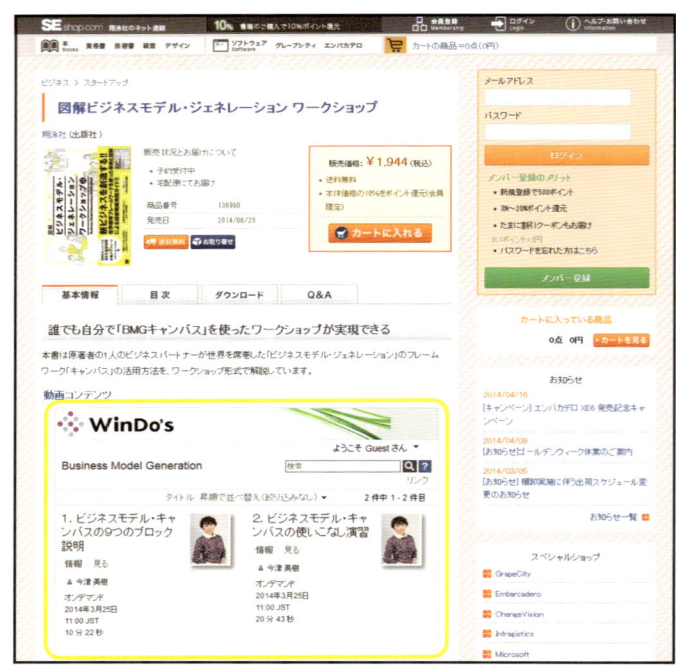

以下のURLをWebブラウザで表示すると、翔泳社SEshop.comの『図解 ビジネスモデル・ジェネレーション ワークショップ』の書籍情報ページにある「動画コンテンツ」に、「ビジネスモデル・キャンバスの9つのブロック説明」と「ビジネスモデル・キャンバスの使いこなし演習」、2つのコンテンツが表示されます。視聴したいコンテンツを選択してクリックします。

http://www.seshop.com/product/detail/16997/

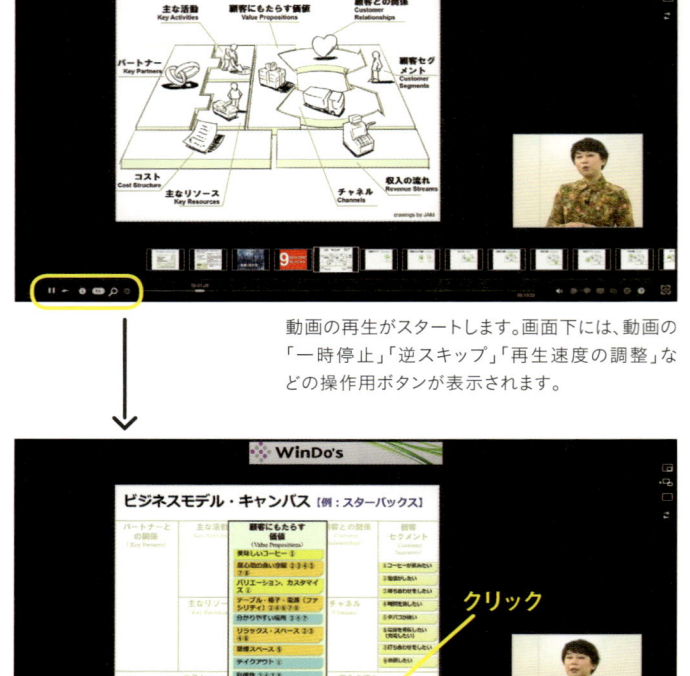

動画の再生がスタートします。画面下には、動画の「一時停止」「逆スキップ」「再生速度の調整」などの操作用ボタンが表示されます。

サムネイルをクリックすると、そのサムネイル画像に合わせた説明を視聴できます。本書の内容と合わせてご覧ください。

※ 動画の視聴要件はhttp://www.mediasite.co.jp/viewrequirement/をご確認ください。

● ダウンロード案内　本書で使用したフレームワークの一部をダウンロードできます。132〜140ページを参考にしてご活用ください。

以下のURLをWebブラウザで表示すると、翔泳社SE Booksの『図解 ビジネスモデル・ジェネレーション ワークショップ』の書籍情報ページが表示されますので、「付属データ」をクリックします。

https://www.shoeisha.co.jp/book/detail/9784798136967

ダウンロードファイル一覧

- ビジネスモデル・キャンバス　132ページ
- アイデア整理シート　137ページ
- SWOT分析　139ページ
- 個人のビジネスモデル・キャンバス（パーソナル・キャンバス）　140ページ

会員登録画面が表示されますので、登録情報を入力して「登録してダウンロード」をクリックします（登録は任意）。

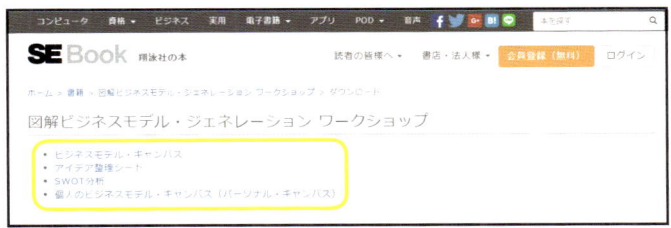

ダウンロードできるファイルが一覧表示されますので、クリックしてダウンロードしてください。ダウンロードできるファイルは左記のとおりです。

Interview File 01

アイデアを実証するための共通言語としてキャンバスを共有

株式会社日立ソリューションズ
松本匡孝氏
まつもと・きよたか

顧客の要望を実現したいという思いをかたちに

今津：実務のビジネスのなかでBMGのメソッドを活用してプロジェクトを進めようと思った経緯は？

松本氏：長年、ソーシャルメディアの世界に携わってきた中で、"こんな製品があったらお客様のご要望を実現できるのではないか"という思いがありました。そうしたアイデアを周囲と話し合っているうちに、製品化してはどうかということになりました。そもそも、自社の事業を顧客の立場にたって再認識するところからキャンバスを使ってみました。

しかし、最終的に役員プレゼンをして承認をもらうまでは簡単な道のりではありませんでした。実際に市場にどのような競合があって、どれくらい売れる見込みがあるのか、自分たちのビジネスにおける優位性はどこにあるのか、いろいろな場面でこれらについて尋ねられました。それらを分析し、俯瞰的に説明するうえで、BMGキャンバスを活用しました。特に、顧客の本質的なニーズが自分たちの目指すものと本当に合っているのかをレビューする際にも切り出して使いました。

今津：様々な部署や異なるバックグラウンドをお持ちの役員に説明するのはたいへんだったと思います。経験も違えば、ビジネスに対する共通のコンセンサスを持っているかどうか分からない場合は、キャンバスなどを使って説明することで、論点が散漫にならず、重要なポイントだけ俯瞰でお伝えするのに有効ですよね。競合分析もされたということですが、競合のキャンバスは描かれたのですか？

松本氏：そうです。自分たちのお客様のニーズを自分たちが提供できる価値と合っているのか検討することは非常に難しいと感じました。そうしたことから競合他社のキャンバスを見ながら検証しました。

今津：それは大変有効だと思います。私も企業研修をさせていただいていますが、ぜひ競合他社のキャンバスを最初に描いてみてくださいというアドバイスをします。というのも自分たちの思い込みのフィルターが掛かりにくい、他社のキャンバスは意外にも客観的に評価しやすいと思うのでとても役立つと思います。

自分たちならではの価値を見極め差別化へ

松本氏：実際に我々の取り組む分野にもすでに著名な製品がいくつもあります。我々が目指しているのはソーシャル技術も含めた企業のコラボレーション製品なのですが、実際に分析を進めるうちに製品カテゴリは異なっても、見た目の機能はほとんど同じというものもたくさんあります。しかし、既存の製品は、企業内での共有をメインとしています。これらを比較しながら、我々が目指している企業間連携

▶自社の事業を再認識する

自社の事業を再確認するために作成したキャンバス

における共有を目指したソリューションを突きつめていこうとしています。
そこがキャンバスで見比べて明確になったのです。

今津：企業間にまたがったときのニーズ、いわば顧客のインサイトみたいなものを見つけ出すことで、大きな差別化が図れると思ったのですね。従来は、製品の機能、仕様で差別化を図ろうとすることが多かったと思いますが、ビジネスモデルで見てみることが非常に重要です。キャンバスでは、そこが結構明確に把握できるのではないでしょうか。

松本氏：最近は企業が自社の技術だけでは新しいカテゴリに対応できないことも多く、アライアンスを組んで外部の技術を取り入れるという考えに向かっています。そうなるとどうしても他社と情報共有し、技術情報を交換します。そのときにメールやファイル転送の仕組みだけでは、難しいのが現状です。大

きなファイルの分割送付は面倒ですしExcelやWordなどはそのまま送れず、通常企業は暗号化してパスワードを付けて送っていますよね。こんな面倒なことをユーザに負担をかけてやってもらうのはおかしいのではないか？という考え方が発想のベースです。

キャンバスを検証しながらプロジェクトを推進

今津：実際に社内でプロジェクトを推進し、稟議を進める中でキャンバスも修正されましたか？

松本氏：違う観点で質問や意見が出てきたため、それに合わせてキャンバスの更新を行いました。立場によって視点も違いますので、様々な考えを取り入れました。

今津：まさに共通のフレームワークとしてうまく機能しましたね。今後は、デザインしたビジネスモデルをプロトタイプとして検証していくことになると思います。
御社では、企業研修としてもBMGを導入され、広く普及を進め始めていらっしゃいますね。実際に、私も講師として御社の多くの部署の方々にメソッドの活用方法をご紹介してきました。
今後は、組織にまたがったプロジェクトなどにおいても共通言語としてBMGの活用基盤が整うのではないかと期待しております。現場ではどのように活用していこうとお考えですか？

松本氏：すでに案件がどんどん増えており、提案活動もしています。その中で、お客様から同じようなご要望を頂戴します。この共通するパターンが標準的なニーズだと見えてきました。キャンバスでは個々のお客様の意見ではなく共通の部分を把握するためにメンバで議論しながら活用し、実装していこうと思っています。

今津：企業でBMGを活用して、実際の市場でうまくいったかをどう評価するのか？とよく質問されます。早い段階で顧客にヒアリングするというのは、たいへん有効だと思います。複数の顧客へのヒアリングは、まさにプロトタイプやベータ版の検証と同じような意味を持ちます。

松本氏：今では"やっぱりニーズがあった"と確信しています。開発当初は、ごく限られた企業しか反応しないサービスでしたが、次第に企業間連携が大きなトレンドになってきました。ここ一年くらいで一気に変わり、どんどん流れが加速しています。それにより、我々を取り巻く分野ごとのパートナーの皆さんにも関心を持っていただけるようになりました。

▶お客様の変化による既存事業への影響を検討

顧客や市場背景を考慮して作成したキャンバス

今津：最初は、アイデアから始まったプロジェクトも業界ネットワークのインフラとして、大きな役割を果たすソーシャル基盤を提供するプロジェクトとして実を結ぶことになりそうですね。個人で考えたアイデアを企業の中で推進していくには、時間も体力もかかります。そういう過程で標準的なフレームワークや手順を採用したことで、顧客のニーズとのマッチングを現実的に感じていただけたというのは、大きな成果ですよね。

松本氏：また、時間の経過に従い、ビジネスモデルの変化は必要不可欠でしたが、新たなメンバが製品の機能だけ見ても最初に設計思考や顧客が求める本質的な価値を理解できないことがあります。その際、最初のキャンバスに立ち返り、もう一度原点に戻ろうといった考え方を共有するためにも非常に役立ちました。今後は、さらに多くのシーンでBMGを活用しながらビジネスを成功に導いていきたいと考えています。

▶ソーシャルメディアサービスと連携することで新たな価値を

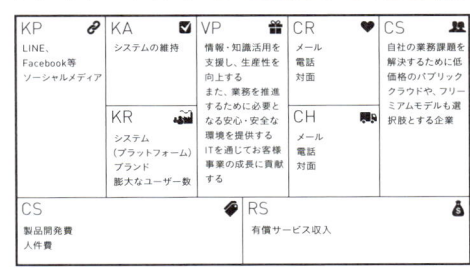

アイデアをベースに作成したソーシャルメディアサービス事業のためのキャンバス。仮称「日立マネージド・インフォメーション・エクスチェンジ開発プロジェクト」として実証を進めている

Interview File 02

ビジネスモデルの可視化で技術を、競争力のある商品やサービスに変えていく

NTTアドバンステクノロジ
株式会社

三宅泰世氏
みやけ・たいせい

ノウハウと技術だけでは勝負できない

三宅：以前、社内の上層部で大きな話題になったのが「そもそも、自社のビジネスモデルが明確になっていないのではないだろうか？」ということでした。その場で、BMGの書籍の話をしました。実は、それまでまったく面識のなかった今津さんにすぐに、Facebook経由のメッセージを送りました。するとすぐに返答が来たため、あっという間に社内で研修のゴーサインが出ました。

今津：三宅さんと田中さんがその後、私を訪ねてくださって、皆さんの話題を共有させていただきました。それから社内の準備などに少し時間をかけていただき、ワークショップを開催するに至りました。

三宅：BMGとBMY研修への参加の社内公募を行ったところ約60名が応募してきました。部門長クラスをはじめ、部長クラス、担当課長など役職や立場も様々でした。さらに要望もありましたが、ひとまず試験的に導入を始めました。

参加メンバの課題は"ノウハウや技術がある、商品もある、期待できる市場もありそうだ、しかし、現状の事業が伸び悩んでいる、ビジネスモデルが明確でない、などなど"でした。

研修を受講したメンバの感想は「ビジネスモデルを明確化してから投資判断した方がいいのではないか」、「短期間でリスク低くトライアンドエラーができるじゃないか」、「ターゲットを決めるので開発後の販促・営業がしやすいのでは」、「新規ビジネスのデザインが容易にできると感じた」、「ビジネスにより貢献するためにどうしたらよいか分かった」などで、期待以上に大きな成果が得られました。

今津：確かに、すでに課題意識があるメンバでのワークショップでしたので、たいへん積極的な意見交換ができたと思います。

三宅：我々は、多様な技術をお客様のお役に立つ商品・サービスに変えていく会社なので、アイデアを形にし、ビジネスモデルを作っていけるような人材がいないと、本来の弊社ミッションを達成することはできないと考えています。

ワークショップ後は、経営企画部や経営幹部に提示する資料には、キャンバスを多用しています。このビジネスモデル・キャンバスで商品・サービスの分析・改善をし、どのように実行するかという要件も説明することができます。今では、共通言語として中堅社員や一般社員も何かを検討するときのテンプレートとして使いはじめています。

また、顧客に提案に行く際にも非常に役立っています。顧客が求める本質や課題をキャンバスによって説明していくと、非常に理解が早く、核心に迫る議

▶ワークショップ風景

すでに問題意識があるメンバでのワークショップでは、積極的な意見交換が行われる

論を早いタイミングで行うことができるようになりました。

今津：顧客のご担当は、キャンバスを初めて見るわけですが、スムーズに受け入れられましたか？

三宅：はい、非常にスムーズに受け入れられました。キャンバスをご覧いただきながら、顧客のヒアリングも行うことができました。実は今、地方議員や行政職員向けのビジネスを地方政府研究所と共同で立ち上げているのですが、その際にもキャンバスを活用して迅速に協業を推進しています。

今津：やはり、直感的に理解できる可視化が容易にできることがポイントなのでしょうね。また、フレームワークを使うことは、協業などで必要な役割分担やリソースの把握などにも有効です。

三宅：弊社は、もともと親会社も含め技術や製品などは豊富に存在していますが、こうした商品やシステムをつないでサービスにしていく素地がまだまだ弱いと思っています。また商品ありきや思い付きで商材化されたものも、当然ながら収益性の面で問題が生じてしまいます。

今津：顧客の潜在ニーズをうまく顕在化させるプロセスがないとそういった状況になりやすいと思います。全体としてのサービスのシナジーで見てないから、非常にイベントドリブン的な商材も存在してしまいます。本質的に顧客志向で考えたときに、こういうサービスにしなきゃいけないという組み合わせを見極めデザインできるとうまくいくと思います。

組織の距離感を埋める最適なツール

三宅：そうした組織の枠組みを超えたシナジーを構築していくのに、BMGの導入は大きな突破口になっていると思います。もともと社内は社員同士に少し距離感のある文化なので、部署を超えた連携がなかなか難しいところもあります。

実は、今津さんに出会う前に、BMGについて100人以上と話をしてみたところ、「これは面白い、もっと勉強したい」という声はもう集まっていましたが、では次にどうしたらいいのかということの解がなく困っていました。そこで、Facebookで相談したところ、急速に進展していきました。

今津：皆さんに行った研修の印象も興味深いものでした。共通言語を得て、いろいろな意見を述べてもよいという感覚がつかめた途端、非常にディスカッションが活性化しました。決して意見を持っていないわけではなく、どう表現したらよいかとか、どのようにぶつけたらよいかということに課題があったのだと思いました。きちんと議論できる場と手段があれば、大きな変革の力になります。

三宅：まさにそうだと思います。私は、いつでもキャンバスを持ち出してみんなと話をするようにしています。飲み会の席でも広げることがあります。

今津：すごくいいですね。それが使うコツなんです。紙ナプキンでも何にでも書けますから。そういうふうに使っていただくのはとってもありがたいし、うれしいですね。

田中：社内研修後は、社内の反響も大きかったです。「全社的に使える」、「今までビジネスモデルを作る経験がなかったが今後は自分たちで考えることができる」など、成果を実感しています。私自身もこのメソッドを知りませんでした。それを知り、共通言語を得たことによりみんなで弱いところ強いところを出し合い、新しいビジネスを作る段階から携わっていけるので、走ったときもスムーズに行けると実感できました。今後は、より多くの人、特に課長クラスへ展開していきたいと思っています。本当に

NTTアドバンステクノロジ株式会社
田中昇一（たなか・しょういち）氏

NTTアドバンステクノロジ株式会社
西澤美希（にしざわ・みき）氏

Interview File 02

DiscussLearning（仮）のビジネスモデルキャンバス（案）

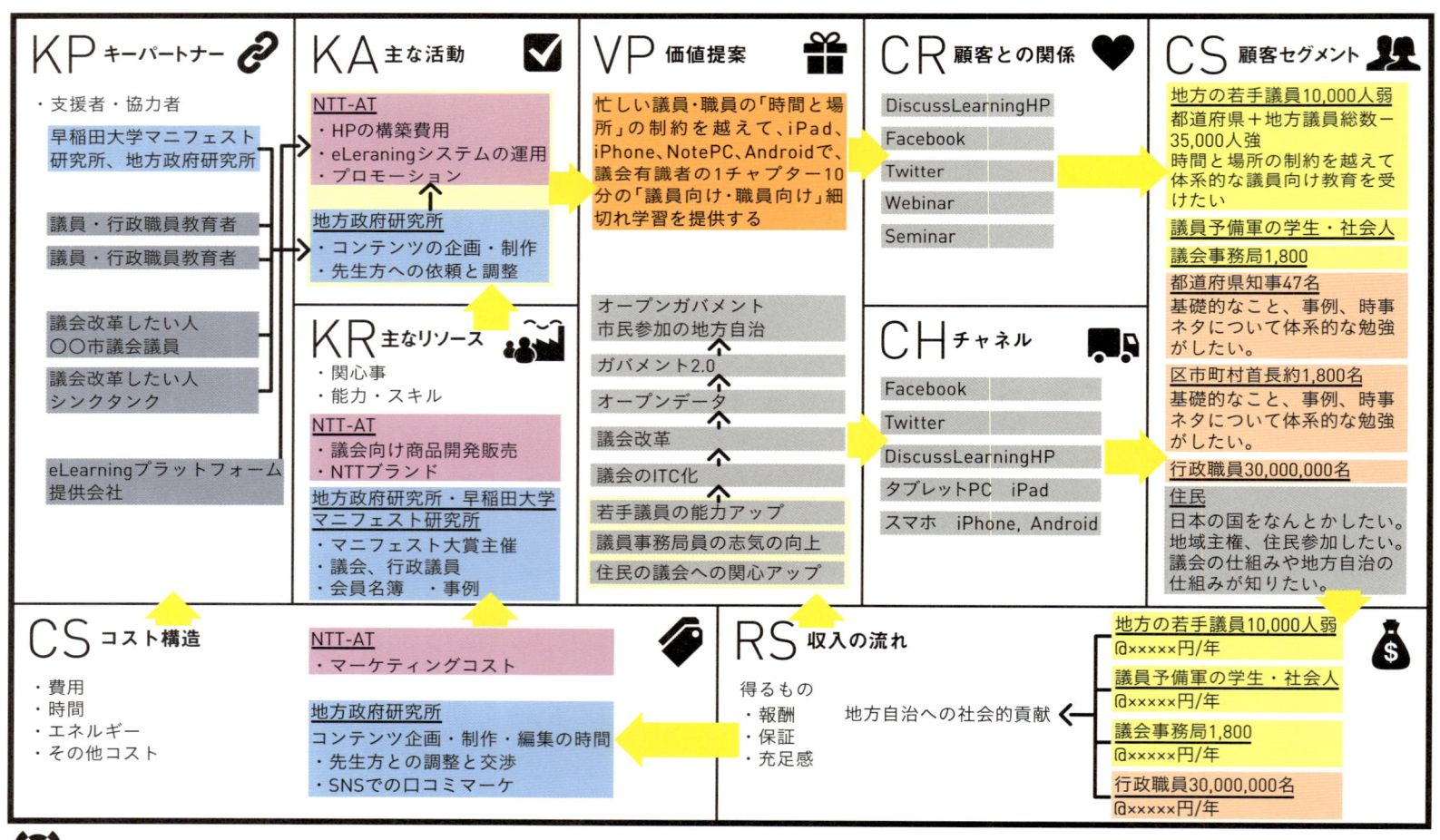

やってよかったと思っています。

西澤：研修によって、第一歩を踏み出せたと思っています。しかし、問題意識を持って研修に取り組んでくださった方だけでなく、それぞれの事業における課長や部長など全体としてよりビジネスの推進に関わる方たちにも広げていきたいと考えています。

今津：若い方が、そこまで考えてらっしゃる企業は、非常に有望ですね。
革新的な考え方の中で導入されており、浸透スピードも早いと思います。やはり社内に根付かせるためには、皆さんのような有志の方がいらっしゃることも重要なポイントです。
研修でよく「正解のキャンバスを教えてください」と聞かれますが、正解というものは存在しません。そのときのメンバとそのときに作るベスト・ベターなものをデザインしていきます。ですから、皆さんのビジネスを今よりよく変えていくためのツールとして活用いただくのが、一番望ましいと思っています。ぜひ、今後も多くのシーンで活用いただけるとうれしいです。

三宅：ICTを活用し「いつでも・どこでも・だれでも」が学習できる機会を創れるようにと、地方政府研究所が提供するプロジェクトであるeマナビバは、NTTアドバンステクノロジが共同で行っている取り組みです。学びたい、成長したいが、住んでいる場所や時間、お金の制約などで集合研修に自由に参加できないという課題を抱えている議員、首長、自治体職員、市民などを対象に「自宅や出張先などで自分のライフスタイルに合わせ自由に学習できる」情報や教材を皆様にご提供することを目的としています。弊社では、このプロジェクトにおけるITインフラの提供などの役割を担っています。
プロジェクトは、民間企業である弊社と地方議会や行政など背景の異なるメンバが、集まって共通のゴールを目指します。特にこのような協業プロジェクトでは、BMGのような共通のフレームワークの活用は、非常に有効でした。
プロジェクトの当初は、お互いの目的や課題をすり合わせるのに、時間がかかるのが普通ですが、キャンバスを持参しながらヒアリングを行うことで、両社のゴールを共有する時間や労力をかなり軽減することができたうえ、協業相手からの信頼を得るコミュニケーションをとることができたことは大きな成果です。

今津：新規事業や他社との連携が必要になるプロジェクトは、近年増加傾向にあると思います。同じゴールを目指すにもかかわらず、それぞれの企業の利害が先行し、カルチャーがかみ合わないために、本来のビジネスを成功に導くための本質的な議論がおろそかになっては、意味がありません。確認すべき論点を明確にすることや顧客目線でのビジネスモデルデザインに集中するための共通言語としてキャンバスを活用することは、大変重要だと思います。まさに、NTTアドバンステクノロジさんのような異業種、異なる背景の皆さんと推進する事業には最適な使い方をされていると思います。

▶eマナビバ

地方政府研究所が提供するプロジェクトであるeマナビバは、NTTアドバンステクノロジが地方議員や行政職員向けに行っている取り組み
出典：http://emanabiba.jp/

Interview File 03

BMGとBMYを導入することで組織の成果と個人のモチベーションをシームレスに連携

メディアサイト株式会社
南 常治氏
みなみ・じょうじ

2年にわたり定期的にワークショップを開催

今津：メディアサイトさんが、BMGを最初に導入されてから2年以上経ちますが、最初にどのような点に注目されていたのでしょうか？

南：ビジネスを拡大していく中で人材拡充のフェーズとなり、採用に力を入れてきた過程で、ベンチャー企業であることもあって、なかなか教育のシステム自体を整備することには手が回っていませんでした。そこで、全員のスキルアップや集合研修のテーマとしてよいものがないかを探していました。その際、弊社のコンサルティングを担当する会社からBMGを紹介され、今津さんからご説明いただいたこともあって非常に関心を持ちました。

中でも、ビジネスに対する共通言語や共通認識をみんなで持ちながらひとつのキャンバスを作成するということで、エンジニアだけではなく、営業やプリセールスなど、部署や職種を超えて、共通認識が生まれるようなことをお聞きしたので、是非使ってみたいと思ったのが最初です。

今津：私自身も半期に一度は皆さん向けのワークショップをさせていただいて皆さんの成長を拝見しておりますが、丸2年、継続して活用している中で、社内にどのような変化がありますか？

南：年に1回、社内でプレゼン大会のイベントがあります。全員参加が決まりなのですが、チームを組んだり、個人で発表するなどそれぞれです。その中で多くの社員がBMGの手法を使ってプレゼンしています。技術と営業が組んで新たなビジネスモデルを提案するとか、そういうことが社員からの発信でできるようになってきました。研修自体が浸透してきて理解が深まっていることと現場での活用が進んできたことを実感してます。

コミュニケーションフレームワークから現場の検証ツールに

今津：もともとは集合研修の中で個々のビジネススキルを上げることもあって導入されたと思いますが、今は、BMGの活用においてどのような効果に最も期待していますか？

南：従来は、どちらかというとコミュニケーションの手段、共通フレームワークとして使っていましたが、これからはまさに実務にどう活かせるかというフェーズになってきました。

どうしたら、現場の検証にうまく取り入れられるかちょうど我々の課題として検討しているところです。

今津：講師をさせていただいているなかで、メソッドの習得はもちろんですが、そもそも自分たちのビジネスを成功させるために提供サービスにどう取り組むかという個々のマインドセットが変わってきた

▶メディアサイトのキャンバス

ビジネスに対する共通言語や共通認識を持ちながら、ひとつのキャンバスを作り上げる

という印象があります。課題があれば、次のどのようなアクションで改善を図っていこうかという手順が変わってきたように感じており、これは大きな変化だなぁという印象を持っています。

南：確かに最初はどちらかというと、キャンバス自体を分析ツールとした際、会社の問題点などネガティブな要素を洗い出すことにもなりました。経営陣としては、普通のディスカッションでは明らかにならない課題も明白になった点では、非常によかったと思っています。

今津：個人攻撃や組織攻撃ではなく、こういう課題意識がある、というところがいっぱい出てきましたから、プロセスとして考えると結構良いですよね。

南：私は営業の責任者なので、営業研修も考えなければいけません。自身が講師をすることもあります。しかし、経験値や商材によってもかなり異なるノウハウになりますので、簡単ではありません。一方、営業スキルアップ研修を受けさせてもしょうがないというところもあったため、顧客分析や、自分たちの強みや課題についてキャンバスを活用しながらディスカッションできる点で非常に有効性を感じました。

BMGの手法を使うことで、製品の弱みもそうですし、自分自身や営業組織としてどこが弱いか、リソースの問題も棚卸できる。関係性を俯瞰で確認できるので次のアクションを取りやすくなります。

中村：研修を受けた際に、違う部署の人と一緒にキャンバスを作成したことで、今まで知らなかった意見や考えに触れることができたことがいいきっかけになりました。

代理店からメーカーへと会社が大きく変化

今津：メディアサイトさんでは、実際に2年の間に米国メーカーの販売代理店という立場から、米国親会社に買収されて自身もメーカーになるという、外部環境の変化が実際に起こりました。シチュエーションが変わったことを改めて共有認識として意識改革するために、直後にワークショップを開催してキャンバスのリバイズを行いました。

南：当初のワークショップでは、職種別のグループでディスカッションをさせていましたが、キャンバスを作るときのメンバの組み合わせが結構難しい。理解度や、向き合う姿勢など温度差もあり、温度差が大きいとキャンバスがうまくデザインできない。そこで今津さんに相談して、営業や技術の混在チームでやろうとしたところ、ちょうど、外部環境が変わったため、社内的には非常にいいきっかけでキャンバスのリデザインができたと思います。絶好のタイミングでした。

今津：みんなで考えざるをえないシチュエーションになりましたよね。テーマも共通化され、今まで思っていた立場がまさに変わり、これから"どうすべきか？"を全員で必然的に考えなければならなくなりましたよね。

なので、今回はキャンバスの改善案も、じゃあ次に自分達は何をしたらよいのかということが加味されたアクションにつながったことも大きな成果ではな

▶定期的にワークショップを開催

BMGだけでなくBMYと組み合わせてアウトプットしようという取り組みもスタートしている

いでしょうか？

南：キャンバスを作成しても、じゃあ本当にあのキャンバスでイノベーションが生まれるのか、というとなかなか難しいのが現実です。しかし、既存のビジネスモデルからなかなか脱却できない時に、新たなエッセンスを加え、ガラッと変えることができました。今回、外部環境が変わったところが非常に面白かった。

キャンバスを作成する前は、米国の親会社との統合によって、何が起きるか分からないことが多すぎました。プラスもマイナスもあるけれど、漠然と経営統合して代理店からメーカーになったという認識だったのです。しかし、実際にこれからのキャンバスを描くことで、今のような製品供給サイクルじゃまずいとか、ここはメーカーとして補強が必要だ、ということが明確に見えてきました。

今津：ビジネスにおける成功を最終的なゴールとす

Interview File 03

るなら、キャンバスで改善案が出たとしても、実際に検証していかないと机上の空論になってしまいます。しかし、今回はBMYも習得し、より自分のこととして、自ら必要なアクションに変えて行くところまで進めたのは大きなステップになったと感じています。

南：BMGだけだと一定の成果が出たとしても個としてのアウトプットが図りにくい点があります。そこで、BMYと組み合わせながら個人レベルに落とし込んで、自分で確認し、自分を変えることで、ちゃんとしたアウトプットにしようという取り組みにシフトしています。

BMGの成果を役員に対してプレゼンするという機会をもらったので、アウトプットできたことは非常によかったと思います。

BMYのキャンバスを動画でトラッキングするシステム

今津：営業・技術両方が会社全体としての共通の認識をもって、それを上層部にもきちっと定期的に伝えるプロセスを確立したわけですね。
報告に関しては、御社は得意のストリーミング技術を活用して個々のキャンバスをトラッキングするシステムを開発されましたね。

南：もともとメディアサイトは、設立のときから、映像コンテンツをインターネット上に溢れさせていこうという目的で創られた会社なので、映像配信を中心に提供しています。映像とe-Learningとは関係が深く、我々のお客様も教育にe-Learningの映像を使う機会が多いのが実態です。自社の研修を撮って、いつでも見られるようにしています。我々も今津さんの研修はすべてコンテンツ化していて、いつでも何度でも見られ復習もできます。しかし、課題がないとほとんど見返すことはありません。

撮りっぱなしになってしまい、研修を企画する側が、記録を残しているだけになっていました。ただBMGをやっていく中で、ワークショップも3回4回と重ねていくと、全く出席していない人とはレベル差が出てきます。レベル差がどこにあるのか、我々企画している側としてもちゃんと把握しておきたいと思ったのが開発の経緯です。今まではどちらかというと講師を撮っていつでも見られるようにしていましたが、BMGだとキャンバスができるので成果の発表を記録に残してはどうかと考えました。

今津：それなら振り返る意識も高くなってきますよね。

南：そうです。新しいシステムでは、Desktop Recordingという機能があります。従来は専用のカメラやRecorderという製品を利用してコンテンツを作成していました。今度のシステムでは、個人が自席でスマホを使ってPCを撮影し、その画像をアップロードできるようになりました。社員は、BMYのキャンバスをキャプチャーし、説明を録画したものをアップロードして記録しています。

今津：実際にキャンバスの作成と録画を行った中村さんは、2年間何度もワークショップに参加してもらっていますが、このシステム活用でどのように思いました？

中村：最初のキャンバスは、表面的に書いていたところも多々ありました。しかし、何度も作成するなかで本気で踏み込んで書きたいという気になりました。理解はしているので、「これは違う」というのが自分の中でも出てきて、そうすると徹底的にやりたくなります。個々に録画とアップロードを繰り返すことができるため自分の納得のいくキャンバスができるまで作業できました。

今津：では、上司はそれを物理的に拘束されずに、必要に応じて見ることができますよね。

南：そうです。個人がアップロードしたデータは、他からは絶対に見られないというルールがあり、管理者のみに権限があります。本当は、これを今津さんに見ていただいて、評価を返して、アップロードすることを繰り返してブラッシュアップするスタイルにできればよいと思っています。

今津：なるほど、BMYも検証とデザインの繰り返し

▶キャンバスの作成と録画

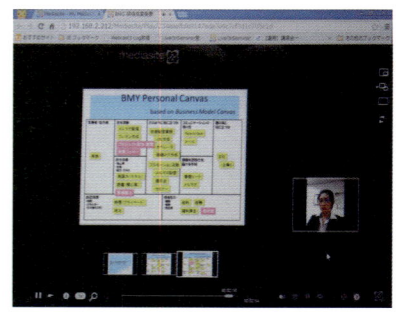

現状のキャンバスと改善したキャンバスを録画するメディアサイト株式会社、中村氏

が重要ですから、大変よい仕組みです。今後はそういうことも考えたいと思います。
南：また、月に1回、個人面談をしています。中長期のアクションプランと短期のアクションプランを決めて、振り返りもやりながら、来月の目標を決めています。経験年数などでもレベルが違う上、履歴が残らないので、アウトプットも定量的に評価できませんでした。しかし、個々のコンテンツを見直すことで、面談してきたことを把握できているのかが、定量的な判断ができるので実務面でも効果を上げています。
今津：BMG教育を継続していくなかで、現場での大きな成果や社員の成長が感じられるところは、どのようなところですか？
南：CDPを考えなさいとよく言われますが、CDPはなかなか目に見えづらいのが実情です。BMYのキャンバスでは自分の得意なところをうまく活用したり、逆に足りないスキルをリソースとして拡充していくなど可視化することで論理的に整理できます。具体的なアクションプランが出てくるのは、こうしたメソッドを導入した成果だと思います。
今津：外部環境の影響による自分たちの組織が変化するとともに、顧客のニーズも顧客へ提供できる価値も変化します。こうした変化への対応をいち早く共有化し、個々にはBMYを使ってアクションプランと連動させるようなやり方がちょうどよかったと思います。
南：そうだと思います。よく"3年後にどうなりたいか"とか"自分のCDPを考えなさい"とか言われても

メディアサイト株式会社、中村氏と南氏

実は、ほとんど振り返ることがないと思います。3年前に考えたことは、当然外部環境も大きく変化しますし、意味がないことを今回も実感しました。抽象的な目標もよいと思いますが、それを検証するのは難しい。

今津：検証というのはもともとBMGのコンセプトだから、それをどうやって自分レベルというかみんなレベルに落とすか、というのは重要ですよね。
南：今後は、BMGを数字の管理まで含めた営業計画・営業予算とも連携させていきたいと思っています。従来は、私だけが数字を作っていましたが、今後は、営業全員でマーケットを見極めた上で、顧客セグメントに対して自発的に予算を考えるようになってもらいたいと考えています。BMGはツールなので、1年目でも10年経験のメンバに交じって、検討できるはずです。そうすることで、本格的にビジネスモデルの検証を繰り返すツールとして社内に根付かせることができるものと、自発的な活用が進むと大きな期待と共に確信しています。

聞き手：**今津美樹**（いまつ・みき）
ウィンドゥース 代表取締役 ITアナリスト
明治大学リバティアカデミー講師

米国系IT企業にてマーケティングスペシャリストとしての長年の実績と20カ国以上におよぶグローバルでの経験による、マーケティングアウトソーサーウィンドゥースの代表を務める。また、株式会社リンクステーションほか社外取締役を歴任。
ITを活用したマーケティングに関する講演・企業研修など幅広く活動し、ITアナリストとしてラジオ解説、執筆活動・解説・書評等多数。
BMGおよびBMYワークショップのファシリテーターとして国内外の数多くの企業研修を手掛けるほか、Business Model You 日本代理店として原著者ティム・クラークと日本におけるBusiness Model Youの普及推進やコースの提供を行う。

Business Model
Generation
WORK SHOP

chapter 1

完全再現
BMGワークショップ

Work Shop

ビジネスモデル・キャンバスをみんなで作成してみよう

ビジネスモデル・ジェネレーションのコアツール「ビジネスモデル・キャンバス」を使いこなす方法を提示します。

◆ビジネスモデル・ジェネレーション　◆ビジネスモデル・キャンバス　◆モデリングアプローチ

ビジネスモデル・ジェネレーション（以下BMG）というメソッドを聞いたことのある方、あるいはすでに活用している方はいらっしゃいますか？　初めて耳にした方もいらっしゃると思います。そもそも「ビジネスモデル」という言葉を聞いてピンとくる人は、そう多くはないのではないでしょうか。ビジネスを進めていく上で、組織内でビジネスモデルに関する共通認識を持つのは必ずしも簡単ではありません。BMGは、様々なビジネスモデルの考え方をシンプルにし、実践に即したスタンダードとしてまとめた画期的なメソッドです。

このメソッドを書籍にしてまとめたのが『ビジネスモデル・ジェネレーション』ですが、実は出版過程そのものがユニークなビジネスモデルで進められています。5人の代表メンバーを中心に、45か国470人以上がソーシャルメディアによるオンラインコミュニティを結成。会員制のコミュニティの中で出た、たくさんの意見を取り入れたものをベースにして、最終的に共同で出版に至っています。

まずは組織の設計図を作成しよう

『ビジネスモデル・ジェネレーション』は、今では29か国で翻訳されています。世界中で愛読され、IBM、エリクソン、デロイト・トウシュ・トーマツ、カナダ政府をはじめ、多くの学校、企業の組織ですでに活用され、その有効性が証明されています。国内でも富士通、日立ソリューションズ、コクヨ、NTTアドバンステクノロジなど数多くの企業が取り入れています。

BMGでは、企業や組織には必ずビジネスモデルがあると考えます。しかし、同じビジネスに取り組んでいても経験や立場などは人によって異なるため、企業や組織がどのように動いているかを客観的に把握し、そのビジネスモデルを解釈したり議論したりすることは容易ではありません。ビジネスモデルとは、いわば企業の設計図です。その設計図を作成するために、BMGでは可視化のためのツール「ビジネスモデル・キャンバス」を利用していきます。

▶ビジネスモデルはいわば組織の設計図

建築家が家を建てるときに設計図を書くのと同じように、ビジネススタートの指針として、また既存ビジネスを客観的に把握するために、ビジネスモデルのデザインは重要です。

■ 自らがあるべき最善のデザインをする時代

昨今、ビジネスの世界では、計画ではなくデザインの時代と言われています。なぜなら、ビジネスを推進する上で、計画を立て、戦略立案し、それを実行に移すというプロセスに時間をかけていては移り変わりの激しい市場についていけなくなるからです。

そのため、ビジネスをデザインし、今ベストな施策を打ち、さらに明日ベストなやり方をいち早く実行に移すことのほうに主眼が置かれています。これは、自分たちの市場環境を考えれば、すぐに納得がいくでしょう。顧客ニーズの多様化やトレンドの変化になるべく早く呼応し、顧客が望むサービスに修正していくことが成功への近道になっています。さらに自社だけでビジネスが完結することが極めて難しくなっているので、自社の置かれている状況だけでなく、外部環境の変化も考慮しなければ、長い時間をかけた計画でも無意味になってしまうことが多いのも大きな理由でしょう。

■ モデリングアプローチでいち早くビジネスモデルを修正

筆者は、ワークショップでよくBMGでのビジネスデザインをトランプにたとえて説明しています。次の手札は次に打つ手です。トランプでは、あらかじめ次の打ち手のパターンをいくつも想定していたほうが、相手の出方によって次の手札を柔軟に選択できますが、これはビジネスでも同じです。何通りものアプローチを考え、検証し、市場や環境が変わった際には、いち早くビジネスを最善のモデルに修正していきます。これを「モデリングアプローチ」と言います。モデリングアプローチを用いる際、ビジネスモデル・キャンバスを上手に活用できれば、様々な状況に応じてビジネスモデルの見直しや改善のための可視化とコミュニケーションがより簡単に行えるようになります。

■ かつてない変革のスピードについていくには

ビジネスモデルイノベーションは、まったくの新しい分野ではなく、長年にわたって数多くの研究や実践が行われてきました。しかしここ数年、業界をリードする企業や組織のビジネスモデルの変革の規模の大きさやスピードの速さは、過去に例がないと言っても過言ではありません。ビジネスに関わる私たちにとって、ビジネスモデルイノベーションの課題を理解し、体系的に取り組むことは、ビジネススキルとして欠かせないものになっています。

皆さんも早速、ビジネスモデル・キャンバスで自分の組織を可視化して、今、最善だと思えるビジネスモデルをデザインしてみましょう。このモデルの検証に、時間や手間をかけすぎることは好ましくありません。キャンバスは、実際の市場での検証結果にあわせて、どんどん変化していくものです。むしろ、今のモデルに固執せず、捨てる勇気を持つことが肝要です。

▶ビジネスモデルはいわば組織の設計図

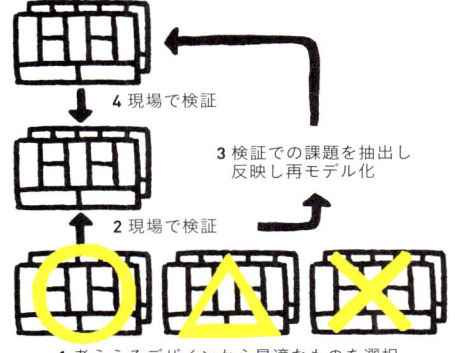

ビジネスモデル・キャンバスの9つの要素

1枚のシートにある9つのブロック要素を理解することがBMGの第一歩です。

◆ビジネスモデル・ジェネレーション　◆ビジネスモデル・キャンバス　◆モデリングアプローチ

BMGのベースとなるのは、次ページに示した1枚のシートに描かれるビジネスモデル・キャンバスです。そこに9つブロックを作成して顧客の分類や自分たちができる提案、そして組織のリソースなどを書き込んでビジネスモデルを理解していきます。

たった9つの要素という、シンプルなキャンバスは業種や業態、組織の規模を問わず活用できます。

ビジネスモデル・キャンバスにある9つの要素

ビジネスモデル・キャンバスを作成すると、ビジネスモデルの記述、分析、デザインを簡単に共有できます。

ビジネスモデル・キャンバスの9つの要素をビルディングブロックと言います。ここでは簡単に「ブロック」と呼んでいきます。

ワークショップで議論する場合は、土台になるキャンバスを大きく描き、グループのメンバーが、付箋やボードマーカーを使って一緒にスケッチをしたり、ビジネスモデルの要素を議論したりします。模造紙やホワイトボードにフリーハンドで枠を描いて、各ブロックの要素を書き込んだ付箋紙を貼り付けていくのがお勧めです。

それぞれの要素はできるだけシンプルに、かつ端的な言葉で表現すると分かりやすくなります。基本的に付箋紙にひとつの要素を1件ずつ記述し、それを貼ったり、剥がしたりしながら議論を進めていきます。ブロックの9つの要素は次の通りです。

① 顧客セグメント（Customer Segments）：組織の存在理由の根幹となる最も重要な要素で、関係する顧客グループを設定します。

② 価値提案（Value Propositions）：BMGのコアメンバーであるティム・クラーク博士と筆者は「顧客にもたらす価値」と解説しています。顧客の抱えている問題を解決し、ニーズを満たすもので、製品やサービスを通じて提供されます。

③ チャネル（Channels）：顧客セグメントとどのようにコミュニケーションし、価値を届けるかを記述します。

④ 顧客との関係（Customer Relationships）：組織が特定の顧客セグメントに対してどのような関係を結ぶかを記述します。

⑤ 収入の流れ（Revenue Streams）：組織が顧客セグメントから生み出す収入の流れです。非営利団体や無料サービスの場合、ゼロやマイナスで表されることもあります。

⑥ 主なリソース（Key Resources）：ビジネスモデルの実行に必要な資産を記述します。物理資産だけでなく、知的財産や人的リソースなども含まれます。

⑦ 主な活動（Key Activities）：顧客にとっての価値を提供する源泉となるような重要な活動を記述します。

⑧ キーパートナー（Key Partners）：組織の活動にとって、重要なパートナーを記述します。

⑨ コスト構造（Cost Structure）：ビジネスの運営上必要なコストを記述します。ビジネスモデルに特有の最も重要なコストにフォーカスすると分かりやすくなります。

chapter 1　完全再現 BMGワークショップ

ビジネスモデル・キャンバス

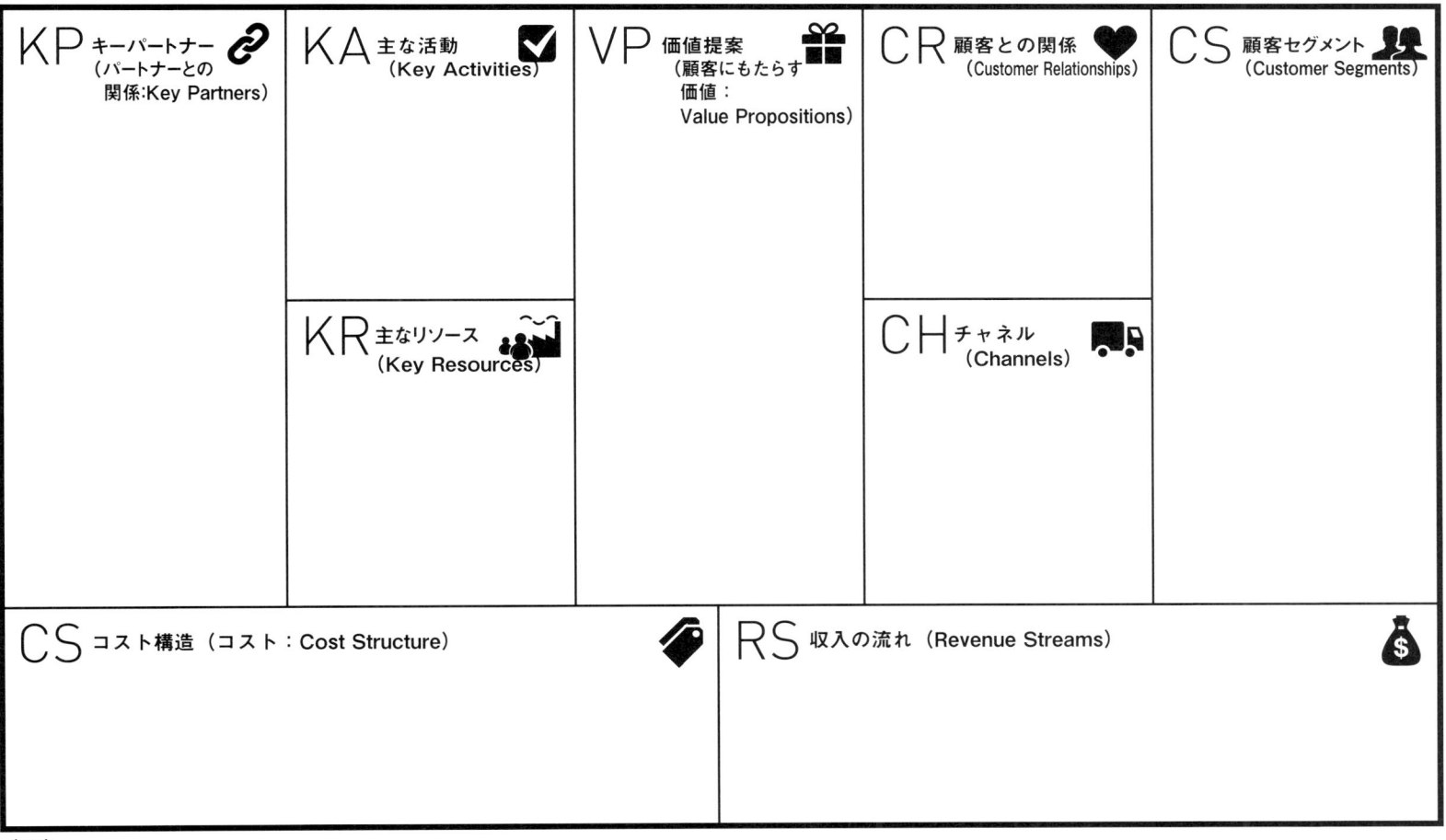

KP キーパートナー （パートナーとの 関係:Key Partners）	KA 主な活動 （Key Activities）	VP 価値提案 （顧客にもたらす 価値： Value Propositions）	CR 顧客との関係 （Customer Relationships）	CS 顧客セグメント （Customer Segments）
	KR 主なリソース （Key Resources）		CH チャネル （Channels）	

CS コスト構造（コスト：Cost Structure）	RS 収入の流れ（Revenue Streams）

Strategyzer strategyzer.com

DESIGNED BY: Business Model Foundry AG
The makers of Business Model Generation and Strategyzer

This work is licensed under the Creative Commons Attribution-Share Alike 3.0 Unported License. To view a copy of this license, visit:
http://creativecommons.org/licenses/by-sa/3.0/ or send a letter to Creative Commons, 171 Second Street, Suite 300, San Francisco, California, 94105, USA.

▶「顧客セグメント」で、属性ごとにグループ化する

誰もが知っているビジネスをテーマに、まずは顧客セグメントについて考えます。

◆スターバックス　◆顧客セグメント　◆セグメントのグループ化

では早速、自分たち以外のビジネスでキャンバスを実際に作成することで自由に使いこなすための練習をしていきましょう。はじめてキャンバスを描く練習をするときは、もちろん自分たちのビジネスで描いても良いのですが、比較的客観的に考えられる他社のビジネスをテーマにすることもお勧めです。

今回は、私から題材となるサンプル企業をご提示しますので、そのビジネスについて意見を出し合いながら、キャンバスを作成していきましょう。テーマは、コーヒーショップであるスターバックスです。皆さんで、スターバックスのビジネスモデルについて考え、ディスカッションしながらブロックを埋めていきます。

■ 顧客セグメントは、志向や行動属性でグループ化

最初に埋めてほしいブロックは、顧客セグメントです。スターバックスには、どのような顧客がいると思いますか？

まずは、思いつくままにどのような顧客セグメントが考えられるか、キャンバスにひとつずつ記述していきます。

思いつくままに列挙してみると、「コーヒーが飲みたい」という顧客以外にもいろいろな意見が出てくると思います。実は、顧客セグメントのまとめかたにはコツがあります。昨今、マーケティングでは、顧客をある一定の志向、つまり共通のニーズ、行動、態度などによって、セグメンテーションしてグループ化する考え方が主流です。BMGでも一定の行動パターンなどを想定して顧客をグループ化してまとめていきます。もし、顧客セグメントのイメージがわかない場合は、より具体的な顧客をそれぞれイメージして書いておきましょう。その後で、それらをグループとしてまとめられるかを議論していきます。

▶顧客セグメント① （例：スターバックス）

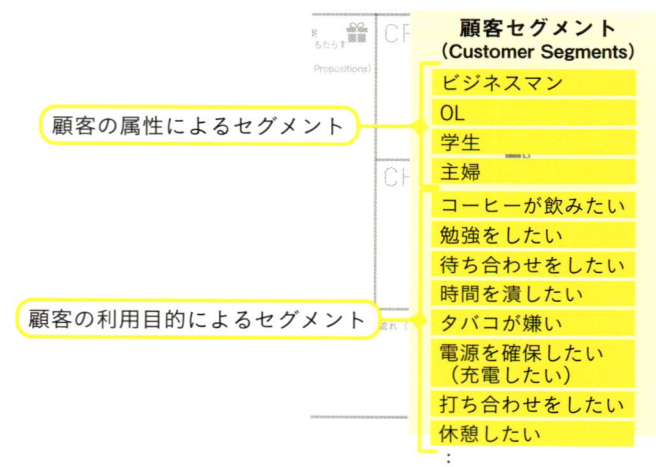

ここでは、顧客セグメントに上の図のような意見が挙げられたとします。スターバックスの場合は、「ビジネスマン」や「学生」といった顧客の属性より、「何のために利用しているか？」に着目していったほうが、適切な顧客セグメントが把握できそうです。

■ グループ化して番号を振って整理する

　顧客セグメントについて様々な意見を洗い出した後、似たような行動属性、志向属性でグループ化できるものがないか探してみましょう。このとき、具体的な顧客セグメントは少し抽象化して、より広い範囲を指し示すように見直していきます。

　ビジネスモデルをデザインするには、まず優先すべき顧客セグメントを決め、そのニーズを深く理解することが不可欠です。いったん出てきた顧客セグメントをグループとしてまとめることで、自分たちにとってフォーカスすべき顧客セグメントはどれなのか、そして優先度を下げてもよいのはどれなのかということを決定しやすくなります。

　ヒントとして、別の顧客セグメントとして分けたほうがよい例をいくつか挙げておきます。

- ニーズを満たすために異なる提案が必要となる場合
- リーチするために異なる流通チャネルが必要となる場合
- 関係構築に異なる手段が求められている場合
- 収益性が大きく異なる場合
- お金を支払ってくれる部分（価値）が異なっている場合

　顧客セグメントがまとまってきたら、そのまとまりごとに、①、②、……、と番号を振っていきましょう。このとき優先度の高い（売り上げの大きい）顧客セグメント順に、ブロック内で並べていくと、重要性がより視覚的に分かりやすくなります。

▶顧客セグメント②（例：スターバックス）

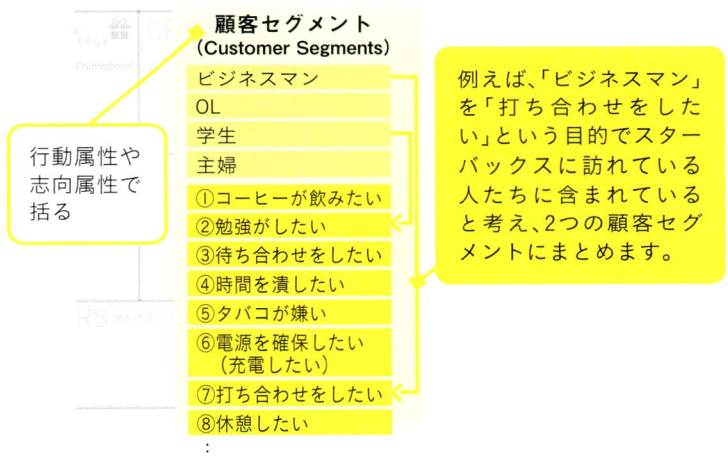

上の図では、顧客セグメントを見直し、「コーヒーが飲みたい」「勉強がしたい」「待ち合わせをしたい」など、スターバックスをどういった動機で利用している顧客なのかによって顧客セグメントをグループ化して、番号を振りました。
「学生」「ビジネスマン」「主婦」といった具体性をもった顧客セグメントは、行動属性や志向属性で括った顧客セグメントに包含したほうが分かりやすくなると考え、マージすることにしました。

▶「価値提案」で顧客のニーズと自分の価値をマッチさせる

顧客セグメントに対してどんな価値が提供できるかを考えることで、ビジネスの目的を共有します。

◆価値提案　◆顧客にもたらす価値　◆サードプレイス戦略

　ビジネスの価値とは、顧客の抱えている問題を解決したり、ニーズを満たすもので、その会社や組織が選ばれる理由になります。言い換えれば、顧客が自分たちの何に「お金を払ってもよい」と考えてくれているかとも解釈できます。

　顧客に提供できるベネフィットは何かを考えましょう。それは革新的で新しい価値の場合もありますし、既存製品に対して機能を追加しただけのものかもしれません。最近では、企業が当初提供しようとしていた価値とは別の価値を顧客が見出してくれることで大きな成功につながることもあります。こうした潜在的なニーズにいち早く気づき、意図的にそれを提供できるかがカギになります。

顧客セグメントごとに価値提案を考える

　筆者はいつも、価値提案を「顧客にもたらす価値」と説明しています。このブロックには、先ほどまとめたそれぞれの顧客セグメントに対して、どのような価値が提供できるのかを考え、付箋に記述していきます。価値提案の要素を挙げていく際には、顧客セグメントブロックのどれに対して提供できる価値なのかを考えていかなければなりません。対応する顧客セグメントが見つかったら、それと同じ番号を価値提案のブロックの付箋に記述します。

　たくさん要素を挙げたら、いったん、すべての顧客セグメントに対応する価値提案が出ているか見直していきます。どの顧客セグメントにも対応していない価値提案が出ていたり、価値がひとつも提供されていない顧客セグメントがあったりすれば、過不足がなくなるようにもう一度価値提案について考えていきます。

　また、顧客セグメントのブロックに立ち返り、まとめ方を見直してみるなど、議論を重ねながら修正していきます。

▶顧客にもたらす価値① （例：スターバックス）

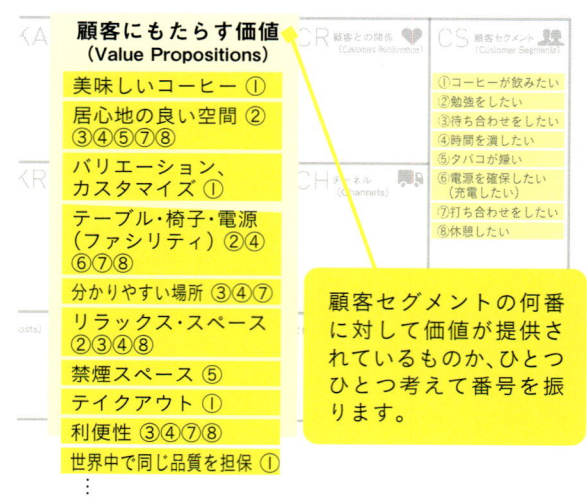

スターバックスの場合は、「美味しいコーヒー」が価値提案のひとつになるでしょう。この価値は「コーヒーが飲みたい」という顧客セグメントに対応していると考えられます。

■ サードプレイス戦略が見事にキャンバスに反映

スターバックスのコンセプトのひとつに「都市に暮らす人々の心のよりどころとして、家庭と学校・職場の中間となる第3の場所（サードプレイス）を提供する」というものがあります。

キャンバスでも、価値提案として「居心地の良い空間」「テーブル・椅子・電源（ファシリティ）」「リラックス・スペース」などが挙げられ、同社のサードプレイス戦略が見事に浮かび上がりました。

このコンセプトを知らなくても、キャンバスで議論を進めていると、スターバックスにコーヒーだけではない、くつろぎを求めている顧客が多いことが理解できます。仕事の打ち合わせ、勉強、待ち合わせなど、シチュエーションは異なっていても、顧客が自分にとって居心地の良い空間に価値を見出していることが把握できました。

■ 整合性が分かりにくいときはVPキャンバスで検証

顧客にもたらす価値を考える際の注意点として、サービスや製品ありきのビジネスモデルの場合は、どの顧客セグメントに対応しているかが分かりにくい場合があります。そんなときは、39ページで後述するVP（バリュープロポジション）キャンバスなどで検証したり、共感マップなどで顧客分析を行ったりしてイメージを共有することをお勧めします。

顧客にもたらす価値のブロックへの記述がおおむねできたところで見直してみると、その価値はさらに大きく、いくつかのグループにまとめられることに気が付きます。

次の図では、以下の3つの観点でスターバックスが顧客にもたらす価値をグループ化して考えています。

▶顧客にもたらす価値②（例：スターバックス）

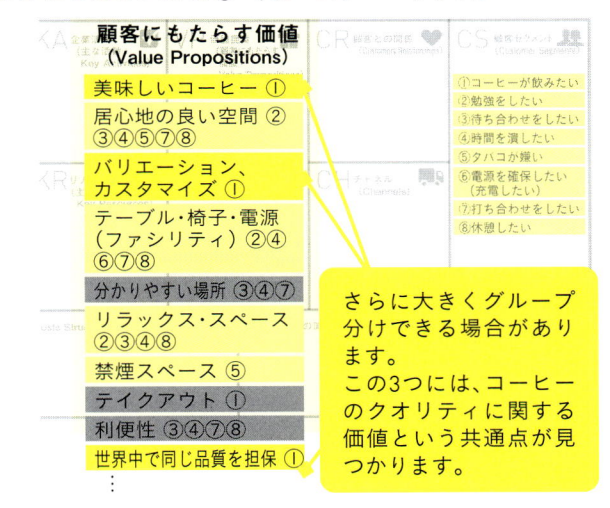

顧客にもたらす価値
（Value Propositions）

- 美味しいコーヒー ①
- 居心地の良い空間 ②③④⑤⑦⑧
- バリエーション、カスタマイズ ①
- テーブル・椅子・電源（ファシリティ）②④⑥⑦⑧
- 分かりやすい場所 ③④⑦
- リラックス・スペース ②③④⑧
- 禁煙スペース ⑤
- テイクアウト ①
- 利便性 ③④⑦⑧
- 世界中で同じ品質を担保 ①

顧客セグメント
① コーヒーが飲みたい
② 勉強をしたい
③ 待ち合わせをしたい
④ 時間を潰したい
⑤ タバコが嫌い
⑥ 電源を確保したい（充電したい）
⑦ 打ち合わせをしたい
⑧ 休憩したい

さらに大きくグループ分けできる場合があります。
この3つには、コーヒーのクオリティに関する価値という共通点が見つかります。

- 「美味しいコーヒー」「バリエーション、カスタマイズ」「世界中で同じ品質を担保」→コーヒーの品質に関しての価値
- 「ファシリティ」「リラックス・スペース」「禁煙スペース」→居心地の良いスペースに関する価値
- 「分かりやすい場所」「テイクアウト」「利便性」→立地やアクセス、持ち帰りといった利便性に関する価値

「チャネル」と「顧客との関係」を検討する

顧客に価値を届けるタッチポイントとして「チャネル」を、顧客とのつながりとして「顧客との関係」を記述します。

◆ チャネル　　◆ 顧客との関係　　◆ タッチポイント

　チャネルのブロックには、顧客の求める価値を提供していることを告知する方法やその価値を届ける様々なルートを記述します。いわゆるマーケティングプロセスにおける認知、評価、購入、提供、アフターサービスの5つのフェーズを含みます。コミュニケーション、流通、販売チャネル、アフターフォローを通じた顧客へのインターフェイスです。顧客とのタッチポイントとして、顧客の経験に重要な役割を果たします。

　チャネルには、告知から購入、アフターサービスに至るタッチポイントを記述します。実際には、テレビやネットの告知広告などもありますが、ここでは一番典型的で具体的に価値を提供されるルートとして店舗を記述しておきます。

顧客の購買プロセスすべてに配慮する

　実際に皆さんのビジネスを考える際には、自分たちの価値をどのように知っていただき、どの商品・サービスをどのように届け、購入、決済していただくか、その後のフォローまで一連の購買プロセスに見合ったチャネルを記述していきます。また、昨今では顧客の購買プロセスを見極めることは非常に重要です。顧客がどのようなプロセスで購入を決断するのか、どのような決済手段を用いるのか、顧客が経験するすべてのプロセスを把握することがビジネスを成功に導く大きな要因になります。

▶ チャネル（例：スターバックス）

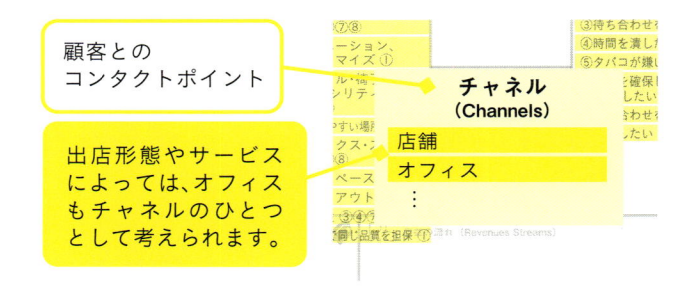

- 顧客とのコンタクトポイント → チャネル（Channels）／店舗
- 出店形態やサービスによっては、オフィスもチャネルのひとつとして考えられます。 → オフィス

スターバックスの場合は、コンシューマビジネスを想定していますので、キャンバスをシンプルにするために顧客とのタッチポイントの代表である「店舗」を記述しておきます。オフィスへの配達や企業への出店などもあることから、タッチポイントには「オフィス」もあるかもしれません。

■ 顧客とどのようにつながっていたいかを記述

顧客との関係のブロックでは、それぞれの顧客セグメントに対して、どんな関係を構築するのかを明確にしていきます。

顧客セグメントがどんな関係を構築、維持してほしいと期待しているのか、どんな関係をすでに構築しているか、どれくらいのコストがかかるのか、ビジネスモデルの他の要素とどう統合されるのかを検討していきます。

関係とは、対面や電話などパーソナルなものからオンラインによる自動化されたものまで、様々です。一般的には、顧客を獲得・維持し、より高価なものを販売するアップセリングなど顧客を拡大するためにどのような仕組みを持てば良いのか考えます。

■ 時間の経過とともにキャンバスに修正を加える

キャンバスは、状況の変化に応じて修正を加え改善されることが望ましいのですが、特に顧客との関係は、時系列で変化することが多分にあります。例えば昔ながらの商店でも、はじめは店頭で販売しますが、お得意様には、電話一本で配達することがあります。また、はじめてスーツをオーダーすると考えましょう。採寸したりデザインを選んだりするのにオンラインや電話では不安になるかもしれません。店舗で実際に対面して話したり相談したくなります。しかし、いったん購入してサイズが変わらなければ、あとはネットで柄を確認できれば、いちいち店に行かずに注文したいと思う顧客も出てくるかもしれません。このように顧客との関係は、時間や信頼とともに変化することがありますし、またこうした優良顧客を囲い込む施策も検討していくことが求められます。

▶顧客との関係（例：スターバックス）

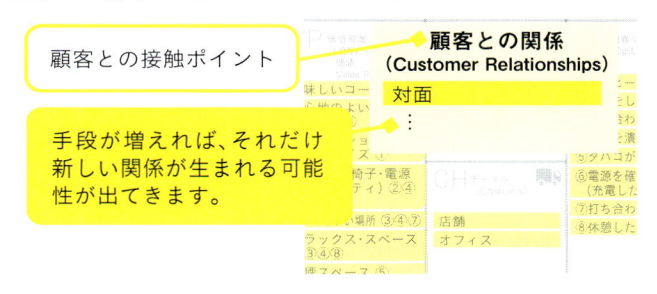

スターバックスの場合は、取引のチャネルは「店舗」が中心になりますので、顧客との関係は「対面」がほとんどでしょう。

BMGのワークショップで、「チャネルと顧客との関係の区別はどうやってつけたらよいか？」と質問されることがよくあります。チャネルは価値を届ける顧客とのタッチポイント、つまり媒体（メディア）や場所になります。一方、顧客との関係はそこに至る手段と考えて整理してみてください。時系列やプロセスすべてを記述すると複雑になる場合は、主な要素に絞ってシンプルに考えてみると分かりやすくなります。たとえば、認知度を上げるプロジェクトは個別にキャンバス化するなどして、ビジネス全体と個々の動きを分けて整理する方法もあります。

▶「収入の流れ」と「顧客との関係」を記載する

お金の流れや課金のバリエーションを「収入の流れ」に記述して、キャンバスの右半分が完成です。

◆収入モデル　◆顧客と収入　◆自社とコスト

　収入の流れのブロックは、企業が顧客セグメントから生み出すお金の流れを表現します。顧客は自社のどんな価値にお金を払うのか、企業は自分自身に問う必要があります。これに明確に答えられる組織でなければ厳しい競争を勝ち抜くことはできません。顧客セグメントによって価格メカニズムは異なり、固定価格、安売り、オークション、市場価格、ボリュームディスカウント、利益管理などがあります。ビジネスモデルの成否は、実際には市場での検証後に収入とコストの収支によって分かります。キャンバスに詳細を記述できなくても、どのようなお金の流れがあるのかに着目してみましょう。

　もちろん具体的な金額は、きちんとしたバランスシートなどで検証する必要がありますが、おおまかでもキャンバスに金額を入力できれば分かりやすくなります。

■ どんな課金メニューがあるか検討してみよう

　私が特にお勧めしているのは、どのような課金形態や課金メニューがあるかについて、できるだけ具体的に検討することです。

　課金形態によっては、ビジネスの立ち上がりにおいて差別化できる要因になるかもしれません。製品からサービス志向で課金する場合には、特に重要な要素になります。

　一過性の課金だけでなく、継続的な課金方法にはどんなものがあるか、またそうしたメニューを考えられないかを検討することで、より強固な収益基盤を構築する手助けとなります。

▶収入の流れ（例：スターバックス）

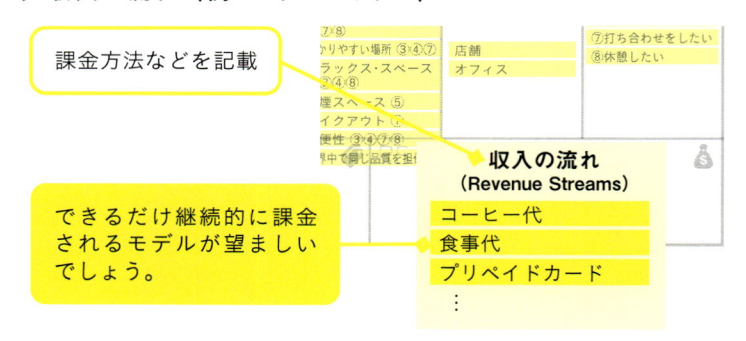

課金方法などを記載

できるだけ継続的に課金されるモデルが望ましいでしょう。

収入の流れ（Revenue Streams）
- コーヒー代
- 食事代
- プリペイドカード

スターバックスでは、顧客が支払うお金はコーヒー代や軽食代がすべてとなりますが、プリペイドカードやコーヒー券などまとめて購入してもらえる課金方法を持つことは、ワンショットのビジネスより有利になります。

顧客との関係でポイントカードなどを用いて継続性を出してもいいですが、月契約やプリペイドカードなどあらかじめ顧客を囲い込む課金方法や、保守などアフターサービスとして収入を持続させる課金方法などに注目します。

■ ブロックの右半分は顧客と価値を結ぶ収入モデル

ここまでキャンバスの右半分の要素を埋めることができました。キャンバスの中央に価値提案が位置し、右半分が顧客セグメントとチャネル、顧客との関係、さらにそこから生じる収入の流れで構成されています。一方、左半分は、これから埋めていく部分です。

ここには、自社の主なリソースや活動、パートナーとの関係などが位置しています。

つまり、右側は顧客と収入、左側は自社とコストに関わる分野ととらえると全体図が分かりやすくなります。

LCC（格安航空会社）のビジネスモデル・キャンバスを下に提示しましたので、それぞれの要素の関わりを確認してみましょう。

▶ LCCのビジネスモデルの場合

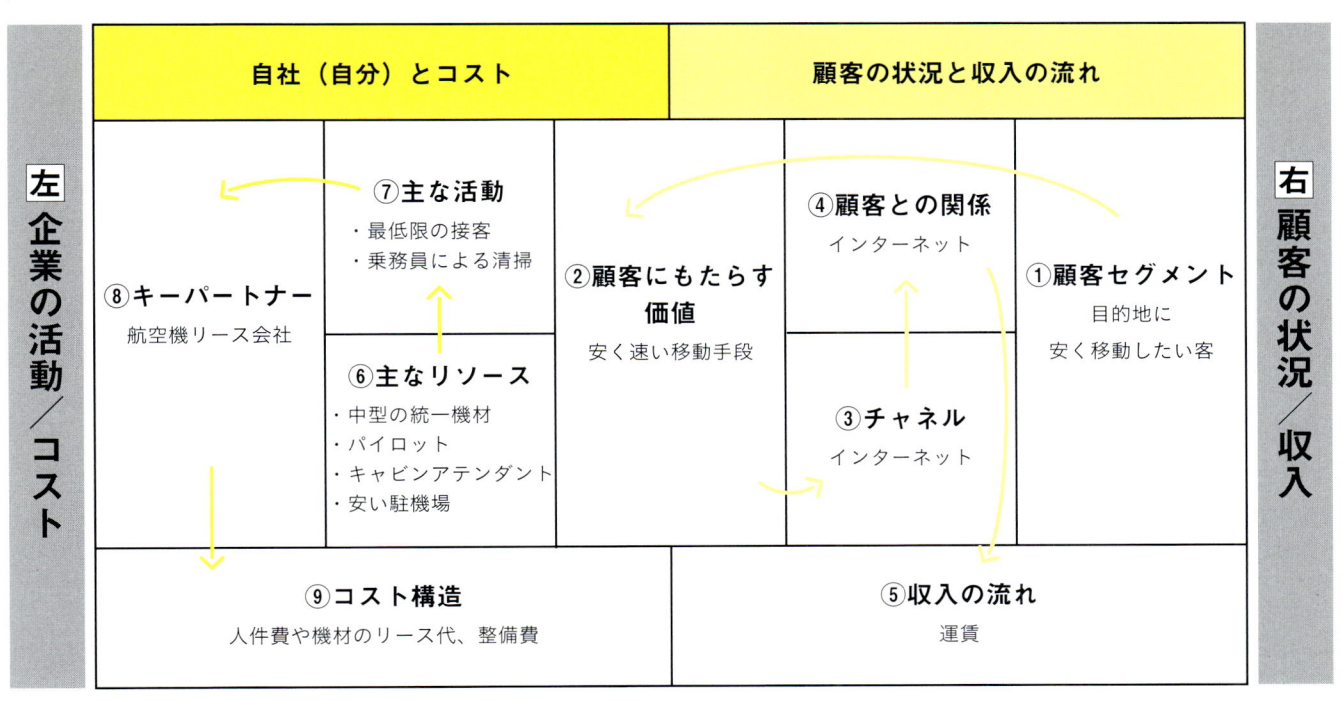

自社（自分）とコスト			顧客の状況と収入の流れ	
⑧キーパートナー 航空機リース会社	⑦主な活動 ・最低限の接客 ・乗務員による清掃	②顧客にもたらす価値 安く速い移動手段	④顧客との関係 インターネット	①顧客セグメント 目的地に安く移動したい客
	⑥主なリソース ・中型の統一機材 ・パイロット ・キャビンアテンダント ・安い駐機場		③チャネル インターネット	
⑨コスト構造 人件費や機材のリース代、整備費			⑤収入の流れ 運賃	

左 企業の活動／コスト

右 顧客の状況／収入

▶「主なリソース」と「主な活動」を検討する

差別化のポイントを熟考して主なリソースを確認し、加えて主な活動も記述します。

◆ 主なリソース　◆ 主な活動　◆ ブランド

どんなビジネスモデルでも、リソースは絶対に必要です。これがなければ、企業は価値を生み出すことも、マーケットにリーチして顧客との関係を構築することも、収益を上げることもできません。リソースには、資材や機械といった物理的なもの以外に、ファイナンス、知的財産権、労働力など様々なものがあり、会社が所有していたり、リースされたり、パートナーから提供されたりします。

必要なリソースはビジネスモデルによって千差万別

主なリソースのブロックでは、ビジネスモデルを実行するために必要になるリソース（資産）を記述します。どんなリソースが必要かはビジネスモデルによって変わってきますが、ヒト、モノ、カネといった多種多様のリソースの中でも、同業他社と差別化できる特徴的なものにフォーカスして洗い出していきます。

例えば、同じマイクロチップメーカーでも、大量生産で低価格を実現しているA社は、製造ラインや機械への多額の投資が主なリソースとして必要になります。一方、デザインの評価が高いB社では、優秀なデザイナーや意匠権などが必要になるかもしれません。このように、同業種や似たビジネスドメインの企業であっても、主なリソースとして記述する内容が異なります。自分たちならではの差別化ポイントになる資産はなにかをじっくり考えていきましょう。

また、活動を通じて勝ち得た経験や実績など属人的なものをいかに資産化していくかも重要な観点となります。企業や組織の資産として継承するには、マニュアルやデータベースなどのシステム化も重要な要素になります。また、それで特許を取得できればより大きな参入障壁となり、強固なビジネスモデルとなり得ます。

▶主なリソース（例：スターバックス）

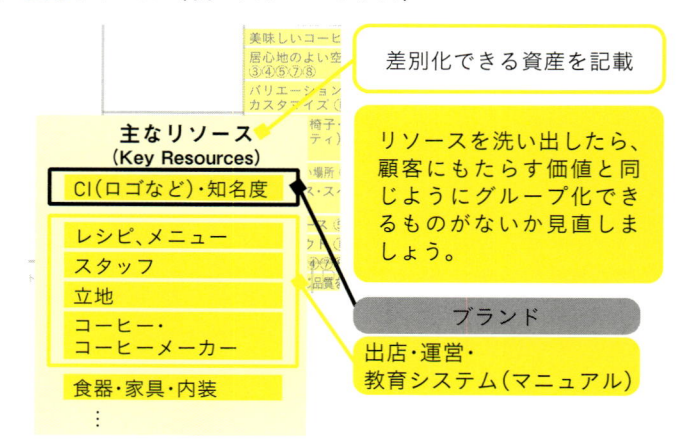

主なリソース（Key Resources）
- CI（ロゴなど）・知名度
- レシピ、メニュー
- スタッフ
- 立地
- コーヒー・コーヒーメーカー
- 食器・家具・内装
- …

差別化できる資産を記載

リソースを洗い出したら、顧客にもたらす価値と同じようにグループ化できるものがないか見直しましょう。

→ ブランド
→ 出店・運営・教育システム（マニュアル）

スターバックスの場合、大きく「ブランド」と「出店・運営・教育システム」に整理できそうです。例えば、立地の良さや店舗戦略は出店システム（出店マニュアル）に、スタッフやコーヒーの品質は運営・教育システム（運営・教育マニュアル）に包含して考えられるのではないでしょうか。また、ロゴや統一されたインテリアなどを活用したブランドコミュニケーションの成功によって、知名度が高く、ブランドが確立しています。

■ 主な活動は、自分たちならではの活動にフォーカス

　主な活動のブロックは、ビジネスモデルが機能するために組織が取り組まなければならない重要な活動を記述し、企業が経営を成功させるために必ず実行しなければならない重要なアクションにフォーカスします。リソースのブロックと同様に、価値提案を作り、マーケットへリーチし、顧客との関係を維持して、収益を上げるために欠かせない活動です。また、同じ業界でもビジネスモデルの種類によって主な活動が異なるのも、リソースと同様です。

　例えば、検索サービスのGoogleでは、主な活動の中にプラットフォームの維持管理が含まれるでしょう。また、PCメーカーのDellにとっては、製造ではなく、主な活動としてサプライチェーンマネジメントが欠かせません。つまり、価値提案の差別化の最も重要な要因となる活動にフォーカスすると分かりやすくなります。

■ キャンバスを振り返り主な活動の道標を探す

　前述の大量生産で低価格を実現しているマイクロチップメーカーA社が、大量生産を可能にする製造ラインを資産として記述したとします。低コストの資材調達や大量生産、あるいは販売チャネルの開拓などが主な活動になるかもしれません。一方、独自の設計やデザインで信頼の厚いB社は、最新デザインのための市場調査や優秀なデザインができる人材の採用などをさらに活動として加える必要があるかもしれません。

　主な活動を記述する"道標"となるのが、主なリソースや価値提案のブロックです。主なリソースを担保し、維持するために必要な活動や、顧客に提供する価値提案を向上させるために必要な活動などが必要になるからです。

▶主な活動（例：スターバックス）

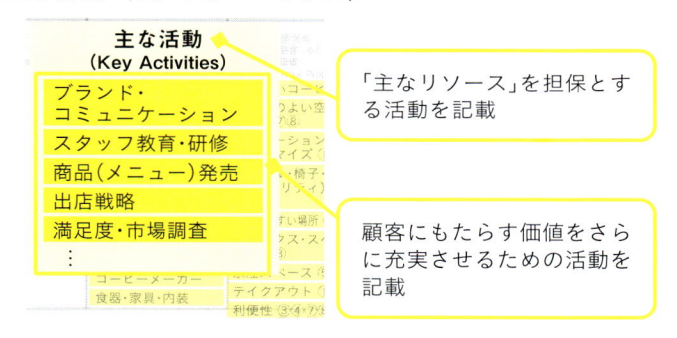

主な活動（Key Activities）
- ブランド・コミュニケーション
- スタッフ教育・研修
- 商品（メニュー）発売
- 出店戦略
- 満足度・市場調査
…

- 「主なリソース」を担保とする活動を記載
- 顧客にもたらす価値をさらに充実させるための活動を記載

スターバックスのキャンバスでは、主なリソースとして挙がっていたブランドを強化するための広報・宣伝活動などをはじめとするブランドコミュニケーションが必要です。また、事業拡大において重要なリソースである出店・運営マニュアルに応じた出店、社員教育などが活動として挙がっています。
また、価値提案でカスタマイズやメニューのバリエーションが挙がっていましたので、商品開発なども重要な活動のひとつになります。また、キャンバスを記述する上で、変えたい要素を反映できるのが主な活動です。自分たちのアクションから変えていくことが可能になるため、まだできていなくても必要な活動を見極め、記述しておくことがキーになります。

▶「キーパートナー」と「コスト」を検討する

企業活動で欠かせないキーパートナーと、ビジネスで発生しているコストを探して記述します。

◆アライアンス戦略　◆パートナーとの関係　◆コスト

企業はビジネスモデルを最適化し、リスクを減らし、足りないリソースを補うためにアライアンス（パートナーシップ）を組む必要があります。

一般的に、ひとつの企業がすべてのリソースを自社で所有し、あらゆる活動を行おうとするのは合理的とは言えません。昨今では、自社だけで完結するビジネスを探すほうが難しい状況です。

例えば、コストを下げるためにアウトソーシングしたり、グループ内などでインフラを共有したりすることはよくあります。また、ある分野では競合他社と戦略的アライアンスを組むことも珍しいことではありません。リソースや知識・経験を補うだけでなく、アライアンスの目的がリスクの低減になることもあるのです。

■ キーパートナーは、代わりがいない重要な協業相手

パートナーとの関係ブロックでは、自社のビジネスモデルを構築する上で欠かせないサプライヤーとパートナーについて記述します。自社が外部に委託（アウトソース）している活動や外部から調達しているリソースを洗い出してみましょう。

ビジネスモデルキャンバスに記述する際には、代替のきくパートナーは記述せずに、できるだけ代わりがいない重要な協業相手の団体名や個人名を記述していきます。

このとき、パートナーとの関係にすでに顧客セグメントのブロックで登場している名前が記述されることもあります。特にBtoBのビジネスでは、あるときはパートナーとして一緒にビジネスを推進し、またあるときは顧客として価値を提供すべき相手になり得るケースがありますが、どちらにも記述してください。迷った場合は、自分たちがお金を支払う相手はパートナーに、お金を頂戴する場合は顧客セグメントに記述します。

▶パートナーとの関係（例：スターバックス）

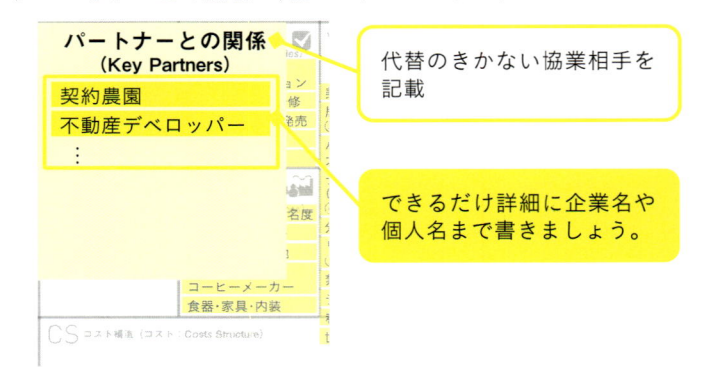

パートナーとの関係（Key Partners）
- 契約農園
- 不動産デベロッパー
- …

→ 代替のきかない協業相手を記載

→ できるだけ詳細に企業名や個人名まで書きましょう。

スターバックスのキャンバスでは、特定の契約農園にコーヒー豆を栽培させていると仮定して「契約農園」を追加しました。また、出店戦略を立案し実行に移す不動産デベロッパーの存在も必要と考え、パートナーとして追加しています。このほか、コーヒー豆の入荷に関わる流通業者やブランドコミュニケーションで大きな役割を果たす広告代理店などがパートナーとして挙げられるかもしれません。

■ コストから左半分のブロックを導く

　コストのブロックには、ビジネスモデルを運営するにあたって発生するコストを記述します。

　このブロックは、自社のコスト構造において、主な活動やリソースから生まれるどのコストが高額になっているか、また、キャンバス全体の関係性によってどんな影響を受けるのかを検証するために重要です。

　ビジネスモデルによっては、コスト主導でキャンバスの他のブロックが変化するものもあります。典型的な例では、LCCなどがそうですが、低コストを維持するために必要な活動は何かを検討していかなければなりません。また、必要最小限の活動以外をアウトソースする必要が出てくることもあるでしょう。一方、プレミアムな顧客をターゲットとし、価値提案の強化などを主軸とする場合は、コスト削減などを重視するのとは異なるモデルをデザインしていきます。コスト構造を考える上では、固定費と変動費を分けて考えると分かりやすくなります。

▶変動費と固定費からなるコスト構造

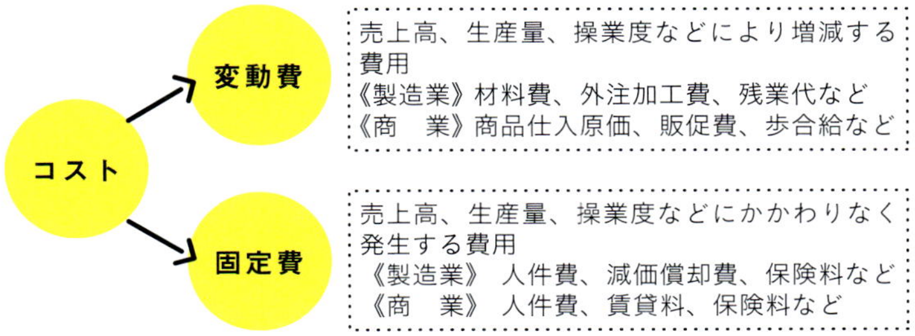

コスト → 変動費
売上高、生産量、操業度などにより増減する費用
《製造業》材料費、外注加工費、残業代など
《商　業》商品仕入原価、販促費、歩合給など

コスト → 固定費
売上高、生産量、操業度などにかかわりなく発生する費用
《製造業》 人件費、減価償却費、保険料など
《商　業》 人件費、賃貸料、保険料など

ビジネスにおけるコストは、大きく変動費と固定費に分けられます。
コストのブロックで挙げられた各要素がどちらに当たるか確認しましょう。

▶コスト（例：スターバックス）

スタッフ	立地
コーヒー・コーヒーメーカー	喫煙スペース テイクアウト
食器・家具・内装	

コスト（Cost Structure）
店舗代　　システムの
人件費　　メンテナンス費用
広告費用　　…

ビジネスモデルによっては、コストによって、キャンバスの左半分、主な活動や主なリソースの内容を見直し、変更する必要があります。

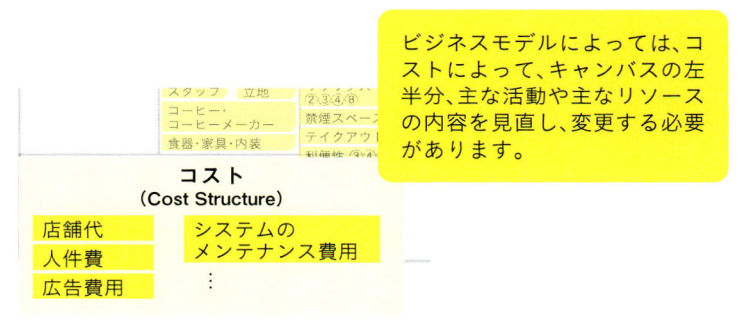

コストには、主に固定費である店舗代や人件費、広告費などに加え、企業の根幹のリソースである出店、運営システムなどのメンテナンス費用を仮に記述しています。
実際にキャンバスを記述する場合には、収支内容を検証しながら記述していきます。

➤ イノベーションワークに挑戦しよう

ここまでで、キャンバスのブロックをすべて埋めることができました。次は新たなキャンバスのデザインに挑戦してみましょう。

◆ イノベーションワーク　◆ デザインプロセス　◆ キャンバスのリデザイン

スターバックスのビジネスモデル・キャンバス完成例

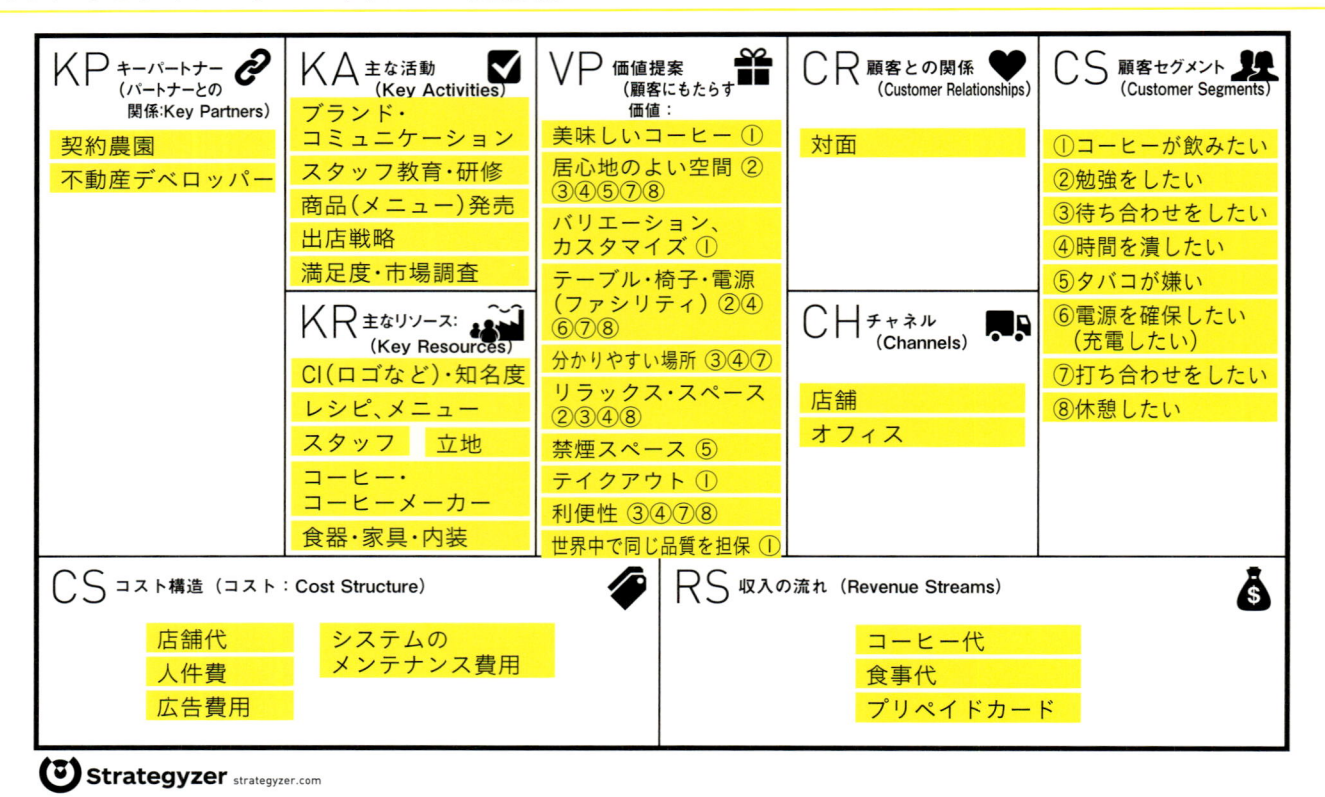

KP キーパートナー（パートナーとの関係:Key Partners）	KA 主な活動（Key Activities）	VP 価値提案（顧客にもたらす価値）	CR 顧客との関係（Customer Relationships）	CS 顧客セグメント（Customer Segments）
契約農園 不動産デベロッパー	ブランド・コミュニケーション スタッフ教育・研修 商品（メニュー）発売 出店戦略 満足度・市場調査	美味しいコーヒー ① 居心地のよい空間 ②③④⑤⑦⑧ バリエーション、カスタマイズ ① テーブル・椅子・電源（ファシリティ）②④⑥⑦⑧ 分かりやすい場所 ③④⑦ リラックス・スペース ②③④⑧ 禁煙スペース ⑤ テイクアウト ① 利便性 ③④⑦⑧ 世界中で同じ品質を担保 ①	対面	①コーヒーが飲みたい ②勉強をしたい ③待ち合わせをしたい ④時間を潰したい ⑤タバコが嫌い ⑥電源を確保したい（充電したい） ⑦打ち合わせをしたい ⑧休憩したい
	KR 主なリソース:（Key Resources） CI（ロゴなど）・知名度 レシピ、メニュー スタッフ　立地 コーヒー・コーヒーメーカー 食器・家具・内装		**CH チャネル（Channels）** 店舗 オフィス	

CS コスト構造（コスト：Cost Structure）	RS 収入の流れ（Revenue Streams）
店舗代　システムのメンテナンス費用 人件費 広告費用	コーヒー代 食事代 プリペイドカード

Strategyzer strategyzer.com

DESIGNED BY: Business Model Foundry AG
The makers of Business Model Generation and Strategyzer

■ 4つのステップでデザインプロセスを進めよう

BMGを自社に導入するために、どのように進めたらよいか分からない場合は、右の図のような4つのデザインプロセスを踏んで行動することをお勧めします。

① Draw（現状の把握）：現状のビジネスモデルをキャンバスに描きます。
② Reflect（見直し）：現状のままでよいのか、課題・問題点を抽出します。
③ Revise（修正）：イノベーションに向けたキャンバスの修正・反映を行います。
④ Act（実行・検証）：選んだビジネスモデルデザインを実行します。

実際のビジネスでは、外部環境や顧客の変化などによって、否が応でもビジネスモデルのリデザインが必要になります。

ワークショップでは、強制的に外部環境の変化を加えることで、イノベーションの第一歩であるキャンバスの改編を行っていきます。

ビジネスモデル・キャンバスでは、ある特定のブロックに変化を起こすことで、キャンバス全体の見直しが必要になります。

▶キャンバス作成の流れ

デザインプロセス	進め方
Step1 Draw 現状の把握	・対象となる事業組織、プロジェクトなどを明確にし、プロジェクトに取り組む目的、ビジネスモデルの記述、デザイン、分析、議論するため現状のキャンバスを作成します。
Step2 Reflect 見直し	・顧客、技術、環境といった関連知識や情報を収集します。専門家へのインタビューや、潜在顧客の研究なども行って、ニーズ、課題、問題点などを明らかにします。
Step3 Revise 修正	・見直しのフェーズで得られた情報やアイデアを調査し、テストできるようなビジネスモデルプロトタイプへと転換します。キャンバスを修正しながら、最も納得できるビジネスモデルデザインを選びます。
Step4 Act 実行・検証	・選んだビジネスモデルデザインを実行します。ビジネスモデルを継続的にモニタリング評価し、リ・デザインしていくマネジメント態勢を構築します。

キャンバスに"揺らし"を起こしてみよう

ビジネスを拡大する方法について考え、ビジネスモデル・キャンバスのデザインを改修します。

◆ビジネス拡大　◆パレートの法則　◆プレミアム戦略

　先ほど完成したスターバックスの店舗販売のビジネスモデル・キャンバスをベースに、次は、さらにビジネスを拡大するためのキャンバスをデザインしてみましょう。

　ビジネス拡大を考える際の定石として、既存の顧客セグメントに対して、より高い価値提案を行い、ロイヤリティの高い顧客を醸成して収入を増加させるというものがあります。これは、マーケティングの世界における、One-to-Oneマーケティングと呼ばれる考え方です。パレートの法則（80:20の法則）でビジネスの売り上げの8割を生み出しているのは2割の常顧客だと言われていることからも、この層への継続的なアプローチが重要だと分かります。

　一方、プレミアム戦略をとりにくい商材や、市場自体が縮小傾向にあるビジネスにイノベーションをもたらすには、まったく新しい顧客セグメントを創造することが非常に大きな意味を持っています。そこで、新たな顧客セグメントを追加するというデザインモデルを作成してみたいと思います。

■ 顧客とエンドユーザの違いに注目しよう

　例えば、スターバックスの店舗販売は、基本的にはBtoCのビジネスモデルです。そこに顧客セグメントとして、コンビニチェーン（企業）を新たに追加して、スターバックスコーヒーの価値をBtoBで提供するモデルを考えてみます。従来の価値提案だけでは成立しなくなりますので、主なリソースのブロックに記述してあったCI・知名度、レシピ・メニューが価値提案にも当てはまります。

　また、コンビニエンスストア・チェーンを顧客セグメントではなく、チャネルとして捉えると、コーヒーを飲みたいエンドユーザが顧客セグメントとして追加されるBtoCモデルになります。このように、サービスや製品の価値を享受するエンドユーザと、自分たちにお金を払ってくれる顧客セグメントをしっかり把握して考えることが重要です。

　また、スターバックスには当てはまりませんが、フランチャイズ制度がある企業ならば、そのオーナーを顧客セグメントに追加することも可能です。この場合、主なリソースであるブランドや運営マニュアル、教育システムなどがいずれも、オーナーがお金を払っても良いと考える価値になります。

　ここまでで、ビジネスモデルイノベーションの考え方も、道筋を立てて可視化すれば納得しやすくなることに気づかれたのではないでしょうか？　イノベーションのきっかけを見つけたら、別シートで改めて議論しながら、目指すべきキャンバスをデザインしてみることをお勧めします。

chapter 1 完全再現 BMGワークショップ

スターバックスのキャンバスをBtoBモデルに改修

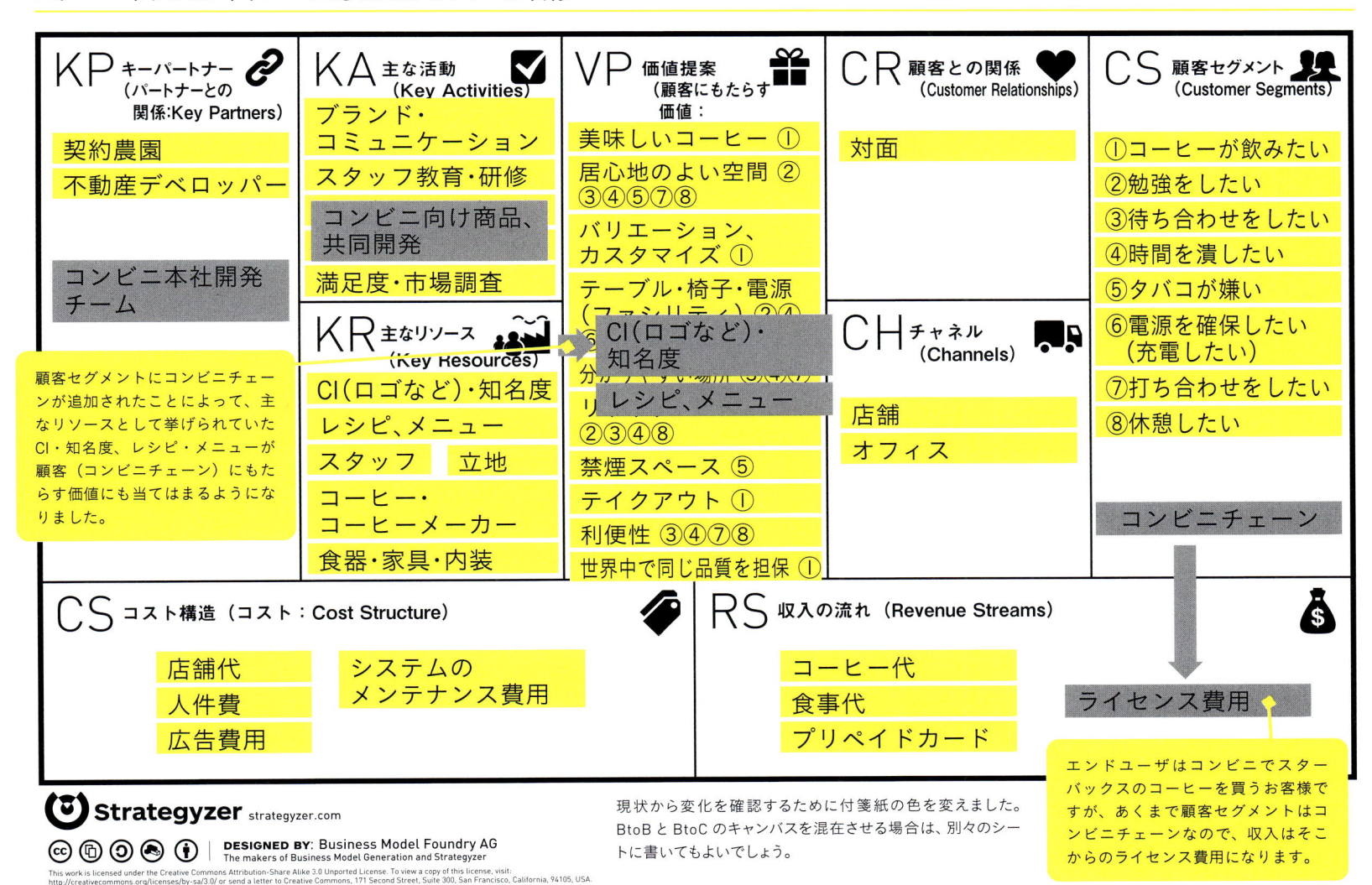

KP キーパートナー （パートナーとの 関係:Key Partners）	KA 主な活動 (Key Activities)	VP 価値提案 （顧客にもたらす 価値：	CR 顧客との関係 (Customer Relationships)	CS 顧客セグメント (Customer Segments)
契約農園 不動産デベロッパー コンビニ本社開発チーム	ブランド・コミュニケーション スタッフ教育・研修 コンビニ向け商品、共同開発 満足度・市場調査 **KR 主なリソース** (Key Resources) CI（ロゴなど）・知名度 レシピ、メニュー スタッフ　立地 コーヒー・コーヒーメーカー 食器・家具・内装	美味しいコーヒー ① 居心地のよい空間 ②③④⑤⑦⑧ バリエーション、カスタマイズ ① テーブル・椅子・電源（ファシリティ）②④ CI（ロゴなど）・知名度 分かりやすい場所 ③④⑦ レシピ、メニュー ②③④⑧ 禁煙スペース ⑤ テイクアウト ① 利便性 ③④⑦⑧ 世界中で同じ品質を担保 ①	対面 **CH チャネル** (Channels) 店舗 オフィス	①コーヒーが飲みたい ②勉強をしたい ③待ち合わせをしたい ④時間を潰したい ⑤タバコが嫌い ⑥電源を確保したい（充電したい） ⑦打ち合わせをしたい ⑧休憩したい コンビニチェーン

顧客セグメントにコンビニチェーンが追加されたことによって、主なリソースとして挙げられていたCI・知名度、レシピ・メニューが顧客（コンビニチェーン）にもたらす価値にも当てはまるようになりました。

CS コスト構造（コスト：Cost Structure）	RS 収入の流れ（Revenue Streams）
店舗代　システムのメンテナンス費用 人件費 広告費用	コーヒー代 食事代 プリペイドカード ライセンス費用

エンドユーザはコンビニでスターバックスのコーヒーを買うお客様ですが、あくまで顧客セグメントはコンビニチェーンなので、収入はそこからのライセンス費用になります。

現状から変化を確認するために付箋紙の色を変えました。BtoBとBtoCのキャンバスを混在させる場合は、別々のシートに書いてもよいでしょう。

Strategyzer strategyzer.com
DESIGNED BY: Business Model Foundry AG
The makers of Business Model Generation and Strategyzer

Business Model
Generation
WORK SHOP

chapter 2

導入事例で学ぶ
ビジネスモデルのつくり方

Method

ビジネスの現場で役立つBMG

新規事業を立ち上げる際にも、BMGを活用することで変革のスピードをアップさせることができます。

◆ 新規事業立ち上げ　◆ 3つの視点　◆ BMGのツール

　新規事業を立ち上げるにあたって、これから自分たちが進めるビジネスがどのような競争力を持っているのか説明することができないと、社内の稟議も出資者から投資においてもうまくいきません。BMGは、ビジネスモデルの弱点を早期に発見し、逆に強みを顧客に提供できる価値としてより高めることで、いっそう強固なビジネスモデルを醸成していく手法です。

　自分たちのビジネスの優位性や根幹のビジネスモデルを把握し、共有するためにもBMGの活用は有効です。キャンバスに新規事業のビジネスモデルを落とし込むことで、アドバイザーから意見やアドバイスをもらう際にも、簡潔に説明できるようになります。また、あらかじめ想定しうる課題を浮き彫りにしやすくなります。修正点をキャンバスに反映し、プロトタイプのパターンをいくつか検証しながら、ビジネスモデルをより強固なものにブラッシュアップすることができます。

■ 成功する企業に共通する要件とは？

　近年、画期的なサービスを提供して成功している企業には共通していることがあります。

　それは、商品やサービス自体に特徴があるのではなく、ビジネスモデルに特徴があるということです。例えば、最近話題のコンビニコーヒーを取り上げれば、ドリップコーヒー自体は決して新しいものではありませんが、セルフサービスでの提供や、メニューの絞り込みなど、コンビニ利用頻度の高いビジネスパーソンにターゲットを特化することで、低価格での提供が可能となっています。

出典：http://www.sej.co.jp/products/sevencafe.html

出典：http://www.family.co.jp/goods/famimacafe/

低価格でも本格的なコーヒーを楽しめるコンビニコーヒーは、ヒットとなり今では激戦が繰り広げられています。

　また、競合他社の既存のビジネスモデルを模倣し追従するだけでなく、新たな視点も求められます。

　今ではあたりまえになりつつあるソフトウェアのクラウドサービスも、ソフトウェアは既存と同等であっても"使った分だけ支払う"という従量課金の考え方が新たな市場とトレンドを生み出しました。

　さらに、成功し、成長を続けるためには、証明できるまで待つのではなく、トライ＆エラーを実践し続けることが重要です。経験を重ね、ビジネスモデルの修正を重ねることでより迅速に市場に反応できるようになります。

■ これからのビジネスパーソンに求められる3つの視点

BMGコアメンバーのアレックスやイヴ博士は、これからのビジネスパーソンには、以下のような視点が重要だと語っています。

① 手術を行う外科医のような視点
外科医のようにどのような時にどのような措置が必要なのかを考え、今最善だと思うことを迅速に選択し意思決定する。

② 試作品を作るデザイナーのような視点
デザイナーのように、模倣だけに頼ることなく、デザイン思考のテクニックを使い、プロトタイプを作りながら創造していく。

③ 実験を行う科学者のような視点
成功に向かって、科学者のように実験と検証を繰り返す。

■ 必要なシーンで、最適なツールを使いこなす

そのためには、適切なツールを活用することも重要なのです。ビジネスやビジネスを取り巻く環境が大きく様変わりする今、ビジネスモデルを検討し、ディスカッションするツールも、よりビジネスにフィットするものが必要です。ですから、事業計画などを唯一のツールと決めつけることなく、時として新しいツールを取り入れることは非常に有効です。BMGでは、最もよく利用するツールであるキャンバスに加え、顧客分析のための共感マップや価値提案と顧客セグメントにフォーカスするVP（バリュープロポジション）キャンバスなどいくつかのツールを活用します。

ツールの活用と同時に、様々なビジネスモデルを参考にしながら、自分たちに役立つ情報をうまく取り入れていきましょう。

本章ではSWOT分析などの手法も取り入れながら、ビジネスモデルをデザイン思考で考え、実験を行いながら検証し、またビジネスモデルを改善するといった一連のプロセスをご紹介していきます。

自分たちのビジネスをキャンバスに描いてみよう

アイデアや企画概要をキャンバスに落とし込んでいきます。スピード感を持って進めることが重要です。

◆ビジネスモデル　◆可視化　◆キャンバスの活用手順

　ビジネスモデルとは、"組織が価値を創造し"、"顧客に届ける"ロジックのことを示します。端的に言うと組織が生計を立てるための仕組みです。

　そのため、起業を目指している、あるいは新規ビジネスを起案している人にとっては、デザインしたビジネスの実効性の検証と課題のあぶり出しは、最初に行わなければならない最も重要な作業です。問題があれば直ちに改善していかなければなりません。

　起業やプロジェクトなどでビジネスモデル・キャンバスを記述するには、ワークショップなどグループワークでディスカッションしながらキャンバスを作成していくことが有効です。

　しかし、必ずしもグループで作業を進められないケースもありますし、ひとまず個々に検討するフェーズもあるかもしれません。そこで、まず自分なりにキャンバスを使いながら頭の中で考えているビジネスモデルを可視化してみることから始めましょう。

キャンバスの可視化でビジネスが一目瞭然に

　新しい事業やビジネスを始める際、多くの人はそのアイデアが漠然としている段階からいろいろな人に相談しながら、少しずつ具体的なものにしていきます。しかし、自分の頭の中の考えを合理的に整理して上手に伝えることができる人はごく少数です。

　プレゼンテーション用の資料などを使って説明する場合も多いと思いますが、ビジネスモデルの根幹の課題を把握するためには、構造的な分析を欠かすことはできません。自分が考えるビジネスモデルを一目瞭然で簡潔に伝えられるよう、キャンバスに記述してみることは最初のステップとして有効です。

　実施にキャンバスを作成してみると意外に難しいことに気がつきます。しかし、何度も記述していくうちに次第に考え方にも慣れてきて簡単になります。

　また、参考にしたい企業や競合他社のビジネスモデルのキャンバスを作成することもお勧めします。キャンバスは、紙と筆記用具さえあればどこでも描くことができますので、いつでもキャンバスに落とし込む習慣をつけてみてはいかがでしょうか？

キャンバスは何度も見直し、修正を繰り返す

　アイデアや企画概要をキャンバスに描いたら、アドバイスや顧客からのヒアリングなどの情報を加味しながら、何度も見直しを行います。ですから、キャンバスを丁寧に描くことに注力するのではなく、最初のアイデアをどんどん捨てて、見直しできるような割り切りを持って取り組むと、スピード感を持って進めることができます。これならうまくいきそうだと思えるキャンバスが完成したら、具体的な戦略に落として実行していきます。

　ここからは、ビジネスの種となるアイデアをブラッシュアップしながら、はじめて描くキャンバスをベースにいくつかのツールを使い3つのキャンバスを描くまでをご紹介していきます。

▶キャンバスを描く際に使う付箋紙やマーカー

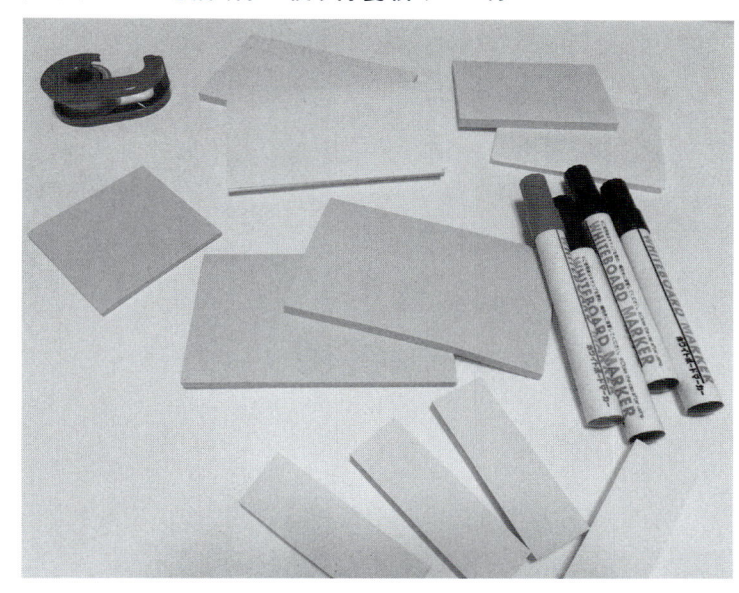

紙と筆記用具を用意しておけば、キャンバスはいつでもどこでもすぐに描くことができます。

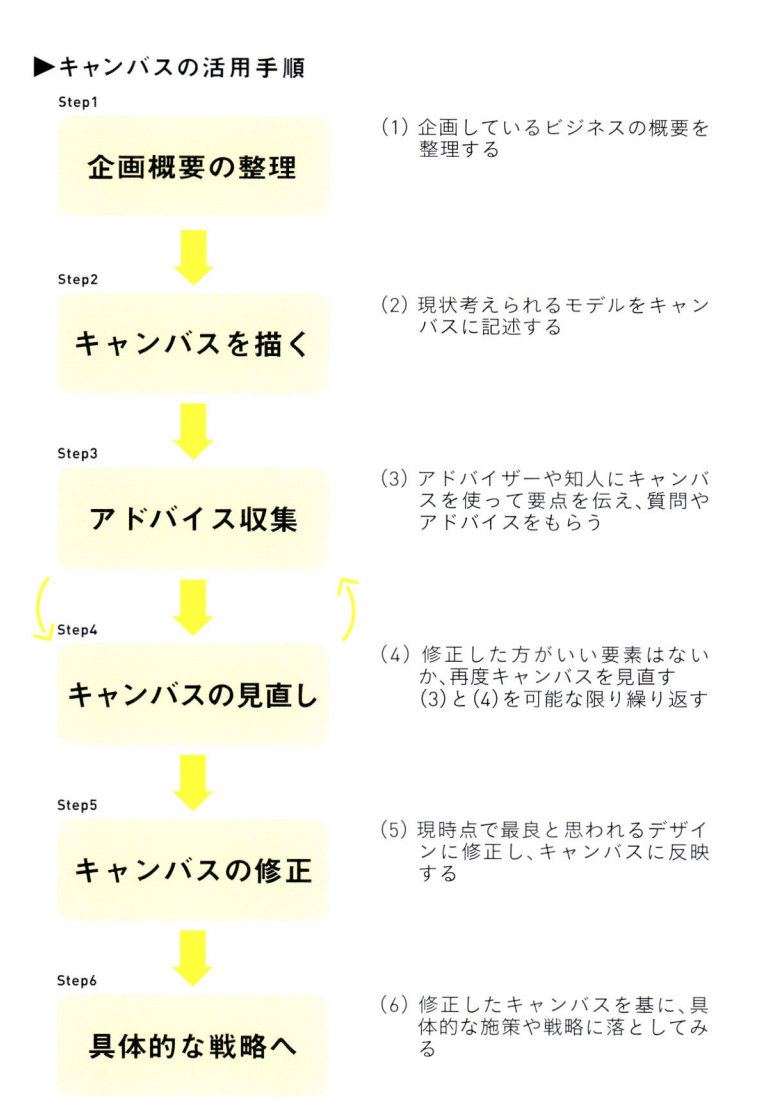

▶キャンバスの活用手順

Step1　企画概要の整理
（1）企画しているビジネスの概要を整理する

Step2　キャンバスを描く
（2）現状考えられるモデルをキャンバスに記述する

Step3　アドバイス収集
（3）アドバイザーや知人にキャンバスを使って要点を伝え、質問やアドバイスをもらう

Step4　キャンバスの見直し
（4）修正した方がいい要素はないか、再度キャンバスを見直す
（3）と（4）を可能な限り繰り返す

Step5　キャンバスの修正
（5）現時点で最良と思われるデザインに修正し、キャンバスに反映する

Step6　具体的な戦略へ
（6）修正したキャンバスを基に、具体的な施策や戦略に落としてみる

新規ビジネスのプロトタイプを作成してみる

パソコン修理サービスの起業メンバーになったつもりでビジネスについて考えてみましょう。

◆ビジネス概要　◆顧客企業の背景　◆サービス概要

　ここからは実際にBMGを導入し、ビジネスの現場でキャンバスの活用を中心にプロトタイプを作成していく過程をご紹介していきましょう。ビジネスのテーマは「パソコン修理サービス」です。皆さんも起業メンバーになったつもりで一緒に考えてみてください。

ビジネス概要

　ソフトウェア開発の人材派遣会社を経営する私たちは、中小企業に営業に行くたびに、パソコンのトラブルに関する相談を受けていました。もともと私たち自身も技術者出身であったこともあり、様々な相談に乗っている経験から、パソコンの修理や故障対応のビジネスを始めたいと考えました。

　早速、自分のビジネスをデザインするためにキャンバスを作成しようと考えます。皆さんも一緒にビジネスモデルのデザインプロセスを体験していきましょう。

顧客企業の背景

　多くの中小企業では、パソコン購入コストを下げるために、一定のメーカーなどから購入するのではなく、必要な際にコストパフォーマンスの良いものを量販店などで購入するケースが多くなっています。

　パソコンの故障やトラブルは、業務の停止などにつながりかねず、業務効率に大きな影響があります。さらに、代替機もほとんどない上、メーカーなどと保守契約しているわけでもないため、早急に使用可能な状態に復旧したいというニーズがあります。

サービス概要

サービス概要は以下のように定義します。

- 24時間365日年中無休の受付体制を準備。東京都内に限るが最速30分で訪問する
- WindowsでもMacでも、OS、メーカーを問わずに故障診断する
- トラブルが起こったら、まずは電話で問い合わせしてもらい、トラブルの内容や依頼事項を簡単に尋ねた後、基本料金などを説明
- お客さまのご希望に合わせて、訪問する日時を調整。訪問後、状況の確認などを行ない、料金の見積りを提示し、ご了承をいただいてから作業を行う
- 1～2時間ほどで作業完了を想定（作業内容によっては、お預かりまたは再訪問とする場合もある）
- 料金は作業完了後に、現金またはクレジットカードでお支払いいただく
- 出張訪問の基本料金は5,000円とする
- トラブル診断費は3,000円とする
- その他、修理や部品交換などは別途請求

chapter 2　導入事例で学ぶビジネスモデルのつくり方

▶パソコン修理サービスのイメージ

フリーダイヤル0120-XXX-XXXまでご相談ください。
24時間365日受付

熟練した**専門スタッフが最短30分**で駆けつけます！

トラブル診断とお見積りいたします。
内容を聞いた上でご検討ください。

ご納得いただけたら作業開始
素早くトラブルを解決します！

新規ビジネスのアイデアを整理する

アイデア整理シートと顧客ニーズの分析でビジネスについてさらに深く考えます。

◆ アイデア整理シート　　◆ 顧客ニーズの分析　　◆ 優先度付け

　キャンバスを書きこなすには、描く練習をたくさんするのが一番ですが、実ビジネスのデザインを行うには、準備が必要です。いきなりキャンバスを作成する前に、ぼんやりとしたアイデアを整理し、ディスカッションすることによって、いくつもの方向性や戦略をあらかじめ揉んでおくことも必要です。

　今回は、筆者が企業研修を行う際に使用するフォーマットを使ってアイデアを整理してみましょう。

シートに書き出してアイデアを整理

　まず、検討したいビジネスのテーマやポイントになりそうなキーワードなどを、アイデア整理シートに記載していきます。

　はじめは、いろいろなアイデアを数多く出すことも必要です。想定している製品やサービスにおいて、重要になる要素を書き出してみましょう。

　いくつも書き出してみた中で、主な要素をシートに記述するか付箋紙で張り付けておきます。さらに、よりキーになると思う要素である訪問対応や緊急対応、さらにいつでも受付できるように24時間受付などにはマーク（ここでは「★」）をつけておきます。

▶ アイデア整理シート

テーマ
パソコン故障・修理救急サービス

このテーマに関して、キーとなる要素を記入してください。

キーワード ※特に重要なものにはマーク（「★」など）を入れるなど明記してください。

様々なメーカー	なんでも相談できる	★ 緊急対応
多種多様の機種	★ 訪問対応	データを守る
手頃な料金	★ 24時間受付	

アイデア整理シートには、検討したいビジネスのテーマに対して、サービス概要から重要だと想定されるキーワードをまとめていきます。

■ 顧客セグメントを挙げて優先順位付け

次に、想定し得る顧客セグメントとそのセグメントに対する価値提案を記載していきます。

ここでは、いくつかの顧客セグメントを挙げてみたあと、優先度の高い顧客セグメントから書いていきます。"優先度の高い"というのは、売り上げが最も大きくなるだろうと想定する顧客順や最初にシェアをとりたいセグメントなど、ビジネスモデルにおいて、初めに攻略したい顧客順に書いておきます。

■ 行動パターンなどで顧客のバリエーションを列挙

顧客セグメントがまとめにくい場合は、ニーズ別の顧客のバリエーションを記載していきます。自分が顧客だった時の経験やいくつか相談を受けた際の顧客をイメージしながら、顧客のパターンをいくつか考え、それを顧客セグメントとして想定しながら記述します。

どのようなニーズがあるか、顧客の行動パターンでまとめてみると分かりやすくなるかもしれません。最近のマーケティングでは、行動や趣味などの特徴で顧客コミュニティをまとめることが多くなっています。行動パターンが見つけにくい場合は、20代OL、企業の管理職などの属性を顧客セグメントに記述しても構いません。

■ 顧客にもたらす価値でニーズを明確化

そして、想定し得る顧客セグメントに対する価値提案を記載していきます。価値提案とは、自分たちのビジネスが顧客にもたらす価値です。顧客にとってどのようなバリューがあるのか、また顧客が自分たちの何にお金を払おうとしてくれるのかを考えていきます。

顧客セグメントごとに異なる価値提案であることが多いのですが、もちろん同じ要素が含まれていても構いません。

どのようなニーズの違いがあるのかを見極めるために整理しますので、異なる価値提案をざっくりまとめておいたほうが、顧客セグメントごとのニーズに違いを明確化することができます。

▶顧客ニーズの分析

優先度	顧客セグメント（顧客ニーズ）	価値提案（顧客にもたらす価値）
5	会社のパソコンが壊れて困っているビジネスパーソン	最短でパソコン業務を再開できる
4	自宅でパソコンを利用しているビジネスパーソン	メーカーのサポートより早く、便利に修理できる
3	ITリテラシーが低いパソコンユーザ	どんなパソコンのトラブルでも解決してくれる（パソコンに関するどんな相談もできる）
2		
1		

（高→低）

このビジネスの顧客セグメントと、その顧客セグメントにもたらす価値を、優先度の高い順に列挙してください。ひとつの欄に、共通する複数の要素を記入しても構いません。また、すべての欄を埋める必要はありません。

新規ビジネスの課題を分析する

まずは大まかに現状のリソースで対応できるのか、不足している要素は何か検討してみましょう。

◆ リソース　◆ 新規調達事項　◆ 課題の列挙

次に、ビジネスを実施するうえでの確認事項を検討していきます。なるべく時間をかけずにスモールスタートで、検証していきたいので、現状のリソース、最小限の投資や活動で実施できるかどうか、大まかで大丈夫ですので、考えておきましょう。

あくまでキャンバスでデザインする前準備ですので、デザインのラフを描くイメージで、できそうなところから埋めてみましょう。

課題分析 ①：新規調達しなければならないものは何か

ビジネスを実行するにあたって、必要不可欠な新規調達しなければならない項目を挙げていきます。今あるもので流用できる商品やシステムなどのリソースを自社・他社問わず、列挙しておきます。

今回は、修理に必要なハードウェアだけでなく、修理のための人材というソフトリソースも準備しなければいけませんので、これを新規調達の欄の一番に挙げておきます。

一方、新規調達しなければならないもので、それを実現する対応策が考えられるものを記載しておきます。

人材については、社内の技術者にパソコン整備士の資格を取得させることで、現状の人材を活かして早急に養成します。

機材やツールなど新規で購入する必要があるものは、予算を組み、購入することを想定します。

また、今ある資産で流用できるものをピックアップしていきます。

今回、営業先としてアプローチする顧客リストは、既存のものが大いに活用できると判断し、サービス開始時は、大きな広告宣伝を行わずに、既存のリレーションをハウスリストとして活用しようと想定しました。

▶ 課題分析①

◎ 新規調達事項を列挙　　※「検討案」は未記入でも可

No.	新規調達事項	検討案
1	パソコンに関する保守技術の取得	社内の技術者にパソコン整備士の資格を取得させる
2	修理に必要なツールや機材など	予算化→購入
3		

◎ 流用事項を列挙　　※「流用元」は未記入でも可

No.	流用事項	流用元
1	受託や人材派遣で得た顧客リスト	既存の顧客リストや得意先
2	派遣業務で利用していた電話やネット受付サイト	既存資産の活用とサイトのリニューアル
3		

このビジネスに必要不可欠な新規調達または流用できる、製品やソリューション、パートナーなどを自社・他社問わず、列挙してください。すべての欄を埋める必要はありません。

また、新たにホームページなどにサービスの案内をするためのコンテンツを作成する必要がありますが、既存のサイトをリニューアルして簡易的なページから少しずつ作成することで新規投資を最小化しようと考えました。

課題分析 ②：問題点や足りていない要素は何か

このビジネスを推進するうえでの課題や問題点を記載しておきます。それらに対して、対応策や検討事項も記載しておきます。また、不足している要素を列挙してください。それぞれ、考えられる代替案などもあれば記載します。

今回は、社内の技術者を教育して、資格を取得させるという考えですが、現状では修理の経験者のノウハウが不足しています。経験豊富な技術者のノウハウを社内で共有することで、技術レベルを迅速に向上させたいので、該当する技術者を早急に採用して社内に技術移転させ、ノウハウを蓄積させてはどうかと考えました。

また、新たなサービス分野における認知度が圧倒的に足りていません。既存ビジネスにおいても小規模なBtoBビジネスだったため、会社自体の認知度も低いと想定しています。

そこで、既存の顧客先企業を中心に個別営業による口コミ、ネットでの告知や既存リストへのメールマガジン発行など、あくまでスモールスタートで市場の反応を見ることにします。

▶課題分析②

◎課題の列挙　　　　　　　※「対応策」は未記入でも可

No.	課題	対応策
1	パソコン修理のための経験のある人材がいない	社員にパソコン整備士の資格を取得させると共に経験者を採用
2	修理訪問業務の効率化	受付と訪問人員を管理するシステムが必要→システム化したいが、当初はマニュアルで実施？
3		

◎不足事項の列挙　　　　　※「補足案・代替案」は未記入でも可

No.	不足事項	補足案・代替案
1	パソコン修理のノウハウ	経験者の採用により社内にノウハウを蓄積
2	認知度	個別営業による口コミ、ネットでの告知や既存リストへのメールマガジン発行など
3		

このビジネスを推進するうえでの問題点や、足りていない要素を列挙してください。すべての欄を埋める必要はありません。

ファーストキャンバスを描く

自分たちのビジネスデザインは何か？ パソコン修理サービスを例に考えていきましょう。

◆ ファーストキャンバス　　◆ 顧客セグメント　　◆ 価値提案

ここまででアイデアを整理した内容を頭に入れて、早速キャンバスを作成していきましょう。模造紙にキャンバスの枠組みを描いたら、9つのブロックに埋めるべき要素を付箋紙で書いていきます。順番は、すでに頭に入っていますか？ 確認しながら進めましょう。

① 顧客セグメント：情報システム部門やパソコン保守発注窓口のあるような規模の企業は顧客として考えにくいため、中小企業やSOHOなどをメインターゲットと考えました。また、自宅のパソコンでトラブルにあったビジネスパーソン、ITリテラシーの低い高齢者なども顧客セグメントに入れました。

② 価値提案：それぞれの顧客セグメントに対応するニーズを書き出します。特徴的な価値提案に絞ることで、より各顧客セグメントへの価値を明確にしておきます。

③ チャネル：電話受付から顧客への出張訪問を行いますので、電話と訪問先オフィスを主なチャネルとしました。また、昨今ではホームページが告知媒体としても窓口媒体としても必要不可欠です。

④ 顧客との関係：24時間の電話対応と、より迅速な訪問と、対面によるアドバイスで顧客の不安を取り除くことが最も重要であると考えました。

⑤ 収入の流れ：1回あたりの訪問に対する基本料金として、出張費を一律に請求します。トラブル診断は1台あたり3,000円、さらに修理や部品交換の必要に応じて見積もりを行います。

⑥ 主なリソース：そもそも修理経験のノウハウや故障を診断する知識は必須になります。また、これらを持っている人材や24時間受け付けるための体制が必要です。

⑦ 主な活動：出張訪問がこのビジネスの特徴のひとつなので、訪問は不可欠です。また、故障診断や修理を行うために経験のある技術者が必要なので、資格の取得と人材の確保なども重要となります。また、教育は継続的に必要です。もちろん、宣伝なども必要なのですが、スモールスタートなのではじめは広告費などの代わりに既存の顧客を中心にした営業活動を想定しています。

⑧ キーパートナー：はじめに経験値のある人材を採用し、ビジネスを軌道に乗せることが先決なので、信頼できる人材エージェントとアライアンスを組んで運用していくことにしました。

⑨ コスト構造：修理経験者や24時間対応スタッフに対する人件費、故障時の修理備品やツール、資格取得費用などを最も大きな支出と想定しました。

パソコン故障・修理救急サービスのファーストキャンバス

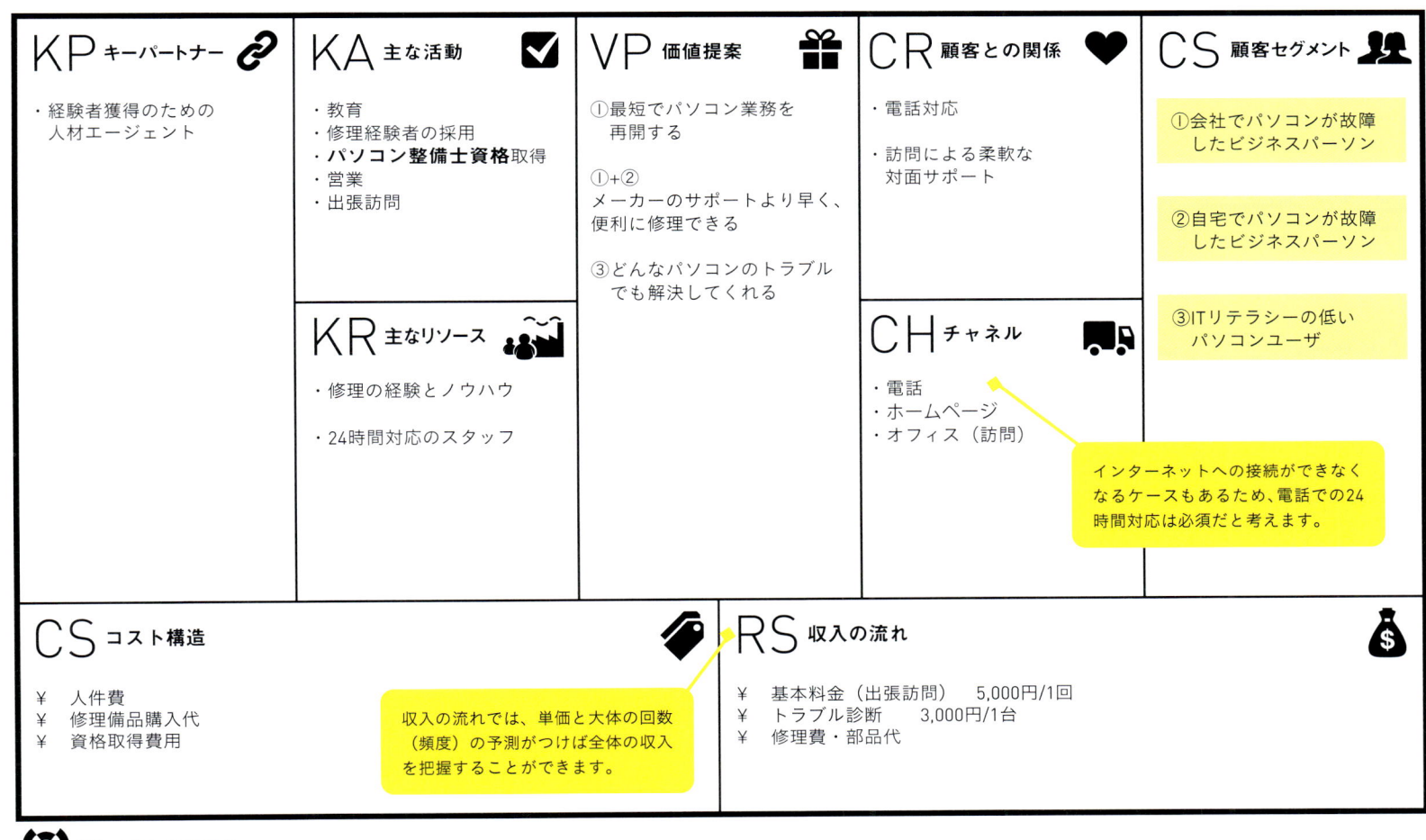

KP キーパートナー
- 経験者獲得のための人材エージェント

KA 主な活動
- 教育
- 修理経験者の採用
- **パソコン整備士資格**取得
- 営業
- 出張訪問

KR 主なリソース
- 修理の経験とノウハウ
- 24時間対応のスタッフ

VP 価値提案
① 最短でパソコン業務を再開する

①+②
メーカーのサポートより早く、便利に修理できる

③ どんなパソコンのトラブルでも解決してくれる

CR 顧客との関係
- 電話対応
- 訪問による柔軟な対面サポート

CH チャネル
- 電話
- ホームページ
- オフィス（訪問）

> インターネットへの接続ができなくなるケースもあるため、電話での24時間対応は必須だと考えます。

CS 顧客セグメント
① 会社でパソコンが故障したビジネスパーソン

② 自宅でパソコンが故障したビジネスパーソン

③ ITリテラシーの低いパソコンユーザ

CS コスト構造
- ¥ 人件費
- ¥ 修理備品購入代
- ¥ 資格取得費用

RS 収入の流れ
- ¥ 基本料金（出張訪問） 5,000円/1回
- ¥ トラブル診断 3,000円/1台
- ¥ 修理費・部品代

> 収入の流れでは、単価と大体の回数（頻度）の予測がつけば全体の収入を把握することができます。

共感マップを使ってキャンバスに改善を加える

共感マップとVPキャンバスを使って顧客セグメントと価値提案を見極めていきます。

◆VPキャンバス　◆共感マップ　◆顧客視点

　はじめのキャンバスができたら、実際にビジネスを進めるうえで必要な準備を行いながら、顧客インタビューや関係部署とのディスカッションなどで、自分たちがターゲットにしている顧客セグメントに提供できる価値が、十分ニーズに合っているのか確認します。

　せっかく良い商品やサービスであっても、ニーズのある顧客にきちんと届けられていない、または顧客が求めるニーズに合っていない価値提案がなされていたのでは、ビジネスとしてうまくいきません。特にスタートアップ時に自分たちの思い込みに固執してしまい、せっかくのチャンスを逃してしまっては台無しです。

　そこで自分たちの、思い込みを払拭するためにも改めて顧客セグメントと価値提案にフォーカスして、レビューを行います。

　その際、顧客セグメントと価値提案の要素を分析するVP（バリュープロポジション）キャンバスや顧客の分析を行う共感マップを用いる方法があります。

　キャンバスは、全体の関係性を見るのにたいへん適していますので、詳細にこだわり過ぎずに、要点をまとめることが求められます。しかし、実施には市場の概況や顧客のニーズの把握などキャンバスの詳細にも踏み込む必要がある場合もあります。また、逆に競合や市場の環境の変化など外部要因に配慮してキャンバスを変更する場合もあります。あたかも、キャンバスにズームインやズームアウトしてフォーカスする視点を変えながら、全体を調整するようなイメージです。

■ 共感マップで顧客を具体的にイメージする

　キャンバスに顧客セグメントを書き入れたものの、本当にターゲットにすべき顧客セグメントかどうか不安な場合は、想定している顧客セグメントの中で最も典型的だと思われる顧客を具体的にイメージしていきます。ペルソナマーケティングでも固有名詞の顧客をイメージしていきますが、自分たちで顧客が経験するプロセスを把握することは非常に重要です。

　良いビジネスモデルのデザインに、顧客視点が欠かせないことは言うまでもありません。顧客から様々な意見や感想、商品やサービスに関する改良点などを聞くことも非常に重要です。しかし、顧客に「どんな商品やサービスが欲しいですか？」と尋ねて、いいアイデアが簡単に聞き出せることはまずありません。

　ビジネスにイノベーションを起こすためには、顧客のインサイトを深く理解し、いち早く市場のニーズを顕在化することが重要です。顧客のインサイトとは、消費者の行動や態度の奥底にある、ときには本人も意識していない本音の部分を見抜くことです。消費者インサイトなどとも呼ばれ、購買時の心のスイッチに大きく関与していることが広く知られています。ホンネを見つけ出すことで、それをとらえる新商品開発やコミュニケーション企画に役立てる手法として有効です。そのためにBMGでは、共感マップを使ったブレーンストーミングを紹介しています。

chapter 2　導入事例で学ぶビジネスモデルのつくり方

▶ビジネスモデル・キャンバスとVPキャンバス

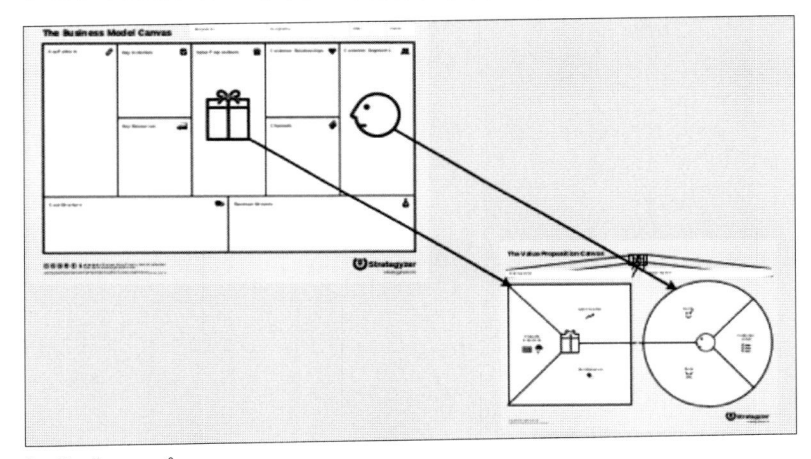

VP（バリュープロポジション）キャンバスは、キャンバスの顧客セグメントと価値提案のところだけに注目し、より具体的に検討するためのツールです。

Copyright Business Model Foundry AG
The makers of Business Model Generation and Strategyzer
Produced by: www.stattys.com

▶共感マップ

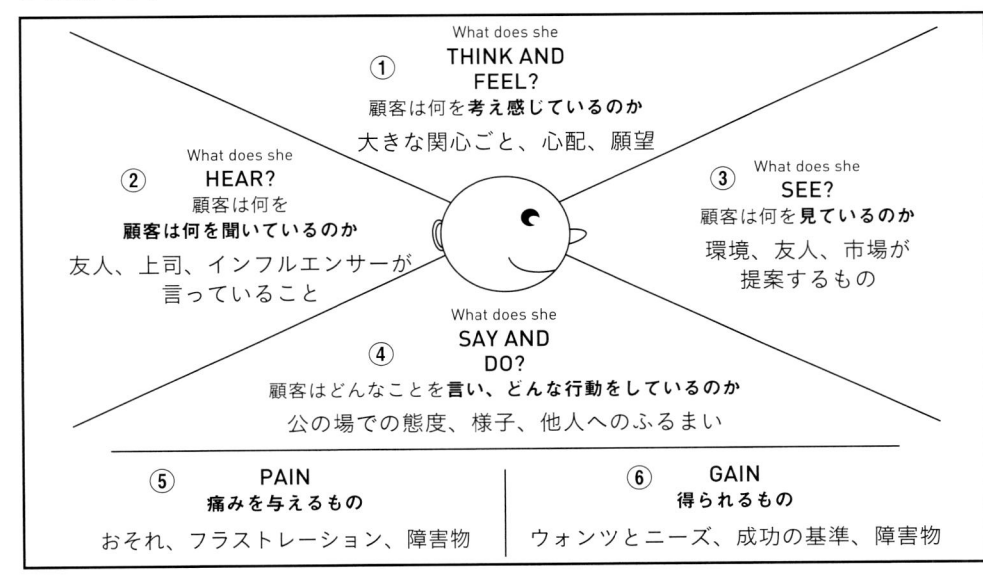

① What does she THINK AND FEEL?
顧客は何を**考え感じている**のか
大きな関心ごと、心配、願望

② What does she HEAR?
顧客は何を**顧客は何を聞いている**のか
友人、上司、インフルエンサーが言っていること

③ What does she SEE?
顧客は何を**見ている**のか
環境、友人、市場が提案するもの

④ What does she SAY AND DO?
顧客はどんなことを**言い**、どんな**行動**をしているのか
公の場での態度、様子、他人へのふるまい

⑤ PAIN
痛みを与えるもの
おそれ、フラストレーション、障害物

⑥ GAIN
得られるもの
ウォンツとニーズ、成功の基準、障害

共感マップでは、次のことについて付箋などで挙げていきます。
① 頭の中にあること
　（考えていること、感じていること）
② 聞こえていること
③ 見えていること
④ 話していること
⑤ いやなこと
⑥ うれしいこと

『ビジネス・モデルジェネレーション』（翔泳社）130ページを参考に作成

▶ ヒアリングして顧客イメージを明確化する

ヒアリングによって聞こえてきた顧客の生の声をVPキャンバスに反映させます。

◆VPキャンバス　◆ヒアリング　◆顧客の声

実際に得意先のお客様にパソコンのトラブルで困ったことなどをヒアリングしてみた結果を下記に並べてみました。

お客様の声
- メーカーのサポートに電話してもなかなか繋がらない
- 郵送修理しか手段がないのは困る
- メーカーに依頼すると直ってもデータが初期化されると言われた
- とにかく、すぐに使えるようにしてほしい
- ウイルスに感染したかもしれないので不安
- メーカーのサポートは受付時間が限られる
- いつ不具合が起こるかわからないので、24時間対応してほしい
- 仕事で緊急性のある場合は、金額は問わない

■ VPキャンバスで顧客イメージを明確化

実際の顧客や顧客候補にヒアリングをした結果をどのように踏まえ、どのように考えられるかVPキャンバスで検討していきます。VPキャンバスは、顧客へのインタビューやヒアリングの前の整理やイノベーションの際にも活用していきますが、すでにサービスや商品があるにもかかわらず、自分たちにしっかりした顧客イメージがない場合などにも活用できます。実際の企業の現場ではこうしたケースが大半です。

顧客ありきで商品開発ができるのが理想ですが、実際にはすでに商品やサービスがあるときに、どうしたらより適切な顧客に最善の価値提案ができるのかを後追いで検証しています。有意義なディスカッションを行うためには、実情を把握するための調査やヒアリングができているとさらに効果的です。

■ ブレストから新たな視点が生まれることも

いよいよVPキャンバスを活用していきます。VPキャンバスでは、左側に自分たちの商品やサービスにかかわる内容を、右側には顧客にかかわる内容を挙げていきます。これは、価値提案と顧客セグメントとの整合性を見極めるのに役立つだけでなく、商品化にあたってやるべきことや強化すべき点を明確にするのにも有効です。

キャンバスを埋めていく際に行うブレストでは、いろいろな部署や立場の人の意見も参考にしましょう。あるビジネス分野の専門家に聞くことも必要ですが、むしろ多岐にわたる分野の専門家の意見や異なる経験を持った人たちで行うと、新たな視点が生まれる可能性があります。また、自分自身の実体験や関係者からの意見などの情報を、早めに共有しておくとキャンバスを埋める作業がスムーズになります。

chapter 2　導入事例で学ぶビジネスモデルのつくり方

VPキャンバス図

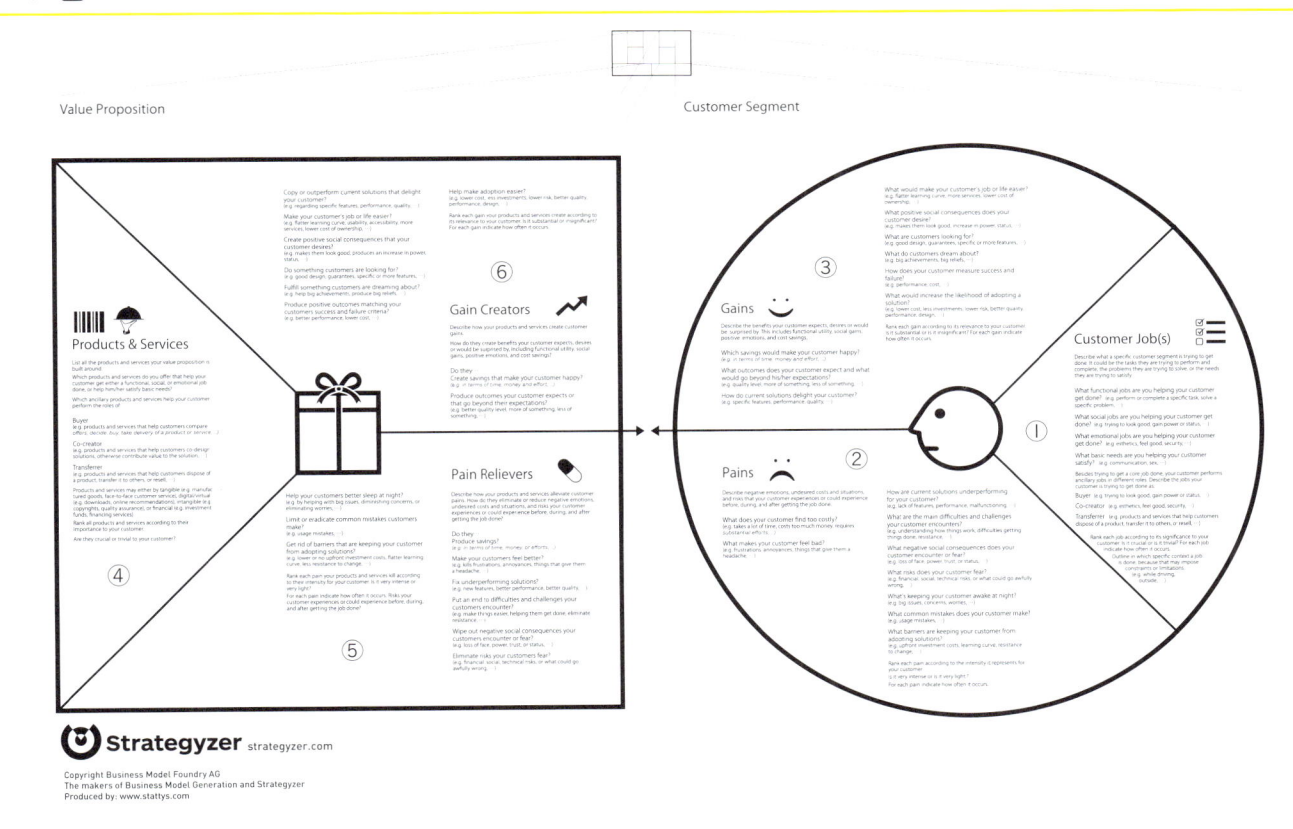

VPキャンバスでは、次のような各要素について記述していきます。
① 右側の顧客のエリアに顧客の業務や課題などを記述します。
② 顧客がうれしいと感じること、いやだと思う状況を現状にあわせて書き込んでおきます。顧客の痛みには、顧客が「いやだ」と感じる仕事を遂行する際に悩んでいることを挙げてみます。
③ 顧客の利益には、顧客が「うれしい」と感じる要素を挙げます。
④ 今度は、左側のエリアを埋めていきます。Product & Services（製品 / サービス）には、提供できる価値を具体化する製品やサービスをすべてリストアップしてみます。顧客の課題やニーズを満たすためにどのような製品やサービスを提供していくのか記述していきましょう。
⑤ 顧客がいやだと思うことを解決するあるいは軽減させることを記述していきます。顧客の痛みをやわらげる鎮痛剤のようなイメージです。
⑥ 顧客がうれしいと思うこと（つまり顧客の利益）を増やすことができる手段などを記述します。自分たちの製品やサービスがどのように顧客の利益を創出したり増大させるかを考えます。

価値提案を見出すための4つのポイント

新たな市場に挑戦することで、新しい価値提案が生まれることもあります。

◆ ブルー・オーシャン　◆ ニッチマーケット　◆ ロングテール

　最も重要と考えられる顧客セグメントにいかに最適な価値提案を提供できるかが、成功への最初のステップとなります。しかし、競合の多い市場や市場への参入が遅れたケースでは、なかなか新しい価値提案を考えられず、差別化に悩むことがあります。そこで、新たな価値提案を見出すための考え方として、4つのポイントを参考にしてみてください。

▶ 価値提案を見出すための4つのポイント

1. 省く、なくする
既存のサービスや製品に備わっている要素で省けるものは何か？

2. 減らす
業界標準より減らしてみたらどうか？

3. 追加する
今までなかった提供されていなかった要素を付け加えたらどうか？

4. 増やす
業界標準よりも圧倒的に増やしてみたらどうか？

■ ニッチマーケットやブルー・オーシャンを見つける

　実は、競合が多いと考えられる市場でも、異なる価値を見出すことで新たな市場を生み出し成功した事例もたくさんあります。

　既存の市場に参入するのではなく、新たな市場を開拓することを、「ブルー・オーシャン戦略」と言います。

▶ レッド・オーシャンとブルー・オーシャン

レッド・オーシャン戦略	ブルー・オーシャン戦略
既存の市場空間で競争する	競争のない市場空間を切り拓く
競争相手を打ち負かす	競争を無意味なものにする
既存の需要を引き寄せる	新しい需要を掘り起こす
価値とコストの間にトレードオフの関係が生まれる	価値を高めながらコストを押し下げる
差別化、低コスト、どちらかの戦略を選んで企業活動をすべてそれに合わせる	差別化、低コストをともに追求し、その目的のためにすべての企業活動を推進する

出典：『ブルー・オーシャン戦略』（W・チャン・キム、レネ・モボルニュ著、有賀裕子訳、ランダムハウス講談社、2005年）

ブルー・オーシャン（戦略）と相対するのが、競合が多く競争が激しいレッド・オーシャン（戦略）。比較することで、ブルー・オーシャンでの立ち回り方が明確に見えてきます。

　新規事業を立ち上げる場合には、事業に対する信頼度や経験が少ない分、いかにブルー・オーシャンを見つけ出せるかが成功の大きな鍵になります。こうしたイノベーションを考える場合は、既存の競合のビジネスモデル・キャンバスにある種の変化（震源）を起こすことで、新たなモデルを考え出す方法などもあります。

　まったく新しい市場を創造すると考えるとなかなか難しいものですが、業界標準や他社が見逃している点に力を入れると考えると、とっつきやすくなります。自社のキャンバスだけでなく、他社のキャンバスも研究してみることをお勧めします。

■ 新たな市場の定義を創造する

　また、見逃している点はない場合でも、既存の市場から視点を変えて新しい市場の定義を作り出していきます。例えば、既存の顧客を分析するのではなく、商品やサービスをまったく使っていない人に着目し、どうすれば使ってもらえるかを考えていきます。

　ブルー・オーシャン戦略ではブルー・オーシャンを見出すための6つの視点を提案していますので、参考にするのもいいかもしれません。成功した戦略では模倣を防ぐ複数のメカニズムが働いている場合が多いのですが、いずれはレッド・オーシャンになっていくこともあります。ビジネスイノベーションのためには、こうしたデザインプロセスを繰り返し行うことが必要だと思ってください。

▶ブルー・オーシャンのための6つの視点

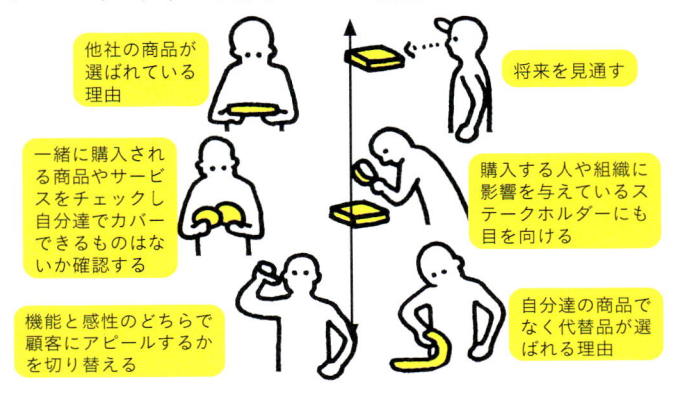

- 他社の商品が選ばれている理由
- 一緒に購入される商品やサービスをチェックし自分達でカバーできるものはないか確認する
- 機能と感性のどちらで顧客にアピールするかを切り替える
- 将来を見通す
- 購入する人や組織に影響を与えているステークホルダーにも目を向ける
- 自分達の商品でなく代替品が選ばれる理由

■ 大企業にはできないニッチマーケットは逆に有利

　ニッチマーケットに注目することも、特にスタートアップ時点では重要です。ニッチ・マーケティングは、市場全体ではなく特定の小さな市場セグメントに焦点を当てたマーケティングのことを言いますが、大企業や大きな組織では、費用対効果からニッチマーケットへのフォーカスはむしろ不利な場合があります。対して、小規模な組織やスタートアップのビジネスでは、顧客の声にきめ細やかに答えることで、特定のニーズに対するシェアや信頼性を大きく向上することも不可能ではありません。そのため、見逃されていたニーズや顧客セグメントに注目することで、自分たちが圧倒的に優位に立てるビジネスモデルを確立し、そのモデルを横展開していく段階的なアプローチもお勧めです。

　特にオンラインでのビジネスでは、販売機会の少ないニッチな商品でもアイテム数を幅広く取り揃えることで、総体としての売り上げを大きくすることがしばしばあります（ロングテール現象）。ニッチマーケットを複数開拓することで、ロングテールで全体の売り上げを増やす方法はないか考えてみることも必要です。

▶ロングテール理論

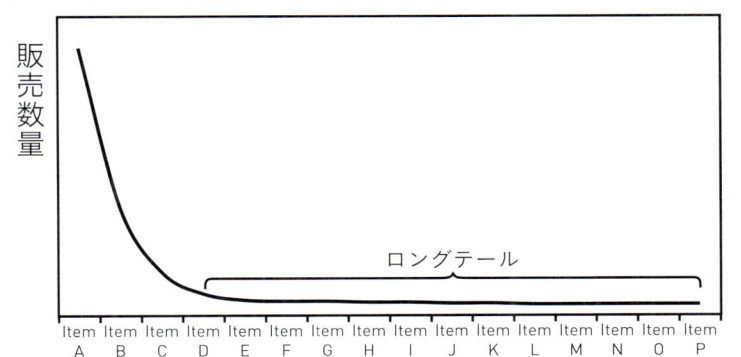

販売数量曲線の"尻尾"部分に現れるニッチ商品がロングテールです。取扱いアイテムが多ければ多いほど、ロングテールも長く（多く）なります。

キャンバスに変更を加えてセカンドキャンバスを描く

顧客セグメントと価値提案の見直しに従って、キャンバスをさらに改善していきます。

◆ セカンドキャンバス　◆ 顧客セグメントの絞り込み　◆ 価値提案のアップデート

共感マップやVPキャンバスで検証した顧客セグメントと価値提案の見直しを行ったことで、いくつかの仮説が考えられました。そこで、それに基づくキャンバスの改善を行います。

① 顧客セグメントを絞る：ヒアリングやVPキャンバスを使ったディスカッションによって、現状では、1つ目の顧客セグメントである「会社でパソコンが故障したビジネスパーソン」に絞ってみることにしました。もちろん、省いた残り2つの顧客セグメントへのビジネスをまったく行わないという意味ではなく、自分たちのリソースを特定のセグメントに絞り込んだほうがビジネスとして軌道に乗りやすいという判断です。このように特にスタートアップのビジネスにおいては、全方位の顧客でなく、特定のセグメントにフォーカスすることで、必要最小限のリソースで最大限の収益をもたらすように設計することが必要です。

② 絞った顧客セグメントにひびく価値提案：絞った顧客セグメントに対しても、従来の価値提案は重要であるため、そのまま残します。しかし、なんでも相談できるとメリットよりも、どちらかというとパソコン業務を少しでも早く再開したいというニーズに対して代替パソコンなどを提供し、すぐに作業を行えるようにするサービスも重要だと考えました。

③ チャネル：最初に電話で受付し、顧客への出張訪問を行うオペレーションは変わらないため、電話や訪問先オフィスを主なチャネルとすることは変わりません。ホームページも必要なので、そのまま残します。さらに追加で、ビジネスパーソンを主な顧客としたため、口コミを重視し、Facebookをチャネルとして追加します。

④ 顧客との関係：これも、大きく変わらず、24時間の電話対応と直接迅速に訪問して、対面による対応を基本に考えます。

⑤ 収入の流れ：収入の流れも基本料金とトラブル診断の料金をベースに考えるため変更はありませんが、代替機を貸し出す際にリース代の収入が追加されます。

⑥ 主なリソース：修理の経験やノウハウ、故障を診断する知識が必須であることは変わらないのですが、知識を属人的にしておくとなかなかノウハウがたまらないと思い、一定のマニュアルとしてまとめ、リソースとしてデータベース化しようと考えました。

⑦ 主な活動：以前から記載していた要素に加え、主なリソースに加えた修理経験や診断ノウハウのマニュアル化が必要となったため、マニュアルの制作とアップデートが付け加えられました。

chapter 2 導入事例で学ぶビジネスモデルのつくり方

パソコン故障・修理救急サービスのセカンドキャンバス

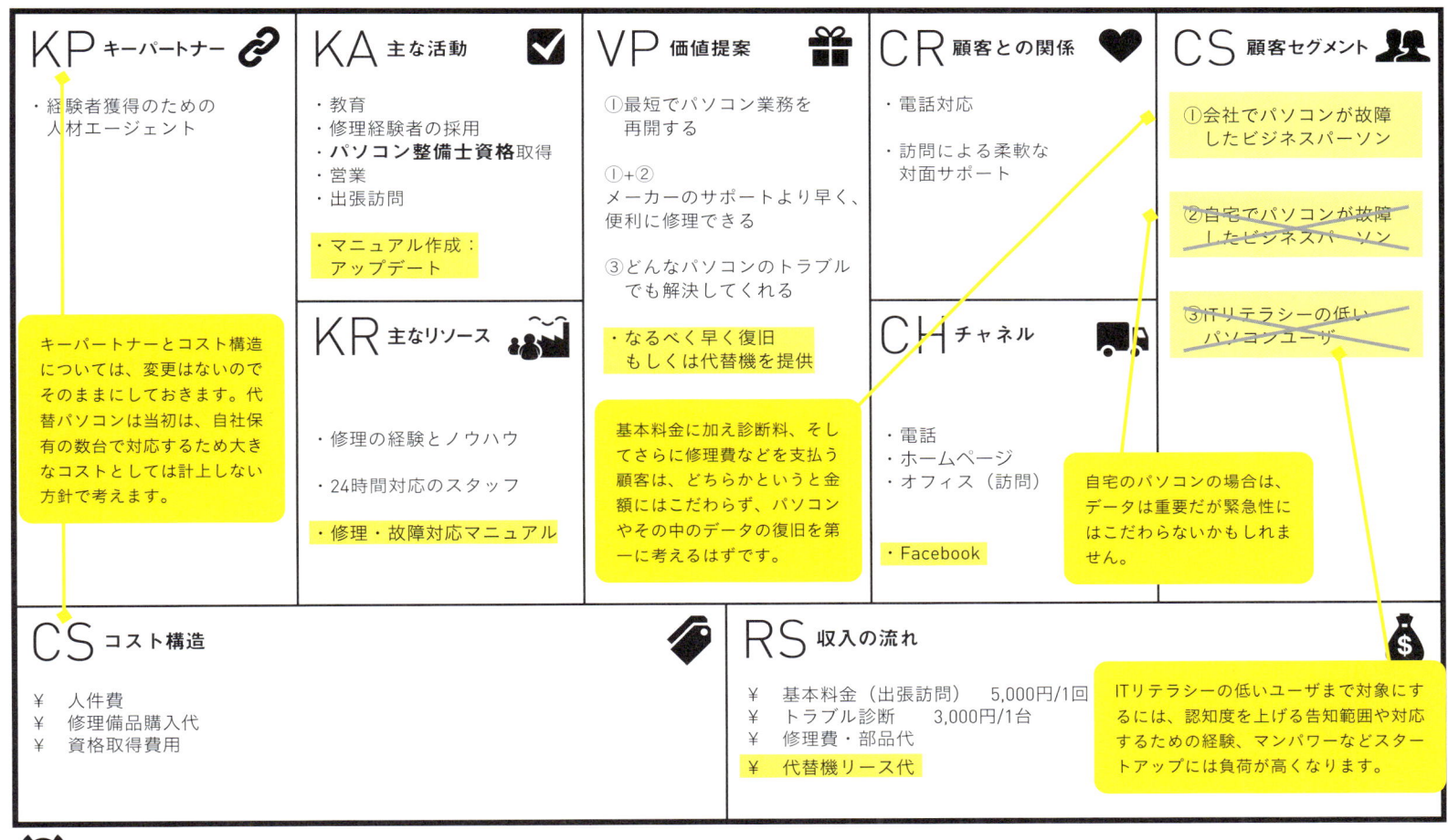

KP キーパートナー
・経験者獲得のための人材エージェント

キーパートナーとコスト構造については、変更はないのでそのままにしておきます。代替パソコンは当初は、自社保有の数台で対応するため大きなコストとしては計上しない方針で考えます。

KA 主な活動
・教育
・修理経験者の採用
・**パソコン整備士資格**取得
・営業
・出張訪問
・**マニュアル作成：アップデート**

KR 主なリソース
・修理の経験とノウハウ
・24時間対応のスタッフ
・**修理・故障対応マニュアル**

VP 価値提案
①最短でパソコン業務を再開する
①+②メーカーのサポートより早く、便利に修理できる
③どんなパソコンのトラブルでも解決してくれる

・**なるべく早く復旧もしくは代替機を提供**

基本料金に加え診断料、そしてさらに修理費などを支払う顧客は、どちらかというと金額にはこだわらず、パソコンやその中のデータの復旧を第一に考えるはずです。

CR 顧客との関係
・電話対応
・訪問による柔軟な対面サポート

CH チャネル
・電話
・ホームページ
・オフィス（訪問）
・**Facebook**

CS 顧客セグメント
①会社でパソコンが故障したビジネスパーソン

~~②自宅でパソコンが故障したビジネスパーソン~~

~~③ITリテラシーの低いパソコンユーザ~~

自宅のパソコンの場合は、データは重要だが緊急性にはこだわらないかもしれません。

CS コスト構造
¥ 人件費
¥ 修理備品購入代
¥ 資格取得費用

RS 収入の流れ
¥ 基本料金（出張訪問）　5,000円/1回
¥ トラブル診断　3,000円/1台
¥ 修理費・部品代
¥ **代替機リース代**

ITリテラシーの低いユーザまで対象にするには、認知度を上げる告知範囲や対応するための経験、マンパワーなどスタートアップには負荷が高くなります。

Strategyzer strategyzer.com
DESIGNED BY: Business Model Foundry AG
The makers of Business Model Generation and Strategyzer

▶ SWOT分析を使ってビジネス環境の変化に対応する

SWOT分析によって外部環境の変化を取り入れ、キャンバスに反映させていきます。

◆ キャンバスの更新　◆ 外部環境分析　◆ SWOT分析

　新規ビジネスを推進する場合、ビジネスモデルをデザインするフェーズと実ビジネスの運用フェーズを並行して進めなければならないこともあるでしょう。また、実際に現場で検証していくと思ってもいなかった課題が持ち上がることもあります。

　その場合は、常にキャンバスに立ち返り、要素を見直したり修正したりして検証していくことが重要です。キャンバスはいったん作り上げたら完了ではなく、必要に応じて更新することも忘れないでください。

■ 外部環境の影響を分析に取り入れる

　BMGの企業研修を行っているとよく「外部環境などの影響は、どのようにキャンバスに反映するのか？」といった質問を受けます。外部環境からの影響やプレッシャーは、キャンバスにも当然影響を及ぼします。たとえば、自社だけで完結しないビジネスモデルや主なパートナーに記載されている協業相手に変化が起こった場合、キャンバスは大きな影響を受け、変更を余儀なくされます。

　また、外部環境分析などで競合の状況などと照らし合わせた結果もキャンバスに反映しなければなりません。

　前述のVPキャンバスは、顧客セグメントや価値提案にフォーカスして、より詳細に分析します。一方で外部環境はキャンバスで完結しない環境による影響を見ることで、全体の影響を俯瞰します。

　外部環境分析のための手法も様々ですが、最も身近なツールのひとつであるSWOT分析を活用した方法をご紹介します。

■ SWOT分析で外部環境からの影響を確認する

　通常のSWOTでは、自分たちの強みや弱み、市場の機会や逆に脅威になることなどを列挙していきます。SWOT分析は、最新のツールではないため、昨今のビジネスモデルを検討するには不十分かもしれません。しかし、キャンバスと組み合わせて活用することで、分析しやすく、共通の議論が進めやすいツールとして、とても有効です。

▶攻めと守りを戦略的に思考するSWOT分析

	Opportunity 機会 追い風になっている市場的要因などを列挙します	Threat 脅威 今後、脅威となり得る外部的要因を列挙します
Strength 強み 自分たちのビジネスが持っている強み、優位点を列挙します。	積極的攻勢 （事業機会の拡大策）	差別化戦略 （何に絞り込むか？）
Weakness 弱み 自分たちの弱みと感じる要素を箇条書きで列挙します	段階的施策 （取りこぼしを防ぐには？）	専守防衛 or 撤退 （最悪の事態を回避するには？）

次の戦略・シナリオを考える

ここで使用するSWOTは、この4つの要素のそれぞれ重なり合う項目にとるべき、戦略・シナリオを考えるという方法です。

たとえば、自分たちに強みがあって、市場からも追い風が期待できる場合はより積極的な攻勢をかけるために必要となるシナリオを考えていきます。あるいはうまくいっているうちに事業拡大のための施策を考えておくことが必要です。

次に自分たちには、十分な強みの発揮できない弱いところがある、しかし、市場はより好条件が想定されているという場合、新たな市場での取りこぼしがないよう、段階的な施策などを考えておくことが求められます。

一方、外部要因としての脅威が想定されるケースでは、自分たちに勝算があれば、強みのあるところで差別化する戦略が適しているかもしれません。

最後に、市場の脅威に加え、自分たちも弱みがある場合は、最悪の事態を回避するため、またはリスクヘッジのために、縮小や撤退なども検討しなければなりません。

このように、SWOTで導き出したシナリオから優先度の高いものをキャンバスに反映するためのシナリオとして抽出していきます。

▶SWOTによるパソコン故障・修理救急サービスの外部環境

パソコン故障・修理救急サービス	O1 パソコンの業務依存度が高い O2 中小企業内にパソコン管理者が少ないかいない O3 廉価パソコン市場、オンライン市場の活性化に伴い、企業内パソコンはメーカー混在	T1 今後、パソコンだけでなく、タブレットなど端末が多様化 T2 同様のサービス事業者が多い
S1 受託や人材サービスで得た顧客企業、特に中小企業の人脈が豊富 S2 開発経験の豊富な人材が充実	強みと追い風となる機会が交差する部分に積極的に仕掛ける戦略を考えていきます。特に、余裕のあるうちにとるべき施策を記載すると有利です。	強みがあるものの、市場の脅威が想定できる場合は自分たちの強みを発揮できる絞り込む施策を検討します。
W1 知名度が低い W2 遠隔地への対応は困難 W3 パソコン修理の経験者が少ない	弱みはあるものの、市場的な追い風がある場合は、取りこぼしを回避し、少しずつ進められるような段階的な施策などを考えてみます。	弱みがあり、かつ市場的にも脅威がある場合は、最悪のシナリオを回避するリスク対策を想定します。

SWOT分析の結果からシナリオを検討する

SWOTによって環境分析ができたら、それをどう戦略として、どうキャンバスに落とし込むかを考えます。

◆SWOT　　◆ディスカッション　　◆シナリオ

SWOTの内容から、必要なシナリオをディスカッションしながら記載してみましょう。もう一度、内容を整理していきます。

キャンバスに反映するシナリオを選んでいく

すべてのシナリオをカバーするのは難しいと思いますので、いくつかを選択してキャンバスに反映していきます。

優先度の考え方は、ケースによっても異なります。一般的には緊急性や重要度で考えますが、時にはスピード感を重視するうえで、実施のしやすさで選択することもお勧めしています。BMGでは、いかに早くプロトタイプを実証するかがキーポイントです。いくら良いシナリオでも数か月あるいは年単位でないとできない要素では、あまり意味がありません。

ここでは、次の2つのシナリオをキャンバスに反映してみましょう。

シナリオ1：サービスメニューを開発する

中小企業では、パソコンや社内の情報システムを管理する人材がいない、もしくは兼務であることが多く、個々の社員から故障や修理に関する問い合わせをしたり、修理業者を探す場合に大きな手間がかかっています。また、製造メーカーが混在しており、それぞれに手配していたのでは時間やコストに関する標準化も図りにくく、イベントドリブンの対応に苦慮していることが多いのがわかっています。

また、SOHOなどでも同様に個人に大きな負荷がかかっています。

そこで、契約することによって、電話一本でトラブルにすぐに対応するサービスメニューを開発しました。基本契約料は少額ですが、利用があってもなくても徴収します。これによって固定収入が確保され、事業の先行投資がしやすくなります。

一方、顧客企業はその都度メーカーや修理会社を探すのではなく、いつでも対応できる窓口として社内に告知することで、個々の社員から直接修理依頼を出すことができるようにします。これは、企業サイドも社員サイドも「早急に対応したい」という相互ニーズを満たすため、大きな価値になります。

さらに、個々のビジネスパーソンへ効率よく認知させることができます。

シナリオ2：サポート対応をパソコン以外にも広げる

もうひとつのシナリオは、市場動向の変化によって、パソコン修理だけに依存し続けた場合のリスクを回避する戦略です。顧客セグメントを絞るような差別化も重要ですし、サービス自体でいち早く差別化しておくことがより重要だと考えました。

昨今、タブレット端末の普及は急激に加速しており、パソコンのシェアを覆す予測が出ていますので、これに対する手立てを考えておこうという施策です。

こうして、2つのシナリオを抽出しましたので、これらをキャン

バスの要素として成立するように内容を吟味していきます。

▶SWOT分析から導かれる次の戦略

パソコン故障・修理救急サービス	O1 パソコンの業務依存度が高い O2 中小企業内にパソコン管理者が少ない O3 廉価パソコン市場、オンライン市場の活性化に伴い企業内パソコンはメーカー混在 O4 企業の管理者は、修理手配の手間やコストを最小化したい	T1 今後、パソコンだけでなくタブレットなど端末が増加 T2 同様のサービス事業者が多様化
S1 受託や人材サービスで得た顧客企業、特に中小企業の人脈が豊富 S2 開発経験の豊富な人材が充実	○開発経験者にパソコン整備士の資格を取得させる ○更なる顧客開拓・営業を行う ◎基本契約を結ぶ	○サポート対応をパソコン以外にも広げる ○中小企業など得意な顧客でのシェアを拡大する
W1 知名度が低い W2 遠隔地への対応は困難 W3 パソコン修理の経験者が少ない	○媒体やSNSを使った認知度向上を行う ○経験者の採用を行う ○サポート範囲を都内に絞る	

シナリオの中で優先度の高いものを抽出して、マークを付けておきます（ここでは「○」「◎」）。特に、企業の管理者から見て、修理の問い合わせへの対応の手間やコストの削減などは大きな課題であることから、好機ととらえました。

▶ビルディングブロックへのシナリオの落とし込み

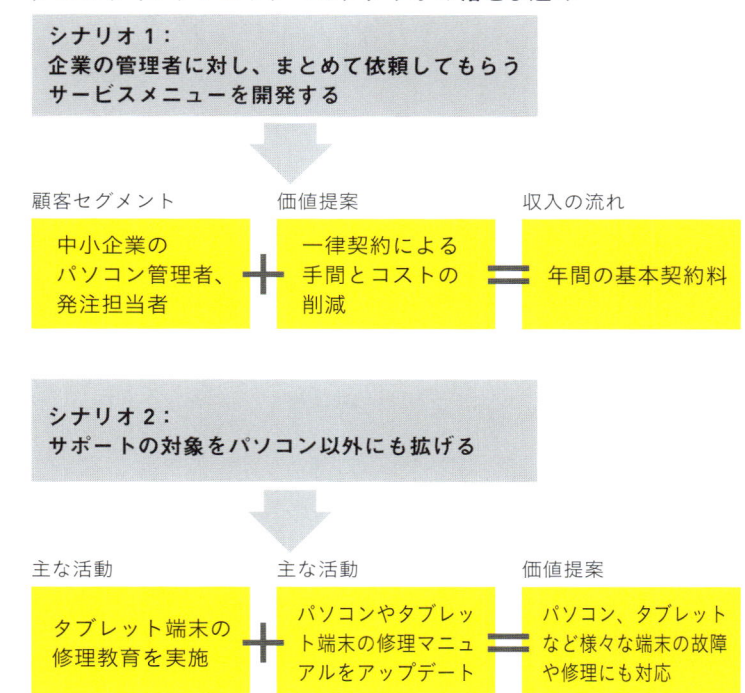

シナリオ1：
企業の管理者に対し、まとめて依頼してもらうサービスメニューを開発する

顧客セグメント　　　価値提案　　　収入の流れ

中小企業のパソコン管理者、発注担当者 ＋ 一律契約による手間とコストの削減 ＝ 年間の基本契約料

シナリオ2：
サポートの対象をパソコン以外にも拡げる

主な活動　　　主な活動　　　価値提案

タブレット端末の修理教育を実施 ＋ パソコンやタブレット端末の修理マニュアルをアップデート ＝ パソコン、タブレットなど様々な端末の故障や修理にも対応

シナリオは、そのままキャンバスに反映できる内容の場合もありますが、今回はこの施策をキャンバスのビルディングブロックに落とし込む内容にしながら付箋紙に書き換え、反映していきます。

外部環境の影響も考慮したサードキャンバスを描く

キャンバスにさらにひと工夫を加え、法人向けのビジネスにも対応できるようにしてみましょう。

◆サードキャンバス　◆BtoB　◆ビジネスの拡張性

　VPキャンバスやSWOTなどにより、自分たちのビジネスを詳細に確認したり、俯瞰でチェックしたりしながら、ブラッシュアップしてみました。

　実際のビジネスにおいては、これをさらに顧客や市場で検証していくことが必要なのですが、ここまでキャンバスを改善してくるプロセスを確認していただくことができたと思います。

　さて、ここでまさに最善と思われるキャンバスが完成しました。

　さらに、キャンバスを仕上げるにはもうひと工夫必要です。キャンバスの要素に必要なフロー（関係性の流れ）を付けてみましょう。

　もともと、キャンバスはビジネスモデルを成立させる各要素の関係性をうまく表現しています。ですから全体のブロックの関係性とその流れをうまく表現し、共有することができれば非常に有効です。

　これは、起業時のベンチャーキャピタルからの投資、社内の上層部の稟議、承認プロセスなどでも大いにパワーを発揮します。

■ 顧客セグメントの変化

　今回のキャンバス（サードキャンバス）では、顧客セグメントに新たにパソコン管理者をもつ企業を追加しました。これは、従来のモデルが個々のビジネスパーソンであったのに対し、法人向けビジネスの要素が加わったことになります。BtoCのビジネスがBtoBのモデルにも対応するキャンバスになりました。

　中でも、コンシューマに比べ、法人は一定のニーズが満たされるため、安定的な収入源としてアプローチしやすいと考えました。商談サイクルに多少時間がかかりますが、一度契約してしまえば継続ニーズが見込めるというわけです。

　また、保険のように故障や障害が起きても起きなくても基本料金や器量を確保することでより安定的なビジネス基盤を構築できると考えました。基本契約料の代わりに都度の出張料金を安くするなど様々な料金プランの開発も追って必要になりますが、ひとまずこうした考え方でトライアルユーザを獲得してみるのも良いのではないでしょうか。

■ 主なリソース、主な活動が価値提案を支える

　主なリソースは、できるだけ属人的なものをまとめてデータベース化したり、マニュアル化したりすれば将来的なビジネスの拡張性にも大きく役立ちます。

　また、主な活動は主なリソースを担保し、維持するために重要な活動や顧客に提供する価値提案を実現するための活動から実行していきます。すなわち、主なリソースと主な活動が最も重要な価値提案を支える根源になっているわけです。もちろん、自社だけで対応できない場合はこれをパートナーなどが支援するといった具合です。

　キャンバスでは、右半分は顧客向けの表の活動を、左半分はバックヤードとも呼べる表の活動を支える内部の活動が把握できることになります。

パソコン故障・修理救急サービスのサードキャンバス

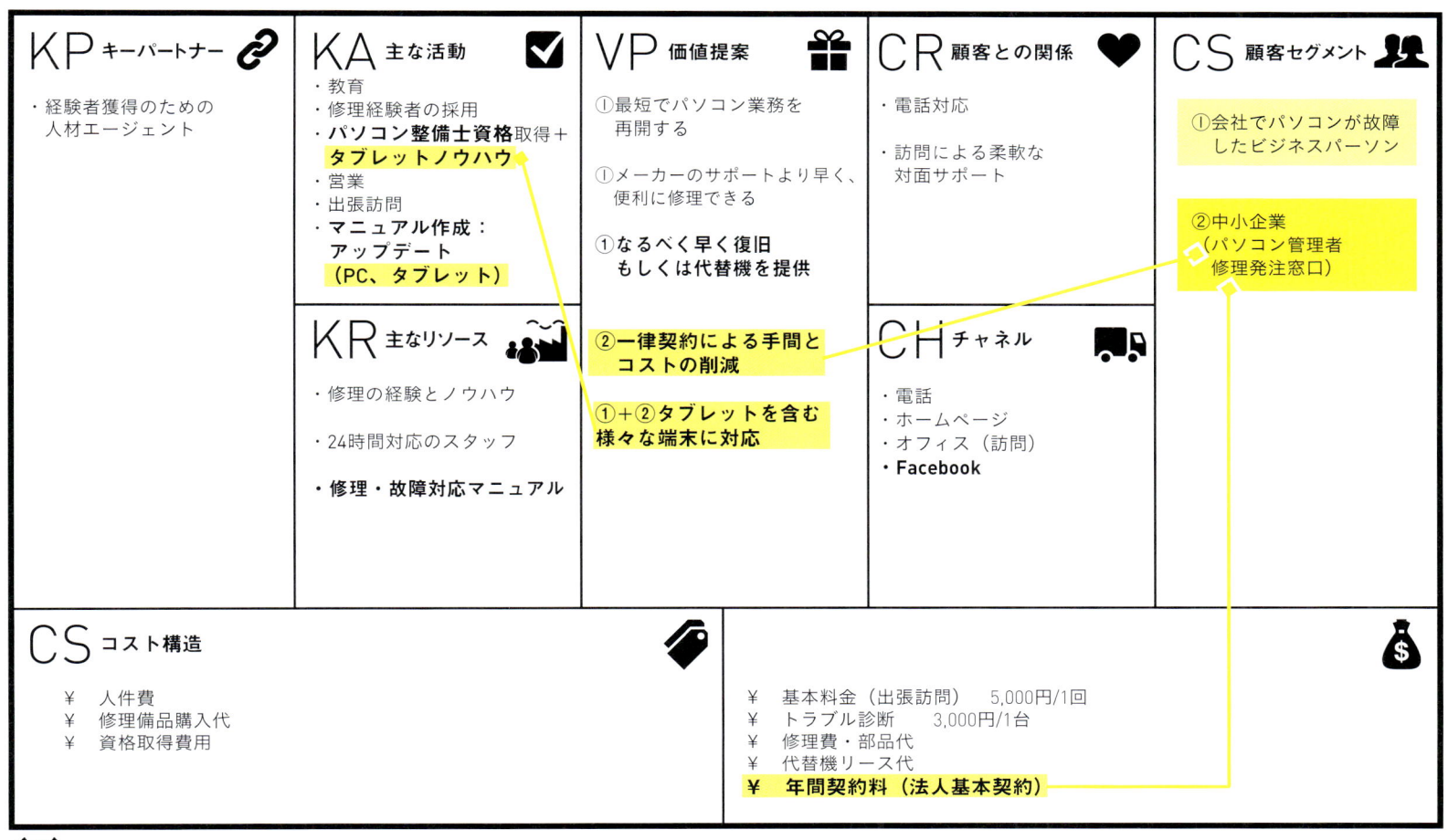

KP キーパートナー	KA 主な活動	VP 価値提案	CR 顧客との関係	CS 顧客セグメント
・経験者獲得のための人材エージェント	・教育 ・修理経験者の採用 ・**パソコン整備士資格**取得＋**タブレットノウハウ** ・営業 ・出張訪問 ・マニュアル作成：アップデート**（PC、タブレット）**	①最短でパソコン業務を再開する ①メーカーのサポートより早く、便利に修理できる ①なるべく早く復旧もしくは代替機を提供 **②一律契約による手間とコストの削減** **①＋②タブレットを含む様々な端末に対応**	・電話対応 ・訪問による柔軟な対面サポート	①会社でパソコンが故障したビジネスパーソン ②中小企業（パソコン管理者修理発注窓口）
	KR 主なリソース ・修理の経験とノウハウ ・24時間対応のスタッフ ・修理・故障対応マニュアル		**CH チャネル** ・電話 ・ホームページ ・オフィス（訪問） ・Facebook	

CS コスト構造
- ¥ 人件費
- ¥ 修理備品購入代
- ¥ 資格取得費用

- ¥ 基本料金（出張訪問） 5,000円/1回
- ¥ トラブル診断 3,000円/1台
- ¥ 修理費・部品代
- ¥ 代替機リース代
- ¥ **年間契約料（法人基本契約）**

▶ ビジネスモデルデザインにおけるまとめとヒント

より強固なビジネスモデルが完成した後でも、変化に備えることが重要です。

◆ 思考のズームイン・ズームアウト　　◆ ストーリーテリング　　◆ ビジネスの賞味期限

ここまで、フェーズやシチュエーションに応じて、活用できるツールやキャンバスの改善方法をご紹介してきました。

① アイデアを整理して、ファーストキャンバスを描く
② 顧客や価値提案を見直して、セカンドキャンバスを描く
③ 外部環境を分析して、サードキャンバスをブラッシュアップ

上記に挙げたようにアイデアレベルから始めて、順を追って、キャンバスの作成・改善を行うプロセスを体感していただきました。

最終的に目指すべきキャンバスが完成したら、適切なストーリーとして、共有することができるようになります。

ストーリーテリングの手法を活用して説明する方法は、次のページを参照してください。

実は、このプロセスではバラバラのアイデアをたくさん集め、今度はそれを収束させ、さらに俯瞰しながら補正するといった「思考のズームイン・ズームアウト」を行うことが可能になっていることがわかります。つまり、3つのフェーズ（段階）を経る中でビジネスモデルをより強固なものにしてきたわけです。

■ ツールの組み合わせを考える

今回ご紹介したツールを必ずしも現場ですべて活用しなければならないというわけではありません。自分たちの現場が置かれている状況やフェーズを理解した上で、必要に応じて用いればよいだけです。

また、既存のツールで使いやすいものがあったら、組み合わせて活用することももちろんお勧めします。今回は、比較的多くの方になじみのあるSWOT分析を例にご紹介しました。使い慣れているということは、作業が早くできるということです。プロトタイプに時間をかけないという点で、たいへん有効です。

■ 賞味期限が切れたビジネスモデル

一方、ビジネスモデルを強固にするためにいくつかの改善を加えるだけでなく、実ビジネスの世界では変更を余儀なくされるシチュエーションが時として起こります。

中でも外部環境の変化が大きく影響することは先に述べました。

さらに、残念ながらせっかくうまくいっていたビジネスモデルも、時間の経過とともに賞味期限切れになってしまうことがあります。主に市場の動向や新たな規制、さらにテクノロジーの進化などの要因が挙げられます。たとえば、典型的なものに製薬業界があります。開発された新薬も一定の期間を過ぎると特許権の期限が切れて、ジェネリック薬品として他社が製造販売することが可能になります。また、音楽業界や出版業界では電子媒体の普及により、配付形態が大きく変化し、ビジネスモデルの変化を余儀なくされました。

chapter 2　導入事例で学ぶビジネスモデルのつくり方

■ 常にビジネスモデルの変化に備えることが必要

　また、設備の老朽化や市場の飽和など様々な要因で自分たちのビジネス戦略を見直す必要があります。

　その場合は、より迅速に戦略の変更を行い競争力を維持しなければなりません。そうした場合も、キャンバスを描き、次にあるべき姿を共有していきましょう。既存のものをベースに作成していきますが、新しいキャンバスは別のシートで描き、次世代のモデルとしてどのような意味・意義があるのか、確認していきましょう。

　ビジネスがうまくいっている間にこそ、次のビジネスモデルの変化に備えておくことが非常に重要だと肝に銘じておいてください。

▶キャンバスと付箋紙を使ってストーリーテリング

完成したキャンバスを説明する場合は、全体のストーリーを理解してもらうと同時に関心を持って聞いてもらうため、各要素をひとつずつ貼りながら紹介します。

特徴のある要素は、付箋紙を貼りながらその理由を解説していきます。

ブロックにまたがって、どのような関係性があるのか、どのように影響を与えているのかを線を描いたり、図示しながら説明します。

キャンバスの中で、強調すべき点や考慮した要素などを説明していきます。

最終的にどのようにキャンバスがビジネスモデルとして成立しているかを解説し、意見をもらいます。

51

Business Model Generation
WORK SHOP

chapter 3

キャンバスの
導入・活用のための手順

ess Model

プロジェクトや企業・組織への導入とその準備

BMGを現場に根付かせるため、デザインと検証の繰り返し準備を進めていきましょう。

◆ アジャイル型　◆ 実行・検証　◆ プロトタイプ

「BMGはどのような組織への導入に向いているか？」とよく尋ねられますが、ビジネスに携わる誰もが使えるものです。

大企業や教育機関はもちろん、個人商店、中小企業、非営利団体やおおよそビジネスとは無縁と思われる組織であっても、その活動や事業をより良いものへと変革したいという意図さえあれば、成果を上げることができます。

企業内では、経営企画、事業開発、戦略人事、研究開発、マーケティング・プランニング部門などから導入するケースが多いようです。

これから立ち上げようとする事業の場合は、どのようなモデルが適正なのかを見つける、本格的に立ち上げる前にモデルをテストするなどの目的でBMGを利用することもあるでしょう。既存の事業の場合は、新旧のモデルを連携させたり、現状の課題を浮き彫りにして危機を脱したりするために用いることになるかもしれません。

■ ビジネスでも求められている柔軟性とスピード

最近、ソフトウェアの開発においては、従来のウォーターフォール型からアジャイル型へと注目が移っています。ウォーターフォール型では、前工程に逆戻りしないように各工程の完了際に綿密なチェックを行います。一方、アジャイル型は、最初に想定した機能を全部盛り込まずに、まずは動くソフトウェアを作って早めに検証を行うため、柔軟性が高く、変化に対応しやすいことが特徴です。

ビジネスの世界でも同様の考え方がトレンドになっています。

BMGの目的はキャンバスを作り上げることではなく、あくまでもビジネスの現状を打破すること、そして、新規ビジネスの検証などイノベーションを起こすためのアイデアをデザインし、実行に結び付けることです。そのため、繰り返しキャンバスに戻り、修正や方向転換をしながら現状の最適なモデルを選択していきます。

■ デザインと検証の繰り返しで打つ手が拡がる

ビジネスモデルは、デザイン→プロトタイプ→実行・検証を継続的に行っていきます。実行や検証のフェーズでは、思うような結果が得られないこともあるかもしれません。ビジネス環境の変化に伴って見直しのためのプロトタイプをいくつか試してみたり、違う視点のモデルを検証してみるなど、現場に即したアプローチを継続的に行うことで良い結果に結び付けることができるようになってきます。

これからの時代は、職種や役職に関係なく、ビジネスを自分でデザインしていくという感覚を身につけることが求められてきます。こうした訓練をしている人と考えたこともない人とでは、大きな差があるのです。

いくつもの課題と可能性を想定しておくことと、実際にビジネスが暗礁に乗り上げてから慌てて対策するのとでは、雲泥の差が生じます。いかに多くの打つ手を持っているかが、勝負の分かれ道なのです。そのため、組織にBMGを導入するにあたり、デザインと検証を繰り返すという考え方を共有しておくことが最も重要となります。

▶BMGの手順は状況に応じて柔軟に変更

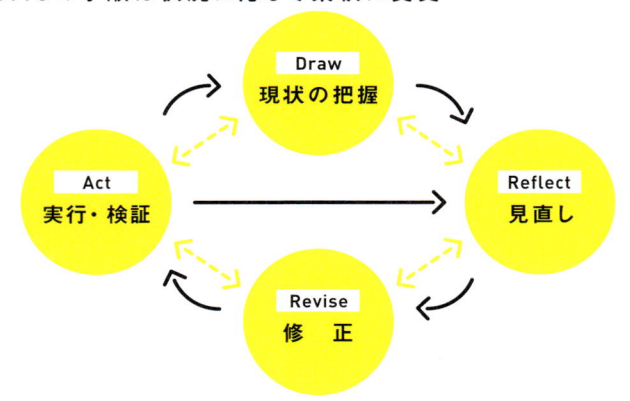

初めて BMG を導入する場合は、① Draw（現状の把握のためにキャンバスを描く）、② Reflect（見直しを行う）③ Revise（改訂・改善を行う）④ Act（実行・検証）の順番で進めてみてください。何度かキャンバスの修正を行い、イノベーションを繰り返す必要が生じたら、これらのステップは、順番通りに進めなくても大丈夫です。並行して進めたり、または見直しのために行ったり来たりすることもあります。

▶キャンバスの選択とブラッシュアップ

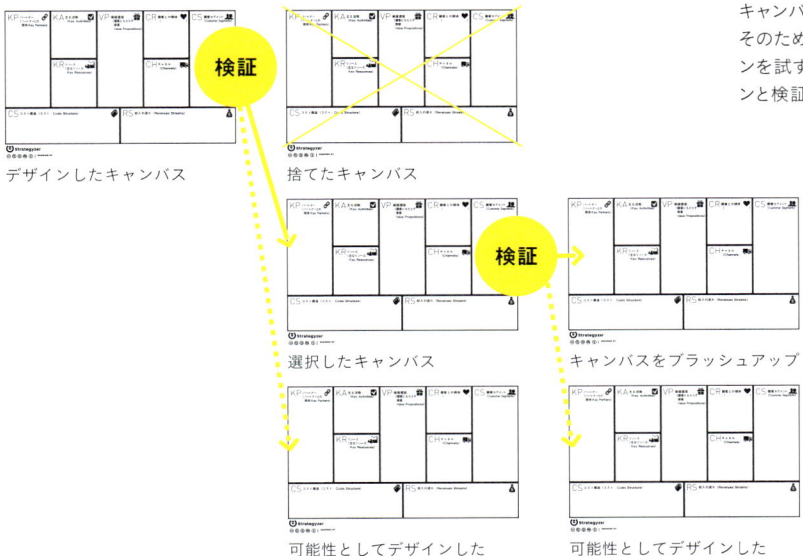

キャンバスは、いくつもの可能性の中から、今、明日ベストと思われるものを選択し、検証していきます。そのため、昨日まで最善だったものでも思い切って捨てたほうが良い場合は、固執せずに新しいデザインを試すことも必要です。そのため、ある程度軌道に乗るまでは、なるべく時間を掛けすぎずにデザインと検証のサイクルを繰り返したほうが実効性の高いビジネスモデルになります。

デザインしたキャンバス　捨てたキャンバス

選択したキャンバス　キャンバスをブラッシュアップ

可能性としてデザインしたキャンバス　可能性としてデザインしたキャンバス

組織やビジネスを変革するためにBMGを導入する

BMGを活用している組織の導入目的を紹介します。自社が抱える課題と近いものがあれば導入を検討すべきです。

◆ 組織の変革　◆ 導入の目的　◆ キャンバスの活用

多くの方は、「昨日までと同じでは、これから何も変わらない」、「現状のままの会社に対して危機感がある」、「少しでも自分たちが変わるヒントを得られれば」と思って、本書を手に取ってくださっているのではないでしょうか？

BMGのメソッドに共感した方は、自分たちのビジネスに活用できないかとお考えではないかと思います。変革を推進するのは、もちろん容易ではありません。そのための準備も心構えも必要です。

■ BMG導入の目的はさまざま

企業や組織がBMGを導入する目的は、いろいろ考えられます。BMGのメソッドが有効だと思っても、簡単に導入できないというご相談をいただくことがあります。大きな企業に帰属している場合は、上司やメンバーに導入のメリットを説明しなければなりません。また、比較的自由度の高い組織の方でも一緒に活用するメンバーがその効果を評価してくれないと活用が進みません。

ここ数年、BMGのメソッドに対する認知度も向上し、多くの企業が様々なシーンでBMGおよびキャンバスの活用を進めています。導入を行っている企業がどのようなケースでどのような効果を期待して活用しているかいくつか例を挙げてみましょう。

もし、次のリストに自分達の解決すべき課題に近いものがあれば皆さんも導入を検討してみてはいかがでしょうか。

① 既存のビジネスはすでに軌道に乗っているが、大きな顧客に極端に依存したビジネスである。そのため、先行き不透明であり、新たな市場に向けたビジネスを今のうちに立ち上げておきたい。
② 市場競争が激化し、競合の新商品の投入スピードがどんどん速くなっており、自社の商品開発とそのビジネスモデルの構築スピードの迅速化が喫緊の課題である。
③ 受動的な営業スタイル、受動的な業務スタイルの社員が多く、もっと能動的で自らのアクションを変えていける人材を育成したい。
④ 営業部門で、今までの提案のスタイルが通用しなくなっているので、提案先のビジネスモデルをメンバーに把握させた上で、より競争力の高い提案力を身につけたい。
⑤ 研究＆開発部門の業務において、事業開発部門などと合同で、5年後、10年後の自社の新規ビジネスを検討している。
⑥ システムエンジニアを多数抱えており、顧客の御用聞きや受けのプリセールスから脱却し、顧客のビジネスを理解し、高い提案力を持った人材を育成したい。
⑦ サポートや資金を得るために、アイデアやプランを「売り込む」ためのプレゼンで、プレゼンを補強する強力な可視化ツールが必要だ。
⑧ 経営企画部門として、現状のビジネスモデルにおける急務は何か、どのように実現可能かを論理武装して社内に伝えたい。

⑨ 新規事業開発を実行する立場にあり、そのチームマネジメント、戦略策定、プロセスを効果的に進めたい。
⑩ マネジメント研修に、新規事業創造や、人材の配置転換のためのトレーニングを実施する必要がある。
⑪ 組織の目標を理解し、共有する意識づけを行うことで離職率の高さを改善したい。
⑫ スタートアップのベンチャー企業において、企業のトップだけが頭の中で理解しているビジネスモデルを組織全体で共有・理解するためのフレームワークが必要だ。
⑬ 資金調達などに必要な自社のビジネスモデルの紹介を的確に行うための可視化ツールが欲しい。

▶（1）新しいアイデアを生み出す

個人にとってはアイデアを描き出していくための、そしてグループにとってはアイデアを一緒に構築するためのツールとしてキャンバスを活用します。ビジュアルによるモデルを使うことで、ある要素に手を加えたときのシステム的なインパクトを考えやすくなります。

▶（2）コミュニケーションの向上

ビジネスモデルや重要な要素を伝える段階で、可視化できるキャンバスは千の言葉に匹敵するほどの力を持ちます。そのビジネスに携わるメンバーは、少なくとも、ビジネスモデルの共通理解をしておく必要があります。それにより、同じ戦略によって進むことができます。キャンバスは、その共通理解を醸成するのに最適な方法です。

BMGを現場へ導入する

組織のミドル層から変革を目指す方に、組織内にBMGを導入するための下準備について解説します。

◆ミドル層　◆ボトムアップ　◆風土作り

　BMGを変革のためのひとつのツールとして導入を考えている場合、いくつかの懸念が頭をよぎるのではないでしょうか？　たとえば、「社内変革のプロジェクトの多くは失敗するものだ」、「ほとんどが一過性であとはうやむやになってしまう」などです。

　変革に限ったことではありませんが、プロジェクトの失敗の大半は、立ち上げに問題がある場合がほとんどです。極端に言うと、プロジェクトの成功の9割は最初の立ち上げに依存すると行っても過言ではありません。つまり途中でビジョンや目的がぶれてしまっては、何の成果も上げられないということです。そこで、自分たちのビジネスモデルがどのような業務を実現しどのようなゴールを目指しているのかについて将来像を明確に共有することが最も重要なのです。

■ 日本の組織で行うボトムアップの変革とは？

　BMGを社内に導入しようと思っているあなたが、経営者であれば大きな問題はありません。トップダウンでぜひ、導入を積極的に進めていただきたいと願います。

　しかし、"このままではいけない"と思っている多くの方は、組織の管理職や一般のミドル層の社員です。海外の企業では、トップが変革をリードすることが多いことはよく知られています。そのため、管理職のモチベーションを向上させ、変革スピードを上げたいといったトップ目線の施策としてBMGを活用することが多くなっています。一方、日本の組織では、変革に関するプロジェクトを推進するために、いかにトップに理解してもらい、味方になってもらうかが大きな障壁となっています。実際に、筆者は日本国内でBMGに関する講演やワークショップ、企業研修を100回以上行ってきました。しかしその実態は、企業経営者自らが推進してくれた組織はほんの一握りで、ほとんどがミドル層や部門長の方、事業部付の教育や研修を検討する部署が推進しています。

　そこで、経営トップでなくても大きな成果が得られるよう、周到に準備を進めましょう。

▶社内で意見交換しやすい風土作り

BMGは、様々な部署で経験や役職にかかわらず活用できますので、普段から積極的な意見交換を行う風土を育てる効果も期待されます。

■ 変革に求められる4つのポイント

組織で変革を進める際には、重要なポイントが4つあります。それをご紹介していきます。

■ ① 明確な目的を共有

新規ビジネスにおいても、プロジェクトにおいても必ず目指すべきゴールがあります。しかし、ゴールに到着することが目的なのか、それとも一番早くゴールすることが目的なのか、本当の目的が見えにくいプロジェクトもたくさんあります。たとえば、ビジネスにおいては、たくさん売ることが目的のように思いますが、実は収益率を上げることを優先するビジネスもあれば、薄利でもシェアを伸ばすことが優先されるビジネスもあり、それぞれ目的は異なります。また、ビジネスの段階によっても異なります。つまり、目的を明確にして共有することが必須なのです。

■ ② 進め方をオープンにする

ビジネスやプロジェクトを進める中でこれからどのようなプロセスをたどるのか、また目的を実現するための施策をどのように実行していくのかをオープンにして、共有していくことが重要です。進める上での時間的な制約などもあらかじめ、共有しておくことで向かうべき方向にメンバーの意識を集中させることができます。

■ ③ メンバーを決める

新しいことに取り組む、変革を進めるときに最も苦慮するのはそのメンバーの選定です。誰と一緒に進めるのか、外部の専門家にもサポートを頼むのか、成功のために必要なメンバーの選定はプロジェクトの成功の大きなカギです。

■ ④ 最適なツールを利用する

ビジネスの理解や分析に必要なツールだけでなく、目的を実行するための環境を整備する情報システムやネットワーク、人のリレーションまで、使えるリソースを棚卸しておくことをお勧めします。また、メンバーが最新のメソッドやツールを使いこなせるようにしておく必要があるのは言うまでもありません。

▶BMG導入のために必要なメンバー構成

役割	メンバー
BMGのメソッドの定着のためのワークショップやディスカッションの推進・整理役	ファシリテーター
全体のスケジュールやメンバーの選定などアクティビティの具体的な推進役	BMG導入・推進メンバー
参加・実行メンバー	組織・プロジェクトメンバー

BMGを組織に導入するためには、ファシリテーター、BMG導入推進メンバー、そしてプロジェクトメンバーが必要になります。必要があれば社外の人間を招くことも視野に入れましょう。

BMG導入プロジェクトを立ち上げる

実例をもとに、BMGを使って社内にイノベーションを起こす方法を見ていきましょう。

◆ プロジェクト立ち上げ　◆ メンバー集め　◆ 抵抗勢力

では、実際にBMGを社内に導入した企業を例に、プロジェクトの立ち上げから進め方までを見ていきましょう。

■ POSレジを主力商品に持つA社のケース

A社は長年にわたって、様々な製品を開発・販売してきた老舗メーカーです。その中の一事業部で扱っている主力製品がPOSレジと呼ばれる、スーパーやコンビニなどで使われているPOSシステム搭載電子レジスターになります。POSとは、商品を買う際に通すレジの中にあるシステムのことですので、詳しく知らない人にとっても、実は身近なものです。POSはどんな商品が、いつ、どこで、いくらで、何個売れたかというデータを記録します。商品の売れ行き、在庫数などを簡単に管理できる画期的なシステムで、70年代にアメリカで誕生し、日本でも80年代に普及が急速に進みました。

見た目には、大きな変化が見えにくい業界ではありますが、まさに群雄割拠の市場で競争の激しい業界のひとつです。

A社も例外ではなく、厳しい市場競争にさらされ、事業部における売り上げの向上は毎回会議の議題に上がる懸案となっていました。

■ 市場の変化をきっかけにプロジェクトを立ち上げ

A社のPOS事業部に所属する三上氏（仮名）は、起死回生の新たなソリューションを生み出したいと考えていました。

ちょうど時を同じくして、市場に大きな変化が起こり始めました。もともといくつかの大企業による寡占状態にあったPOSレジの市場が、スマートフォン、タブレットの普及と共に変化を迎えようとしていたのです。そのひとつがモバイルPOSです。これは、iPadやAndroidタブレットなどを利用したPOSです。三上氏もいち早くこの市場へのソリューションを提供したいと思っていましたが、社内からはモバイルPOSの開発が進んでいるという情報がなかなか得られず、不満と不安を感じていました。

そこで、三上氏は、以前から関心を持っていたBMGのメソッドを社内で活用し、ソリューションの提供を推進するプロジェクトを立ち上げようと考えました。

こうした体制づくりとソリューション開発のための準備は並行して進めることが求められます。また、どうしても時間のかかる要件があれば、明確にしておきつつも、割り切って後回しにしてしまいます。それにとらわれすぎないように進めていくこともプロジェクト推進の負荷を軽減するコツとなります。

■ まずは社内の同志を集めることが最優先

三上氏は、ひとまずこのプロジェクトを社内で一緒に推進してくれる同志を口説きながら集めました。

プロジェクトでの最初の人選は、プロジェクトの成否を左右する重要なものです。メンバーを集めるポイントがいくつかありますのでご紹介します。

■ ① 組織図に頼り過ぎない

「サポート部からひとりは必要だよね」などと、組織図に合わせて人選することがよくあります。しかし、実際には部署にこだわるとその部署の利害を代表する位置づけで議論が進んでしまうため、プロジェクト立ち上げには向いていません。部の意見ではなく全体最適の立場で一緒に考えてくれる人を選びます。

■ ② プロジェクトに向く人を迎えよう

「関連性の高い部署から来ているがプロジェクト型の作業に向かない人」と「プロジェクトと直接関係がないけれど向いている人」とでは、後者を選択したほうがうまくいくケースが多くあります。

改革に意欲的な人や、役職やポストにかかわらず意見が言える人、その人の立場で正しく反論を言える人なども非常に重要です。もちろん、組織における課題意識を共有し、最終的な目的意識を共有できるかを観点に選ぶことは言うまでもありません。

■ ③ 時には、トップダウンや一本釣りで

場合によっては、自分が目を付けていた人を個別に説得して一本釣りすることも必要です。その場合は、相手の上司を説得する必要もありますので、自分や相手の上司に理解を得られるよう、場合によってはさらに上を説得する方策なども検討しておくと良いと思います。もちろん、そのために上層部をメンバーにしてしまうという考え方もあります。

■ ④ 抵抗勢力に対する対策

新しいことを始めようとすると、抵抗勢力からの妨害があるのでは？　と考えていませんか。確かに変革プロジェクトを進めていると、いろいろな課題が生じます。そうした事象に対し、同じ意見のメンバーだけで向かっていっては突破力が乏しくなることもあります。良いチームには、必ずと言っていいほど異なる思考や異なる役割を果たすメンバーが混在しています。突破と調整、緻密と俯瞰など、相反する力を発揮することが必要になります。

もし、反対しそうな組織や人が想定できる場合には、そうしたメンバーをあらかじめ、メンバーに入れてしまうことも検討しましょう。決まってから知らされるより、はじめから議論に加わっていれば、スムーズにいくことが多いと思います。しかし、プロジェクト推進の妨げになると判断した場合には、プロジェクト内の結束に利用する対抗勢力として、真っ向から戦う態勢をつくるかなどの対策を考えておきましょう。

▶狙った人物を一本釣り

狙っていた人を説得してプロジェクトの同志に引き入れる"一本釣り"は手っ取り早く効果的な手法です。

ワークショップやグループディスカッションの重要性

BMGを推進するにはワークショップやディスカッションなどのチーム作業で意見を出し合うことが効果的です。

◆ ワークショップ　　◆ グループディスカッション　　◆ ファシリテーター

　BMGを実践する上では、ワークショップの開催やグループディスカッションを多用するなど、チーム作業を行ったほうが効果的です。三上氏もプロジェクトを発足し、今回のテーマと目的の共有のためにメンバー全員を集めてディスカッションを行いました。

　その中で「BMGを活用してプロジェクトの検証を進めよう」という合意を得ることになりました。

　最初に行うのは、BMGのメソッドの使い方を取得するワークショップです。これから検討するビジネスモデルを議論する重要なフレームワークを共有し、共通言語を持つことで検証までのサイクルの迅速化に大きな効果をもたらします。

■ 様々な意見を出し合うワークショップを実施する

　早速、三上氏も社内でワークショップを実施することにしました。

　プロジェクトメンバーを中心に、参加希望者を社内から募ったことで20名強がワークショップに参加することになりました。

　実務でイノベーションを期待する場合、起案部門やプロジェクトのコアメンバーだけでなく、多様なメンバーによって行ったほうが良いアイデアや新たな視点からの気づきが生まれます。

　ビジネスモデルの新しい構築ブロックや、構築ブロックの新しい組み合わせを探し出すことが必要です。当然、チャネル、収入の流れ、主なリソースといったキャンバスの9つの構築ブロックすべてに関わります。そのため、様々な分野からのインプットとアイデアが必要になります。

　場合によっては、外部の方をディスカッションメンバーに加えたりすることもあります。様々なメンバーが参加するワークショップや、重要なミーティングにおいては、参加者が人の話を積極的に聞くようにうまく話を広げたり、進行管理を行ったりするために、中立的なファシリテーターが参加することも必要になります。

　また、自分の頭だけで、ビジネスモデルを分析したり組み立てたりするよりも、体を動かして、書きながら様々な意見を出し合うことで、多くの気づきが得られることがよくありますので、ワークショップを最大限に活用していきます。

■ アイデアを実現可能なモデルに集約

　最終的には、現場でそのモデルが実際に有効なのか検証していくことが必要です。そのため、様々なアイデアを検討したうえで、実現可能なモデルに集約していきます。

　その際、キャンバスで作成したモデルが現実的でないこともあるかもしれません。その場合は、業務に精通しているメンバーの意見をもらいながら、軌道修正していきます。

　最初から限定した可能性だけに固執するのではなく、なぜそのモデルの実現が難しいのかも含めて、多くの可能性にたどり着けるかどうかが大きな壁を破るきっかけになるということを忘れないでください。

▶バリエーション豊かなメンバー構成

イノベーションのためのアイデア出しメンバーは、バリエーションが豊かになるように考えましょう。
・様々な事業所や部署
・異なる年齢層
・異なる専門領域
・異なる業種や分野での経験
・勤続年数がバラバラ
・異なるバックグラウンド（出身・経験）

▶プロジェクトの推進プロセス

1. キックオフ
対象となるプロジェクトメンバー、およびビジネスの課題と研修のゴールを明確にします。

2. プロジェクトの要件定義
課題や現状分析をもとに、解決する課題の範囲とゴールを共有し、BMGメソッドを活用した認識合わせを行います。

3. BMGワークショップの実施
ビジネスモデルの視覚化と変革のためのアイデアをワークショップにより明確にし、参加メンバーと共有します。

4. ビジネスモデルの見直し
プロジェクトのビジネスモデルを共通化したのち、実際のビジネスを運用していく中で検証を行い、課題解決のプロセスを実施します。

5. フォローアップ
プロジェクトのビジネスモデルの評価・検証に加え、今後の改革を継続的に行うための指針作成および、振り返りを実施します。

メンバーを集めた後、BMGを使ってイノベーションを起こすには、上記のようなプロセスで進めることが望ましいでしょう。

ワークショップを盛り上げるテクニック

道具や文具をうまく使うことでワークショップの盛り上がりが変わります。

◆グラフィック・ファシリテーション／付箋紙／図・イラストの活用

BMGのワークショップの効果を最大限にするためのテクニックを本節と次節にわたってご紹介します。

まず、ワークショップを進行させるファシリテーターは、なるべく意見を否定しないように配慮し、いったんは、参加者の意見を吐き出させることに注力します。しかし、同時に議論を発散させないような配慮は必要です。そのためにキャンバスなどのツールを中心に、なるべく文字や図形に残していきます。これを「グラフィック・ファシリテーション」と言います。キャンバスは紙さえあればどこでも描くことができますが、ワークショップではできるだけ大きな紙を用意し、ホワイトボードなども使いながら進めていきましょう。

必要な道具の一例

- ホワイトボード
- 模造紙（フリップチャート）
- ホワイトボードマーカー
- 付箋紙　数色（大・中・小）
- 太めのフェルトペン
- コピー用紙
- テープ

■ 付箋紙によって各要素を可視化

キャンバスはなるべくフリーハンドで描いていくことをお勧めしています。ブロックの各要素は付箋紙を使って描いていきますが、このとき簡単なガイドラインがありますので（次ページ参照）、覚えておくと、キャンバスの修正や議論が進めやすくなります。

■ 図やイラストを活用して理解を促進

図やイラストは、キャンバスを作成するためのディスカッションやビジネスの流れを理解する過程で、たいへん有効です。

いろいろなアイデアを出し合う段階では、より柔軟で視覚的な思考が求められますので図版を多用するのはとても良い方法です。

特定のフォーマットにこだわることなく、参加メンバーが分かりやすくなるように図で説明しても構いません。また、ビジネスプロセスや相互の関係をフローチャートのような図で整理することもあります。アイデアをまとめる場合も、発想の過程自体を図やマインドマップのような可視化ツールで描いておくのもいいかもしれません。

キャンバスのブロックの要素がどのように相互に関係しているかを確認する場合など、図やイラストで描いてみてから、箇条書きにまとめていけばより簡潔に分かりやすくまとめることができます。

また、付箋紙に記述していく要素を文字ではなく象徴的なイラストなどで表現しても構いません。

chapter 3 キャンバスの導入・活用のための手順

▶付箋への書き出し

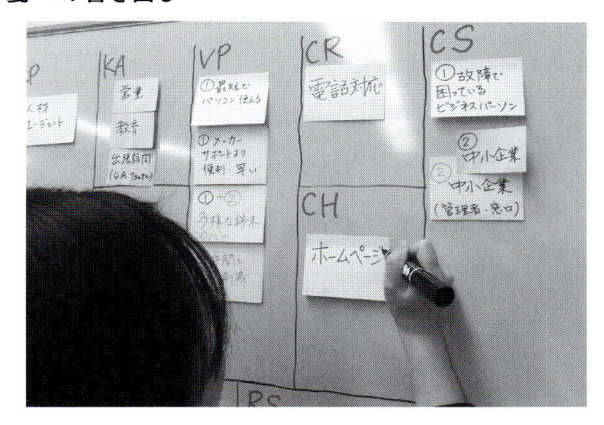

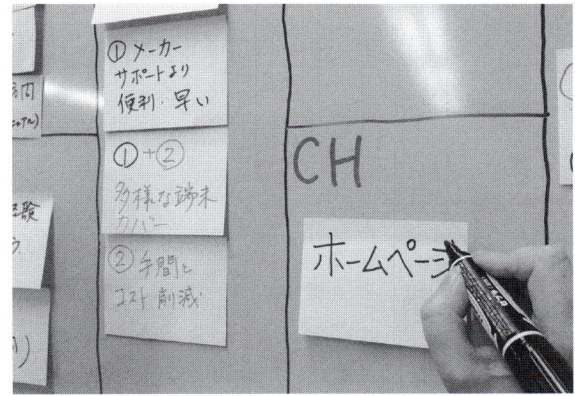

▶グラフィック・ファシリテーションの効果

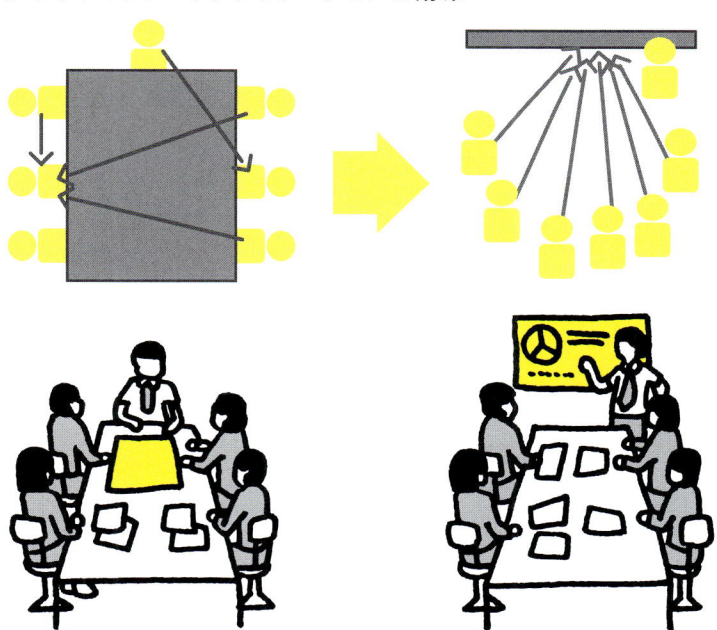

ホワイトボード、模造紙などを使い、その場の参加者全員に見える文字や図を描きながら進めることで、話の流れを俯瞰でき、議論のポイントに参加者の意識を集中させる効果が期待できます。また、触発されて新たな意見が出たり、感情的な論争を避けることができたりします。

付箋紙に要素を書くときのガイドラインは次の通りです。

① **太めのフェルトペンを使う**：情報を詰め込みすぎることがなくなります。
② **1枚の付箋紙にはひとつの要素を書く**：大きめの付箋紙を使うと、後から変更や追加がしやすくなります。
③ **箇条書きで記述する**：誰が見ても分かりやすくなります。
④ **追加した要素、変更した要素には違う色の付箋紙を使う**：キャンバスを俯瞰したときに視覚的に分かりやすくなります。

写真を活用してキャンバスを保存する

キャンバスを写真に残すと振り返りに役立ちます。また議論の前には雰囲気作りにも気を配りましょう。

◆ カメラ　　◆ キャンバスの保存　　◆ 議論の雰囲気作り

　最近では、会議で議論されたホワイトボードなどを写真で記録して、再利用することが多くなっています。BMGでも画像やフリーハンドでのグループワークが多いため、いろいろ場面で写真が役に立ちます。

　議論を進める過程やワークショップの開催中など様々なシチュエーションで写真が活用できますので、カメラを常備しておくことをお勧めします。

■ 途中経過のキャンバスもしっかり記録

　キャンバスは、最終形だけでなく議論の過程も非常に重要です。あとで、その過程を振り返ることができるように途中経過のキャンバスもきちんと記録しておきましょう。

　キャンバスをデジタル化して利用するためのツールなどもありますが、ディスカッションの過程が一目瞭然になる手書きのキャンバスは、あとから振り返る場合にも非常に役立ちます。そこで、写真などでキャンバスを記録し、それを保管しておきます。

　記録用にはデジカメやスマホでの撮影が一般的ですが、インスタントカメラも有効です。その場で参加メンバーにプリントして渡したり、ビジュアルアイコンとしてキャンバスに貼り付けたり、メンバーの自己紹介用に名前と共に貼っておくなどいろいろな場面で活躍します。

　次に、写真の活用ケースをご紹介しますので、参考にしてください。

- 議論するビジネスに関係する写真で共通理解を深める
- 象徴的な画像をアイコンとして貼り付けることでイメージがわきやすくなる
- 参加メンバー同士の自己紹介のために写真を使う
- 議論を進める過程で描かれた画像やフリーハンドの図を記録する
- キャンバスを記録する
- ワークショップなどの開催レポートのために記録する

▶ 写真で記録する

手書きで作成したキャンバスは、そのまま保存するのが難しいため、記録にも写真が大活躍します。

■ アイデアは質より量を重視

　良いアイデアは、そうそう簡単には生まれないと思っているかもしれません。しかし、ブレーンストーミングの手法で"下手な鉄砲も数打てば当たる"と考え、アイデアをたくさん生み出すのが、良いアイデアを作る一番簡単な方法です。失敗してもいいから、とりあえず弾を打ち続けましょう。

　そのためにも自分ひとりだけで考えるのではなく、なるべく何人かでたくさんの意見を出し合う雰囲気づくりから始めてみましょう。

　いろいろな意見が出る過程で、自分が思いつかなかった考え方や気づきが得られるだけでも大きな収穫です。出てきた意見を批判することはやめて、まずは聞くことに集中しましょう。

▶アイデア出しのコツ

アイデアは、"数打てば当たる"の精神で、ひとまず質より量を重視します。

■ 議論の前の雰囲気づくりも大事なテクニック

　ファシリテーターは、参加メンバーから出た意見が否定されないように、配慮しながら進行していきましょう。出てきた意見をいきなり否定する流れを作ってしまうと、行き詰まってしまいます。

　もし、堅苦しい空気になりがちなメンバーに偏った場合は、いつもとは違うメンバーに入ってもらったり、リラックスできる音楽をかけたりして雰囲気を変える試みを行います。著者がワークショップを行う場合は、BGMを用意したり気分転換のための甘いものを用意したりします。

　ヒントになりそうな意見を提示しながら、ほかの意見が出るのを促し、考えたことを自由に言い合える雰囲気を演出していきましょう。環境づくりも良いキャンバスを作成するための大切な条件だということを覚えておいてください。

▶まずは雰囲気づくりから

堅苦しい会議形式よりは、自由度の高いワークショップやラフなブレーンストーミングで体を動かしながらキャンバスを作成していきます。

完成したキャンバスを元にプロトタイプで小さく検証してみる

新しいビジネスのキャンバスができたら、検証、フィードバックといった次のフェーズに移っていきます。

◆ プロトタイプ　　◆ ビジネスモデル検証　　◆ 上層部とのネゴシエーション

A社の三上氏は、プロジェクト立ち上げメンバーを中心に、新市場として急速な成長が見込めるモバイルPOSソリューションのためのビジネスモデルデザインのキャンバスを完成させました。

■ 市場の動向から次の手を窺う

モバイルPOS市場が、注目を集めている最大の理由は、初期投資や運用コストの安さにあります。一般的なPOSシステムの場合、レジ端末が10万円以上したり、販売情報集計システム導入の初期費用が100万円を超えたりします。一方、モバイルPOSは、安価なタブレットを利用するため初期費用が抑えられ、運用コストも、クラウドサービスとの連携によって月額数千円から利用できるため中小店舗でも手軽に使えます。しかし、参入企業も多く競争が激しさを増していることから、早急にプロトタイプを立ち上げ、顧客ニーズを吸い上げることが必要でした。

■ プロトタイプの検証は不可欠のアプローチ

そこで、クラウドサービスと連携させたサービスの一部メニューを早急に開発し、既存ユーザのいくつかに試用期間を設けて使ってもらうことにしました。全メニューの開発を待っていると、顧客からのフィードバックを得るタイミングが2か月遅れることから、プロトタイプである現バージョンでのモニター調査を行うことにしました。また、タブレット端末とスマートフォンの両方を対象端末にするとさらにサービスの開発に時間がかかるため、タブレット端末向けのサービスを優先して開発することで、早期の段階での検証を迅速に行うことに成功しました。

こうしたプロトタイプでの検証は、早期のビジネスモデル検証において不可欠のアプローチです。社内で大きな予算を獲得するためには、必ず売り上げ予想などが要求されます。通常は、こうした数字は計画と予測に基づくものです。しかし、BMGでは、小さな実績と検証に基づいて数字の算出精度を上げていくことが可能です。

また、商品やサービスに関する顧客からのフィードバックは、モニターから使用後の感想を集めたり、グループインタビューを行ったりすればコストもマンパワーも最小限で行うことができます。

■ 上層部に味方を作る

プロトタイプの検証フェーズに入るころには、新ビジネスが社内的にもオープンになり、関係者も増加していきます。また、ビジネスモデルの洗練度が上がれば、今後の展開の拡大も視野に入れて検討することが求められます。そこで、プロジェクトの活動状況や、会社へのメリットの大きさを理解してもらい、味方になってもらえる上層部とのネゴシエーションを行うことも重要です。

企業にとって、プロジェクトの価値が大きいことをアピールし、プロジェクトを評価してもらう環境づくりも、自分を含むメンバーのモチベーションを維持するために重要です。

chapter 3　キャンバスの導入・活用のための手順

▶顧客の意見をすばやくフィードバック

プロトタイプを早急に作成し、典型的な顧客セグメントと考えられるユーザに試用してもらい、意見や要望を集めながら検証を行います。なるべく、作りこみすぎずに、迅速なフィードバックをもらうことを優先しましょう。

▶ネゴシエーションで活動状況やビジネス価値を共有

上層部にお墨付きをもらうためのネゴシエーションも必要です。会社にとってのメリット、優位性のある強固なビジネスモデルであることがキャンバスの活用によって理解を求めやすくなります。

顧客からの反応を元にビジネスモデルを改善する

ビジネスモデルに市場調査の結果やモニターの顧客からの反応などを加えた後、サービスを立ち上げます。

◆ 反応のフィードバック　　◆ ビジネスモデルの改善　　◆ 顧客の課題意識

検証フェーズで得られた顧客からの反応や要望は、すぐさまプロジェクトメンバーに共有します。ビジネスモデルとして課題要素があれば、それを修正するためにキャンバスを改善しながら、施策の変更も合わせて行います。ターゲティングした顧客セグメントが想定したものと合っているか、またその顧客が求める価値提案が、自分たちで想定していたものと合致しているかといった点に注目してレビューしていきましょう。最終的には収入がコストを上回り、収益が得られることが検証できれば、さらにプロジェクトの規模を拡大しながら、ビジネスを成長させていくことができます。今回、顧客（POSを利用したい店舗）は、次のような課題意識を持っていることがわかりました。

- 大規模チェーン店のように販売分析したいが、POS導入は費用がかかる
- 最近、電子マネーでの支払いを希望するお客様が増えたので、お店でも対応したい
- 今使っているレジからモバイルPOSに乗り換えたいが、タブレット端末を使ったことがないので設置や設定が難しそう

■ 顧客の反応をプロジェクトに反映

三上氏は、市場調査の結果やモニターの顧客からの反応などを加味することで、次のようなサービス概要をまとめ、ビジネスモデルの改善を行いました。

▶A社モバイルPOSのサービス概要と特徴

1：クラウドサービス	クラウドサービスのため導入から運用までを低コストで実現します。また、いつどこからでも複数の店舗の売り上げ状況をリアルタイムでチェックできます。
2：多様な決済手段	現金やクレジットだけでなく、国内主要電子マネー決済にも対応しています。
3：予約管理システムとの連携	オンライン予約システムと連携させることができ、予約状況もPOS端末からリアルタイムで確認できます。
4：充実のサポートサービス	導入サポートからアフターサポートまで充実したメニューをご用意しております。設置や設定に不安があるオーナー様でも全く問題ありません。

改善したキャンバスをもとに新規の予算を獲得し、体制も強化することができ、三上氏はこれから本格的なサービスを立ち上げようとしています。実際には、市場にサービスをリリースした後も、さらにビジネスモデルの検証と改編を継続して行っていくことになります。

chapter 3　キャンバスの導入・活用のための手順

A社モバイルPOSサービスのビジネスモデル・キャンバス

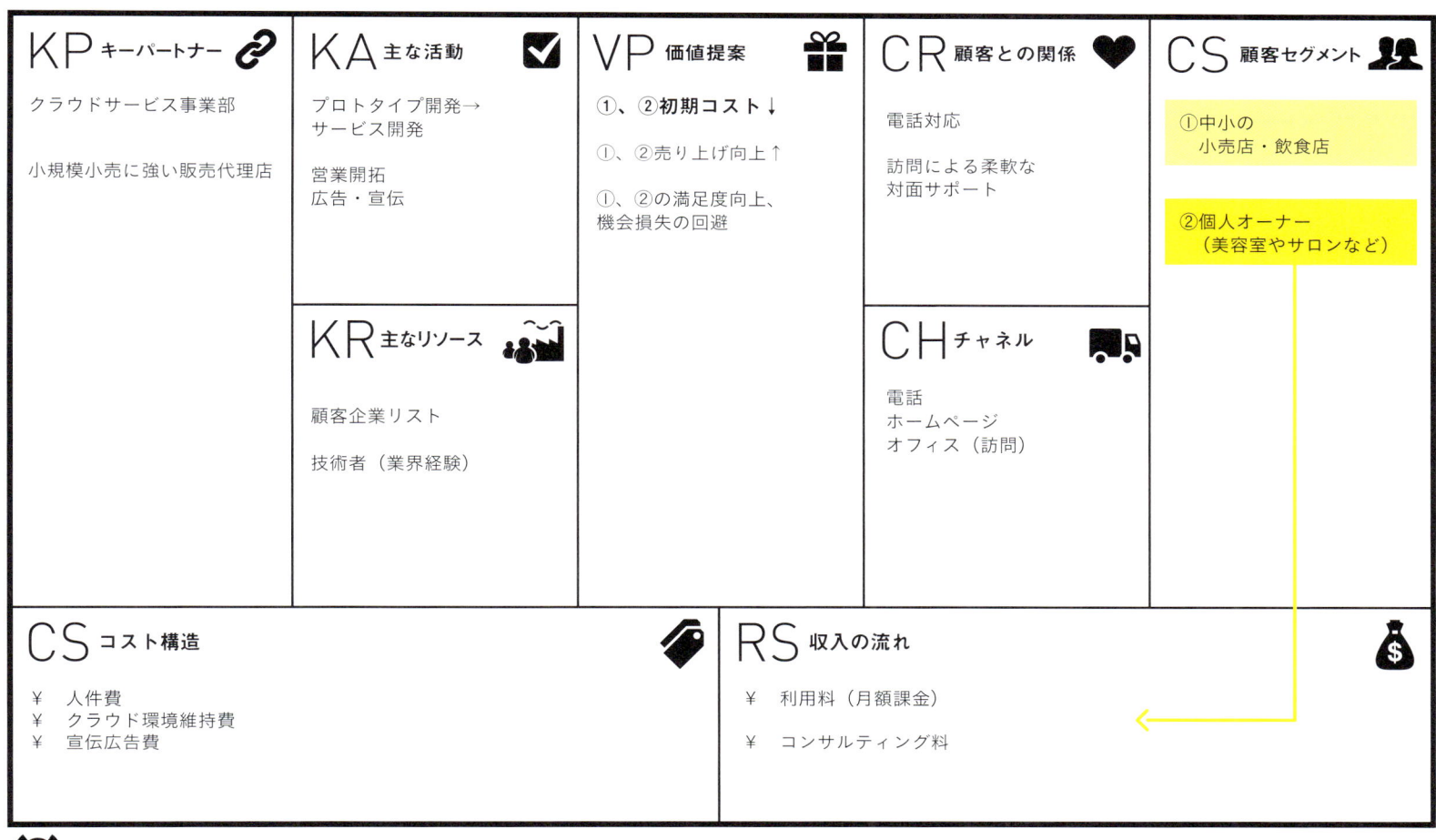

KP キーパートナー	KA 主な活動	VP 価値提案	CR 顧客との関係	CS 顧客セグメント
クラウドサービス事業部 小規模小売に強い販売代理店	プロトタイプ開発→ サービス開発 営業開拓 広告・宣伝	①、②初期コスト↓ ①、②売り上げ向上↑ ①、②の満足度向上、 機会損失の回避	電話対応 訪問による柔軟な 対面サポート	①中小の 小売店・飲食店 ②個人オーナー （美容室やサロンなど）
	KR 主なリソース 顧客企業リスト 技術者（業界経験）		CH チャネル 電話 ホームページ オフィス（訪問）	

CS コスト構造	RS 収入の流れ
¥　人件費 ¥　クラウド環境維持費 ¥　宣伝広告費	¥　利用料（月額課金） ¥　コンサルティング料

Strategyzer　strategyzer.com

DESIGNED BY: Business Model Foundry AG
The makers of Business Model Generation and Strategyzer

BMG研修導入事例① 個々のキャンバスを定期的な評価でフォロー

事業戦略の推進と人材育成のためにBMGを採用したメディアサイト株式会社での実践例をご紹介します。

◆ BMG研修　◆ BMY　◆ ひとりひとりのイノベーション

　ここでは、2年間あまりにわたってBMGを導入しているメディアサイト株式会社の実践例をもとに、キャンバスの履歴管理や継続的な活用でのヒントをご紹介していきましょう。

■ 事業目標の達成のキーは、人材の底上げ

　2000年に設立されてから、15期目を迎える映像配信ソリューションベンダーであるメディアサイトでは事業規模拡大にあわせ、社員を増員し、新卒採用、中途社員、古参社員と様々なバックグラウンドや経験の社員が混在する組織となる中、事業目標を達成するためにより一層のコミュニケーションの向上、共通認識の醸成が急務と考えられました。執行役員営業部長である南氏は、集合研修を取り入れることを契機に、風通しがよく、社員が自発的に行動できるカルチャーを根付かせるためのツールとしてBMGの研修の導入を決定しました。

■ 全員参加のBMG研修

　BMG研修は、営業や技術部門の組織の枠を超え、全社一丸となってビジネスに取り組むための共通言語を身につけ、ビジネス環境に対する共通認識をはぐくみ、実ビジネスを円滑に実践するためのスキルを身につけるのに役立ちました。
　ワークショップスタイルの研修は、一方的な講義スタイルのものと違い、ビジネスモデルをデザインする過程を営業も技術も一緒になって多様な視点から自社の優位性を分析し、検証することができます。研修を経て、これからの新たなビジネスモデルを創っていかなければならないことを認識し、継続的に活用していくことの重要性にも気づいた点で大きな成果を上げることができました。

　しかし、研修を企画する教育担当の大木氏と起案者である南氏は、キャンバスの作成を、ワークショップにとどまらず、継続的に個々の社員に行ってもらうことができないと大きな効果を上げられないのではないかと懸念していました。

　この考えは、半年後の2回目の研修で顕著になりました。というのも2回目以降からは、個々のモチベーションによって理解度に大きな差が生じてきたからです。

　そこで、個人が主体的にキャンバスを描く意識になるようにBMY（Business Model You：個人のビジネスモデル）を導入し、なるべく自分のこととして取り組める環境を準備しました。

■ BMYも導入することで個人の課題も明確に

　組織におけるイノベーションの機運を醸成しようと考えるとどうしても、組織を構成するひとりひとりのイノベーションにも目を向ける必要があります。組織のビジネスモデルの成功は、それを成し遂げるための人材が大きな影響を持っていることは言うまでもありません。そのため、組織のゴールと個々のゴールへのベクトルが合っていることが望ましいわけです。

chapter 3　キャンバスの導入・活用のための手順

■ 様々なレベルで存在するキャンバス

　最初に説明した通り、BMGでは組織には必ずビジネスモデルが存在すると考えます。つまりキャンバスは、会社全体、事業部、部、グループ、個人など様々なレベルで存在しています。

　そこで、ビジネスモデルデザインも組織から個人までシームレスに連携させることで、組織の目的を自分のこととして理解してもらう施策が有効なのです。

　冒頭の導入事例でもご紹介したメディアサイトでは、こうした考えに基づき、2年以上にわたりBMGを導入するうえで、BMYも活用しながら個人の目標管理に役立てています。

▶メディアサイトでのBMG研修の様子

▶企業のビジネスモデル

組織全体のビジネスモデル

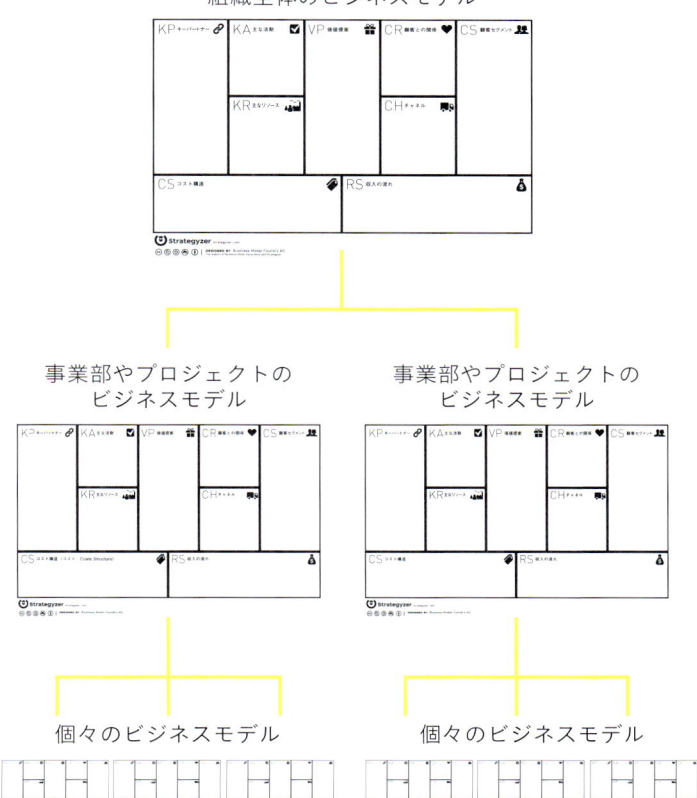

事業部やプロジェクトの　　　事業部やプロジェクトの
　　ビジネスモデル　　　　　　　ビジネスモデル

個々のビジネスモデル　　　　個々のビジネスモデル

企業全体のビジネスモデルを細分化していくと、事業部やプロジェクトなど部署のビジネスモデルから成り立つことが分かります。同様に、さらに細分化していくと個々のビジネスモデルの集合体から組織のビジネスモデルが成り立っていると考えることができます。

BMG研修導入事例② 自社ソリューションで継続トラッキングが可能に

みんなで集まるワークショップと個別評価を定期的に行うことでBMGの導入効果を最大化します。

◆CDP　◆ICT　◆ナレッジマネジメント

　BMYは、自分をビジネスモデルとして、客観的な視点も交えてデザインしていきます。そして、自身の今後のCDP（Career Development Program）を考える一環としてキャンバスを改善します。

　当初、メディアサイトでは自分でキャンバスを補完し、見直しを行いながらキャンバスを書き換えるという自主性に任せていました。しかし、せっかくキャンバスをデザインしても、レビューする機会が少ないとどうしてもうまく活用しきれない社員も出てきてしまいます。また、南氏は、部下のキャンバスの変化や取り組みに関して継続的にフォローしたいと思っていましたが、キャンバスの改善点を発表で共有するなどの方法では、物理的・時間的にも負荷がかかってしまうことが課題と感じていました。

　そこで、自社のソリューションを活用し、積極的にICT（Information Communication Technology）を活用してみようというアイデアが出てきました。

■ 個々のキャンバスは画像でアップロード

　昨今、様々な教育現場でも反転教育の重要性が高まっています。まず基本の研修を受講した社員に対し、講師やファシリテーターの概要説明をいつでも映像として確認できるようにコンテンツ化しました。復習したい場合は、いつでも気軽に視聴できる環境を用意しました。ここまでは、従来のeラーニングの手法と変わりません。しかし、これに加え、社員からの反応や正しい評価をフィードバックするためにメディアサイトのソリューションの新機能"デスクトップレコーディング"を使って、自分自身のキャンバスの説明プレゼンテーションを映像コンテンツとして録画することを義務付けました。自分のアカウントをサーバ上に作成するだけで、自分だけの領域にコンテンツをアップロードすることができます。これによって、講師や管理者以外からは見られることがないので、安心して自分のキャンバスをアップすることができます。

　講師や直属の上司は、個々のキャンバスに関するコンテンツや質問に適切なアドバイスや評価をメールで送信することができます。メールを受け取った社員は、修正したキャンバスをもとに再度プレゼンテーションとしてコンテンツ化し、アップロードを繰り返すという仕組みです。

■ 研修効果の可視化させスキルアップを実感

　このシステムを利用することで、講師や上司は時間や場所の制約を受けずにアドバイスしたり、モチベーションの向上を支援したりすることが可能になります。プレゼンテーションの録画はデスクのＰＣでもスマートフォンからでもカメラがあればどこでもできるため、社員もちょっとした時間やスペースを活用してキャンバスが次第にブラッシュアップされていることを実感しながら、キャリアのリ・デザインを実践できるようになります。こうした仕組みは、研修成果の可視化により、現場でのスキルアップを実感し実務に生かせると好

評を博しています。

ナレッジマネジメントへの活用も

　教育担当者は、研修成果やキャンバスの履歴をデータとして蓄積することでナレッジマネジメントとしての活用も期待できると考えています。今後はこうした蓄積されたデータを基に研修の課題や今後の改善点なども分析できるのではないかと期待しています。

　南氏は、教育は対面で行うのが最も効果的だと思っていますが、フォローアップやトラッキングの仕組みと連携することで、負担を軽減しながら継続的な成果を上げられるのではないかと考えています。

▶社員のコンテンツ視聴

映像によるコンテンツの視聴は、研修の前・後のいつでも可能

▶BMYの録画とアップロード

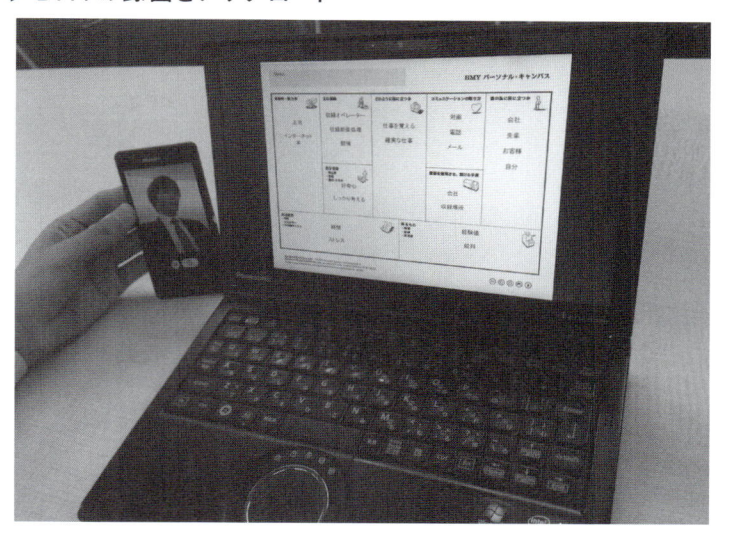

自席でも外出先でも簡単にキャンバスとそれを説明するプレゼンテーションの録画が可能

BMGのメソッドを企業研修として導入する目的と効果

イノベーションを生む人材の教育に最適なツールがBMGです。導入に迷っている方向けのチェックシートも用意しました。

◆ BMG研修の目的と効果　　◆ チェックシート　　◆ 受講者の声

　BMGメソッドを現場の即戦力を強化するツールとしてだけでなく、イノベーションを生み出す人材を育てる活動の一環として導入を考えている企業も多いのではないでしょうか。

　企業研修として全社的にBMGのワークショップを導入する企業もどんどん増えており、筆者も企業向けにすでに100回を超える講演やワークショップを行ってきました。今後予想される経営環境の中で、自分たちが提供できる価値は何かを改めて把握し、自分たちの組織の方向性（ビジョン）を共有することが求められています。そのため、様々な戦略オプション（仮説）を検討し、より効果的、かつ実現性の高い施策を選択できる人材の教育は、どの組織の経営者・人事、教育の担当者にとっても共通した課題です。

　企業においてBMG研修の導入を推進する目的は様々ですが、多くの組織は次の2つに集約されることが多いです。

① ビジネスアイデアをブラッシュアップしたい

　「すでにビジネスアイデアの募集などを定期的に行っているが、企業内での新規事業開発の素地をさらに醸成していきたい」、「従来のスキル研修とは違うビジネスモデルデザインのプロフェッショナルを育成するための教育を行いたい」など。

② フレームワーク・共通言語を身につけさせたい

　「ビジネスモデルのデザインや事業企画のためのフレームワークの活用法を社内に取り入れたい」、「現場で活用する前段階としてビジネスモデルの理解を深めてもらうために企業研修のプログラムとして活用したい」など。

BMGのメソッドで研修を行った場合の主な効果

　プロジェクトや事業のビジネスモデルを可視化し、真の顧客価値をメンバーと共有する研修で以下のような効果を期待できます。

- ビジネスモデル・キャンバスの概念を理解し、ビジネスモデルの全体像をよりシンプルに把握する
- 研修後、すぐに現場で使用する共通言語を習得することができる。また、現場に持ち帰り、新規ビジネスのデザインと検証のサイクルの短縮化が期待できる
- 自社や競合他社のビジネスモデルの理解を深め、新規ビジネスや新規サービスの開発のためのデザイン思考に役立てる
- 複数のビジネスモデルから、あらかじめ想定されうる課題の発見や新たな視点を養う
- 現在のビジネスモデルだけでなく、将来や考えうる可能性を可視化する手法が身につく
- 異なる部署やバックグラウンドのメンバーとブレーンストーミングすることで、新しい価値観・切り口に接することができる
- 経験年数やバックグラウンドに依存することなく、同じ視点で議論を進めることができる

▶BMG導入に向けたチェックシート

- ☐ 新事業やサービスをスタートしたい、またその予定がある
- ☐ 組織依存ではなく、プロジェクト型のワークスタイルを目指している
- ☐ 組織内にイノベーションを起こすための人材育成が必要だ
- ☐ 御用聞き営業のスタイルを脱却して提案型の人材を増やしたい
- ☐ 企業のトップの考えるビジネスの方向性を知っている人間が少ない
- ☐ 社員が自社のビジネスモデルを十分に把握していない
- ☐ そもそもビジネスモデルのデザイン手法を知らない
- ☐ ビジネス課題、問題を可視化する手法を持っていない
- ☐ 自社内でビジネス共通言語が存在しない
- ☐ グループや部署をまたがったディスカッションが少ない
- ☐ 他部署で何をやっているのか知らない
- ☐ 個々のビジネススキルにばらつきがある
- ☐ 収益改善のための施策を論理的に構築できない
- ☐ 社内の人材交流が停滞しており風通しが悪い

チェックシートで該当する数が多い場合は、BMGの研修の導入をお勧めします。

▶BMG研修受講者の声

ビジネスモデルの全体像が1枚で把握できるという点は非常に分かりやすい。また、顧客セグメントと顧客価値が起点となる考え方は非常に良いと感じた。早速現在携わっているプロジェクトで活用している

プロセスが具体的で事例も多く分かりやすい。研修を通じた体験を通じ、実務にも導入しやすいと感じた。早速ビジネスモデル組み立て時に活用したい

ビジネスモデル・キャンバスの有効性を感じることができた。ワンシートなので一目で分かりやすく、抜けや漏れのないビジネスモデルを描ける完成されたツールである

キャンバスを使うことで、強みの再認識、問題点の洗い出しや変化に対応する検討ができるなど、企画のベースとして使用できそう

などなど……

イノベーション人材育成のためのワークショップ

実際に企業でスキルアップ研修を行う際の注意点を解説します。BMGを企業に浸透させることで一層使いやすさが増します。

◆ スキルアップ研修　◆ 経営者視点　◆ ワークショップ

　ビジネスモデルデザインを主とするスキルアップ研修では、BMGのメソッドをより広く現場で活用するために重要なエバンジェリストやムードメーカーの育成を目的に行うことが多く、より現場のビジネスを意識したテーマの議論が求められます。

　管理職などシニアスタッフ向けの研修でも同様に、対象者のすべてが経営者視点を持ってビジネスに取り組むことを目指します。

　実際にビジネスの拡大や新規事業開発などのミッションを持っているメンバーを対象にする場合も多いですが、なるべく事業に関わる広い部署からキャンバスを描くためのメンバーを選出したほうが効果的です。

■ 現状への不満や否定が出そうなときは

　数多くの企業研修でファシリテーションしている筆者の経験では、いきなり現状のビジネスを意識したテーマを取り上げると、キャンバスの慣熟やメソッドの理解より、現場の課題や組織の不満など、ビジネスモデルとは違う問題意識にフォーカスされてしまうこともあります。そこで、はじめて行うワークショップなどでは、自由にディスカッションできるサンプルテーマなどで練習してから、徐々により現実的な課題を対象に検証していくようなプログラム構成をお勧めしています。

　ワークショップにおいてキャンバスを描くためのグループセッションに参加するメンバーは、必ずしも対象となるビジネスに精通していなくても構いませんが、最終的にはビジネスの市場環境や現状の流通ルートなどを熟知しているメンバーを加えたブラッシュアップが必要となります。ネガティブな体質を持っている組織の場合は、部署や業務のバックグラウンドなどがばらばらなメンバーを参加させ、思い込みやしがらみにとらわれない新たな見解や気づきが得られることを重視することも必要です。

■ BMGを日常の業務ツールとして浸透させる

　研修実施後は、グループでのワークショップの開催、フォローアップとしてのビジネスモデルの見直し、現場からのフィードバックなど継続的に集まる機会を多くして、自主的に現場で運用してもらえるまでモニターすることも重要です。

　そのため、定期的に外部ファシリテーターを迎えたワークショップを開催している企業もあります。これによって、定期的に情報をアップデートしたり、時間が経過した中で出てくるより深い疑問を解決したりする機会を増やすことができます。

　理想的には、エバンジェリストやムードメーカーになるようなメンバーのトライアル研修を行い、その後管理職や中堅層などに対する研修として、より幅広い層に普及させるためのワークショップを数回行いながら、より多くの組織メンバーがキャンバスを使いこなせるようになる環境を提供することで、最終的にはBMGが通常の業務ツールとして自然と浸透するようになります。

▶スキルアップ研修
〜イノベーション人材育成のためのワークショップ〜

研修の目的

- ビジネスモデル・キャンバスの概念を理解し、取り組むビジネスモデルのキャンバスを作成することで、ビジネスモデルの全体像をよりシンプルに把握する
- ビジネスモデルを明確にすることで、向かうべき課題を見つけ、新しい発見をする
- 現在のビジネスモデルから未来のビジネスモデルまで計画する手法を学ぶ
- 様々な部署のメンバーで意見を出し合うことで、視野を広げ、個人では思いつかないような発想を可能にする
- グループディスカッションを通じ「コミュニケーション力」を鍛える

タイムテーブル例

時　間	内　容
10:00－12:30	◎講義1：ビジネスモデル・キャンバスの理解 ・企業事例を使ったキャンバスの使いこなしワーク ・キャンバスに描くテーマを決め、フレームワークを使用したビジネスモデルの分析
12:30－13:30	（昼食休憩）
13:30－15:30	◎講義2：ビジネスモデル・キャンバスの構築 ・キャンバスの作成　・イノベーションワーク ・外部環境分析とキャンバスにおける照合と連携
15:30－16:30	◎講義3：ビジネスモデル・キャンバスの階層化 ・注力すべきブロック（要素）を絞り、キャンバスの改善・展開
16:30－17:30	◎講義4：シナリオに対応したビジネスモデルの構築 ・シナリオに基づき、最善のビジネスモデルをデザイン・構築

スキルアップ研修の目的およびタイムテーブル例は上記のようになります。

▶スキルアップ研修のワークショップで必要となる備品例

1グループ：（4〜5名を想定）

備品	詳細
ホワイトボード	講師用1台 参加者用4〜5グループ×1台、 可能ならば参加者用1グループ×1台 もし、参加者用のホワイトボードが集まらない場合には、模造紙を貼れるようなスペースや壁面を確保します
マグネットまたは、テープ	模造紙を壁やホワイトボードに貼るために使用します
模造紙	各グループ1枚（788mm×1091mm）
プロジェクターとスクリーン	各1台
付箋紙	75mm×127mm×数色 各グループに2〜3色×1セット
カラーペン	水性の細字用フェルトペン1人1本 付箋紙にはっきり書くために少し太めが望ましいです

スキルアップ研修でワークショップを行う際は、あらかじめ上記のような備品を用意しておくとスムーズに進めることができます。

全社研修や事業部研修でワークショップを開催する

組織や事業部単位などで新ビジネスに取り組む際に効果的なBMGとBMYを組み合わせたワークショップを紹介します。

◆ 全社研修　　◆ 事業部研修　　◆ チェックシート

　全社的または事業部単位で新規のビジネスに取り組む際には、当該ビジネスに関する共通認識と目標に向かう個々のモチベーションの向上が必須となります。そのため、組織のビジネスモデルデザインだけではなく、個人のキャリアのリ・デザインも含めたシームレスな研修により大きな効果が期待できます。

　その場合、組織のビジネスモデルデザインのメソッドであるBMGと個人のキャリアをデザインするBMYの両方を同時に行う研修をお勧めします。

■ 2つの研修を同時に行うメリット

　研修の1日目をBMGワークショップ、2日目をBMYワークショップとして2日連続で開催する場合、前日の疑問点を翌日に質問して解決できるため、忘却することなくメソッドの習得とビジネスモデルデザインに集中して取り組むことができます。

　一方、BMGワークショップの翌週、または2週後にBMYのワークショップを開催する場合、BMGのメソッドを自身の課題テーマにあわせていくつか試作することが可能になります。そのため、ヒアリングなどにより、より具体的な検証に必要な情報を調査でき、一層詳細な状況の把握や検証ステップを試せるようになります。また、具体的な疑問点は講師やファシリテーターと共有することで、より理解を深めることができます。しかし、参加メンバーのモチベーションによっては、時間が経ったことで、前回の内容を忘れていることもあり、途切れた集中を取り戻すためにファシリテーターの工夫などが必要になることもあります。

　どのような日程で研修を開催するかは、もちろん期待する効果にもよりますが、研修の満足度を向上させるためには参加メンバーにとって無理のないスケジュールを組むように配慮しなければなりません。

■ BMGはグループワーク、BMYはペアワークが基本

　BMGでは1グループ4〜5人程度のグループワークが基本のスタイルですが、BMYでは2人で行うペアワークが基本になります。筆者が講師を行う場合は、ペアの相手は参加者自ら、自主的にペア相手を見つけてもらうようにしています。参加者が偶数でない場合は、3人のチームで進めるか、予備のスタッフをあらかじめ準備しておくとスムーズに進行できます。

　壁面に個々のキャンバスを貼るスペースが必要ですが、全員のスペースがとりにくい場合もありますので、キャンバスを描く用紙を少しだけ小さくするなど、適宜調整して実施しましょう。ワークショップの会場やスペースの確保も、実施概要やそれぞれのワーク内容にあわせて、あらかじめ準備しておくことも必要です。

▶全社研修や事業部研修
〜組織のビジネスモデルと個人のビジネスモデルをシームレスに連携させる「BMG&BMY」ワークショップ〜

研修の目的

- ビジネスモデル・キャンバスの概念を理解し、取り組むビジネスモデルのキャンバスを作成することで、ビジネスモデルの全体像をよりシンプルに把握する
- ビジネスモデルを明確にすることで、向かうべき課題を見つけ、新しい発見をする
- ビジネスモデルYOUの概念を理解してパーソナルキャンバスを作成することで自分自身を客観的に分析する
- 自身のパーソナルモデルを明確にすることで、向かうべき課題や新しい発見を見つける
- 自分のストーリーを語り、ワークショップメンバーと共有する過程で様々な気づきを得たり、気づきのヒントを与えたりし、ワークショップ完了後も継続的な実行への手がかりを得る

プログラム例

1日目	2日目
ビジネスモデル・ジェネレーションの理解	自身のビジネスアイデアの改善ポイントの発表
ビジネスモデル・キャンバスの使いこなし	自身のビジネスをキャンバスに描く
他社事例から学ぶ	キャンバスの発表
イノベーションを起こすためのテクニック	キャンバスで行う自分自身のデザイン
自身のビジネスアイデアの要点分析と外部環境の分析、発表	自身のビジネスモデルのイノベーションワーク・発表
ビジネスアイデアからビジネスモデルへの追求ポイント	2日間の振り返り

BMG & BMYの両方を行うプログラムサンプル例は上記のようになります。

▶全社研修や事業部研修のワークショップで必要となる備品例

1グループ：(4〜5名を想定)

BMG用備品	詳　細
ホワイトボード	講師用1台 各グループ用　適宜 模造紙を壁に貼れるよう準備します。壁に貼ることが難しい場合は、ホワイトボードに貼ることで代用します
プロジェクターとスクリーン	各1台
付箋紙	75mm×127mm×数色 各グループに2〜3色×1セット
カラーペン(黒)	水性の細字用フェルトペン1人1本 細・太書き両用ペンの細書き部分でもOKです
模造紙	各グループ1枚（788mm×1091mm）

BMY用備品（※）	詳　細
① 無地の用紙	A1サイズ：1人1枚
① 付箋紙	75mm×127mm×2色 各グループに2色×2セット
② 無地の用紙	A2サイズ：1人1枚
② 付箋紙	75mm×75mm×2色 各グループに2色×2セット
③ 無地の用紙	A3サイズ：1人1枚
③ 付箋紙	75mm×25mm×2色 各グループに2色×2セット

※ワークショップ時に①〜③のいずれかを用意

ワークショップを行う際は、あらかじめ上記のような備品を用意しておくとスムーズに進めることができます。

新人、若手社員向け研修としてBMGのワークショップを開催する

ビジネスモデルや市場理解を深めるためには、可視化と分析力の強化を目的としたワークショップが効果的です。

◆ 新人向け　◆ 若手社員向け　◆ コミュニケーション能力の向上

　新人や若手社員、あるいは中途採用の社員に自社のビジネスモデルをより深いレベルで理解させ、即戦力となる人材を育成するための研修でも、キャンバスをツールとして取り入れたワークショップは、大変効果的です。一般的に、経営者が若手社員に求める要素としては、① コミュニケーション能力、② 主体性、③ 課題解決力の3つが挙げられます。

■ 基礎理解と課題意識を持つマインドセットを醸成

　BMGのメソッドとキャンバスの活用によって、ビジネスの基本となるフレームワークを実践的に学び、ビジネスモデルを構築する各要素の関係性や系統立てて進めるためのプロセスを理解します。基礎を理解し体験することで、常に課題意識を持つようなマインドセットが醸成されるように、内容を難しくするのではなく、進め方や解決能力を育成できるようなプログラム構成が求められます。また、ディスカッションを通じて、参加メンバーとの共有感を味わうことで、社内リレーションの活用や他部署との連携のきっかけ作りなど、コミュニケーション能力の向上の効果も期待できます。

■ 経営幹部の参加で得られる新たな視点

　新人や若手向けのワークショップでは、業界知識やビジネス企画の経験が少ないことを想定し、競合他社のキャンバス作成や自社事業の現状分析など構造的な可視化と分析力の強化を優先的に行うことで、より効果の高い研修を実現することができます。

　また、可能であればぜひ、経営幹部と一緒にキャンバスを作成するワークを加えてみてください。経営層が考える自社のビジネスモデルや顧客に提供すべき価値提案について、「なかなか直接触れることができない考え方を目の当たりにする機会が得られた」、「社長の頭の中にしかないと思ってたビジネスの展望を可視化できた」、「部分的に携わるだけだった自分の業務が全体のビジネスモデルにどのような影響や意味を持っているのか納得した」など、感想をたくさん頂戴し、大変好評です。

■ 新人、若手向けワークショップの効果

　このワークショップでは、以下のような効果を想定しています。

- ビジネスの基礎思考力を鍛え、業務に取り組む姿勢を見直させる
- 汎用性の高いシンプルなフレームワークを身につけることで、ビジネスの焦点をズレにくくする
- ひとりだとどうしても偏りがちな思考を取り払い、実践的な知識を身につけさせ、社員間のコミュニケーションも深める
- 競合他社や顧客の理解により、現場のビジネス推進に必要な視点や気づきを与える
- 様々なビジネスをビジネスモデルで分析・可視化するための手法を習得させる

▶新人、若手社員向け研修
～ビジネスモデルや市場理解を深めるためのワークショップ～

■研修の目的
ワークショップは以下のような目的で行われます。

・ビジネスの本質とは何か
・利益が生まれる仕組みとは
・顧客が求める自社の価値とは

■プログラム例

日　程	内　容
13:00～14:00	「ビジネスモデル・ジェネレーション（BMG）」講義
14:00～16:00	「ビジネスモデル・ジェネレーション（BMG）」演習
16:00～17:00	各チームで作成したビジネスモデル・キャンバス、共感マップの発表

新人、若手社員向け研修の目的およびプログラム例は上記のようになります。

▶経営幹部といっしょに行うワークショップ

若手が知りたい幹部の考え方を、ワークショップを通じて可視化し伝える機会を作ることができます。ビジネスモデルをデザインしたオリジナルの設計思想を共有する重要な機会としても効果的です。

Business Model Generation WORK SHOP

chapter 4
個人をビジネスモデル化してデザインする

Pers

onal Model

▶ 自分自身をビジネスモデルとしてデザインする

個人のキャリアを"リ・デザイン"するために最適化したフレームワーク『ビジネスモデルYOU』を紹介します。

◆ビジネスモデルYOU　◆ビジネスモデル　◆モデリングアプローチ

近年、私たちの働き方は大きく変化していますが、組織やビジネスとの個人の関わり方も同様と言えます。

世界的にBMGに大きな関心が寄せられ、広く普及している理由のひとつに、ビジネス環境の予測が難しく、計画通りに進みにくいことがあります。まさにこれからは、個人の働き方はもちろん、生き方も同じように環境の影響を受けることを考えなければなりません。

一方、組織においてイノベーションを推進しようと考えているプロジェクトリーダーは、こうした個々のマインドセットに配慮することが求められます。たとえば、ビジネスモデル・キャンバスにおいても、キーリソースとして人的リソースが欠かせない組織では、個人のモチベーションが組織の生産性アップやビジネスの成功のために、必要不可欠なエンジンになります。

■『ビジネスモデルYOU』のフレームワークを活用する

BMGが提唱するモデリングアプローチは、"走りながら考える"、"試しながら修正していく"ですが、このアプローチは決していきあたりばったりということではありません。

自分が置かれている状況を客観的に把握し、課題を明確にしながら改善策に取り組むことは、成り行きで物事を進めるのとは大きな違いがあります。いくつもの可能性をデザインし、自らが意図的にそれをコントロールしながら、実行していくというのがポイントになります。このようなアプローチは、企業や組織だけでなく、個人の場合にも適用されます。

そして、『ビジネスモデルYOU』のフレームワークを活用すれば、自分自身をビジネスモデルという視点で分析・理解してデザインし、より多くの可能性をハンドリングしていくことができるようになります。

『ビジネスモデルYOU』（以下BMY）は、筆者の長年の友人であるティム・クラーク氏がBMGをベースにして、個人のモデルを"リ・デザイン"するために、より最適化したフレームワークとして知られています。自分の強みや、大切にしている価値観は何か？ 社会にどんな価値を提供できるのか？ そして、これからどんな能力を高める必要があるのか？ など、自分自身の価値を見直した上で、意図的にキャリア開発を行うための画期的な手法なのです。

■ 個人のビジネスモデルは、すでにモデリングアプローチ

多くの方々は、なりたい職業に計画どおりに進むことはなく、どちらかといえば成り行きで今の職業に就いていることが多いと思います。しかし、実は個人のキャリアにおいて、すでに多くの人が、計画を用いるのではなく、無意識のうちにモデリングアプローチを使っています。もちろん、若い時から「医者になりたい」とか「エンジニアになりたい」と思って、スムーズに一直線でその職業に就く幸せ

な人もいるのですが、多くの人たちは、行ったり来たりを繰り返します。こうした試行錯誤に代わって、モデリングアプローチであるビジネスモデルを使うことで、意図的なキャリアデザインに取り組むことが可能になります。

■ ビジネススキルだけで個人を評価できない時代に

従来、ビジネスの世界における評価の基準のひとつとして、ビジネススキルがあります。営業スキルやソフトウェアの開発スキルなどがそれにあたります。ですから、企業研修でもこうしたビジネススキルに特化した研修が多く実施されました。

また、少し前にはビジネスをいかに滞りなく進めるかという観点で、よいアイデアとそのプラニング能力が注目されました。また、プロジェクト管理やプロジェクトの収支計画などがうまくいくように注力してきた人も多いことと思います。起業家のようにプロジェクトや組織が継続的に活動できるようハンドリングすることは、経営者はもちろんですが、すべてのビジネスパーソンに必要です。

このほか、最近のビジネスパーソンにとって最も重要なことのトレンドは、最適なビジネスモデルをいかにデザインできるかということにフォーカスが移っています。

■ プロフェッショナル・アイデンティティの重要性

「WORK＝働く」という言葉の意味を考えたことはありますか？
BMYにおける「WORK＝働く」とは、"誰かを助ける"という考え方です。自分が誰かを他社よりも上手に助けることができれば、それは価値になります。また、その"誰か"を顧客と考えれば、自分が他社より顧客を上手に助けられることに対して、お金を支払ってもらえるということになるわけです。

そのような価値を作り上げるには、私たち自身のプロフェッショナル・アイデンティティを確立することが重要です。プロフェッショナル・アイデンティティとは、仕事におけるジョブタイトルや役職ではありません。自らの役割と責務を十二分に果たすとともに、自分をブラッシュアップしながら、常に自分を変えて行くための力であり、自分が目指すゴールへの"道しるべ"にもなるものです。

最終的な目的地に向かうために、どうしたら自分のプロフェッショナル・アイデンティティを確立できるのかを考えながら、目指すべきキャリアをデザインするアプローチを探っていきましょう。

▶人的リソースはビジネスモデルの重要なエンジン

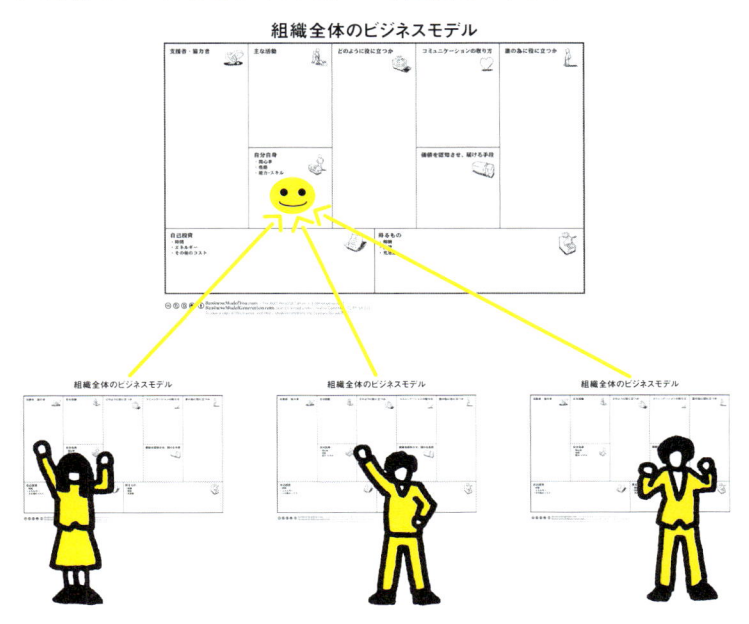

個人のビジネスモデル・キャンバスの使い方

BMGのメソッドがベースとなったBMYのキャンバスの使い方について解説します。

◆ビジネスモデル・キャンバス　◆ビルディング・ブロック　◆キーリソース

BMYはBMGのメソッドがベースになっています。そのため、最もコアとなるキャンバスも同じ9つのビルディング・ブロックで構成されています。基本的には、同じフレームワークですが、その解釈や記載する要素が個人向けに少し異なります。

BMGのキャンバスとはどこが違うのか

個人のビジネスモデル・キャンバスについてどんな要素を記述すればよいか簡単に説明しておきましょう。

BMYで使用するキャンバスは、BMGのキャンバスがベースになっていますので、利用する要素はほとんど同じですが、少しだけ異なる解釈をします。また、書き始める順番は、自分自身から記述していきます。さらに、自分ならではの活動となる主な活動を記述します。そして、誰の為に役に立つかを記述していきます。ここからはBMGの時と同じ順番で大丈夫です。

また、自己投資や得るものについてもストレス、満足度など、数値化できない要素も考慮していきますが、組織の場合は、基本的には金銭上のコストや収入のみを考えます。

特に、最初に考える自分自身は、自分はどんなことに関心があるのか、またどういった天性の能力が備わっているのか、あるいはどういった経験やスキルがあるのかを棚卸するイメージで考えていきます。人に好かれる、顔が広いなども実は重要なリソースになりますので、自分の長所や短所などからも探っていきましょう。

▶BMYのキャンバスに記述する内容

1. 自分自身 あなたはどんな人？ どんなリソースがある？	●あなたが最も興味のあることは何ですか？ ●あなたの性格は？ 人と関わることが好き？／それとも情報やアイデアが好き？／身体を使うことや屋外での仕事が好き？ ●あなたの主な能力（持って生まれたもの）とスキル（経験と訓練で身につけたもの）について説明すると？
2. 主な活動 あなたならではの 大事な取り組みは？	●日々あなたが行っている、2〜4つの重要な活動は何でしょうか？
3. 誰の為に役に立つか 誰の役に立ちたい？ 誰の為になりたい？	●日々仕事で、直接的にも間接的にも誰を助けていますか？ ●誰が最も重要な顧客でしょうか？
4. どのように役に立つか どう役に立ちたい？ どう為になりたい？	●あなたは顧客を具体的にどのように助けていますか？ ●あなたは顧客のどんな仕事を助けていますか？ ●あなたは各顧客に対し具体的にどんなサービスを提供していますか？ ●あなたは顧客のどんなニーズを満たしていますか？ ●あなたが顧客に提供している価値の本質を説明してください。
5. 価値を認知させ、届ける手段 どう知らせる？ どう届ける？	●顧客はあなたをどのようにして知ることができますか？ ●具体的にどのようなチャネルを通じて価値を届けていますか？ ●チャネルは誰が所有していますか？あなた？それともあなたの会社？
6. コミュニケーションの取り方 どう顧客と関わり、接する？	●あなたが助けている顧客とどのように関わりを持っていますか？ ●顧客はどのような関係性を築き、維持していくことを期待していますか？
7. 得るもの 何を手に入れる？	●あなたの顧客はあなたのどんな支援に対して喜んでお金を払いますか？ ●あなたが得ている報酬や手当てについて説明してください（満足感、専門性の開発、社会貢献の感覚やその他を含めてください）。
8. 支援者・協力者 鍵となる協力者たちは誰？	●あなたが顧客に価値を提供する時にあなたを助けているのは誰？ ●それ以外にあなたを支援しているのは誰？どのように？
9. 自己投資 何を費やす？	●あなたは仕事において何を与えていますか？あるいは働くために何をあきらめていますか？（時間、エネルギーなど） ●どのキーアクティビティが最も高い代償となっていますか？（消耗する、ストレスが多いなど） ●あなたの仕事で高い代償となるものを挙げてください（出張、その他経費など）。

個人のビジネスモデル・キャンバス（パーソナル・キャンバス）

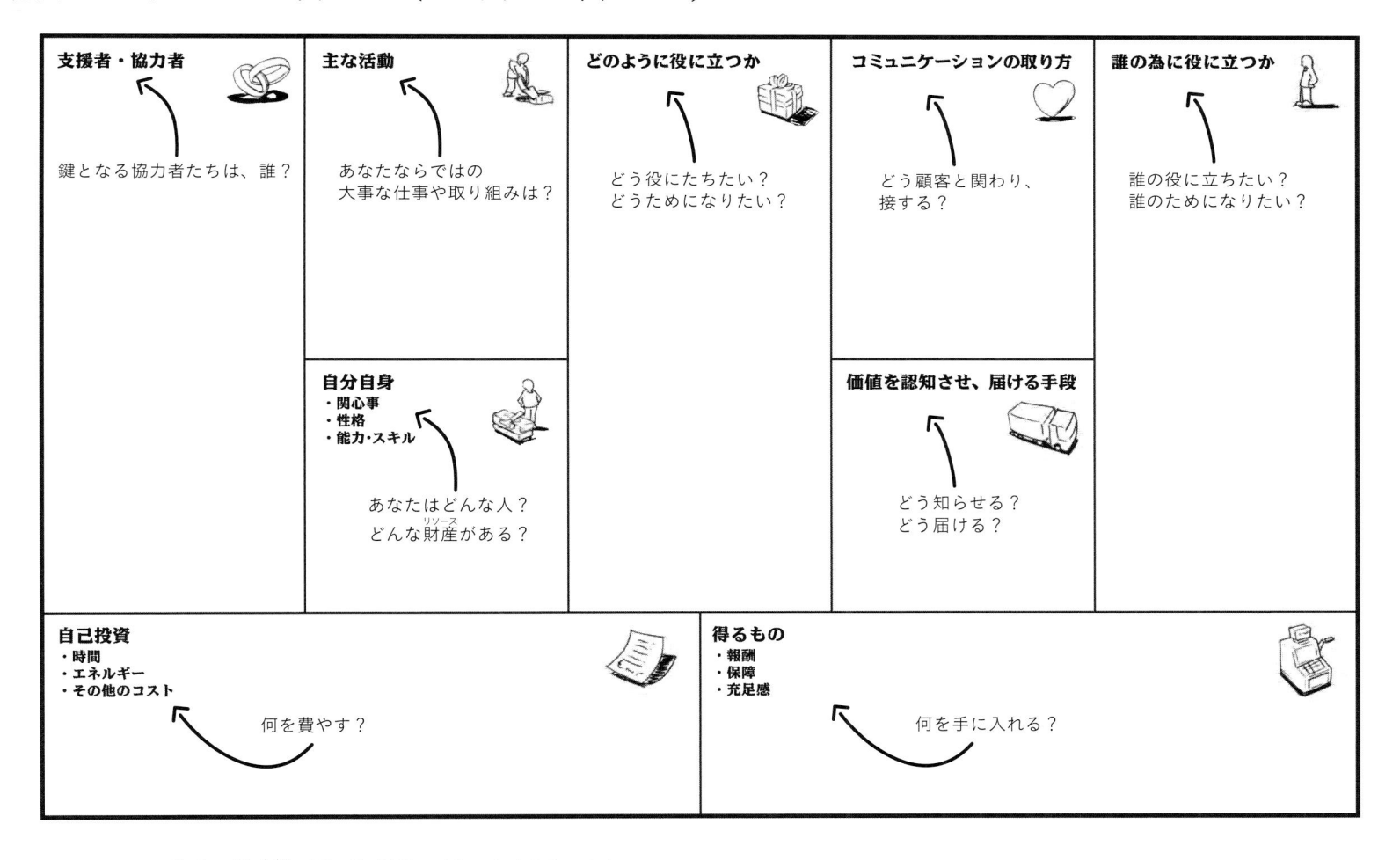

支援者・協力者	主な活動	どのように役に立つか	コミュニケーションの取り方	誰の為に役に立つか
鍵となる協力者たちは、誰？	あなたならではの大事な仕事や取り組みは？	どう役にたちたい？どうためになりたい？	どう顧客と関わり、接する？	誰の役に立ちたい？誰のためになりたい？
	自分自身 ・関心事 ・性格 ・能力・スキル あなたはどんな人？ どんな財産（リソース）がある？		**価値を認知させ、届ける手段** どう知らせる？ どう届ける？	

自己投資 ・時間 ・エネルギー ・その他のコスト 何を費やす？	得るもの ・報酬 ・保障 ・充足感 何を手に入れる？

BusinessModelYou.com – The BMY Personal Canvas is a derivative work of BusinessModelGeneration.com, and is licensed under Creative Commons CC BY-SA 3.0.
To view a copy of this license, visit http://creativecommons.org/licenses/by-sa/3.0/

▶ 働き方のスタイルを見直してみる

自分のビジネスモデルを作る前に、どうしたら満足できる働き方を得られるのかを考えてみましょう。

◆ セルフデザイン　◆ セルフプロデュース　◆ セルフマーケティング

　仕事は、「生きるための糧である」「収入を得る手段である」「社会とのつながりである」「生きがいである」というように、人それぞれにとって持つ意味は、異なるものだと思います。しかし、仕事というものが、自分の生き方において大きな意味をもつことは大変幸せなことだと思いませんか？

■ 満足できる働き方ができる人は少ない

　BMYでは、先に述べたように、"働く"ことを、"誰かを助ける"という視点で考えます。作業でも与えられた仕事でもなく、自分がいかに上手に誰かを助けているか？　という観点から、自分をデザインしていきます。この"誰か"というのは、皆さんの雇用主や組織かもしれませんし、顧客企業や個人かもしれません。セルフデザインした自分をセルフプロデュースし、適切な顧客に自分の価値をわかってもらうためのマーケティングコミュニケーションを行い、その価値を顧客のもとに届けることで自分自身のビジネスモデルが成立します。とはいえ、現実的に満足できる働き方ができている人は、そう多くはないのではないでしょうか？

■ 働き方のスタイルは人それぞれ

　昨今、個人事業主、契約社員、フリーランスなどこれまでの雇用とは違った就業スタイルの割合が年々増しています。こうした就業スタイルは、能力に応じた収入が得られたり、時間的な拘束が少なかったりするメリットがある反面、安定的な収入の確保ができない、または希望する業務に必ずしも就けないなどのデメリットもあります。

　つまり、自分自身を商材としていかに上手に売り込むことができるかが、キャリアデザインの成否を左右すると言っても過言ではありません。組織のビジネスモデルと同様に自分自身をビジネスモデルに置き換えて、客観的に分析することが求められています。

■ 組織に帰属していても必ずしも安泰ではない

　自らが進んで"積極的に働き方を見直そう"、"新たな手法で、将来的なキャリアデザインを見直したい"といったポジティブな理由から自分のビジネスモデルに取り組みたい方がいる一方で、"帰属している会社の経営状態が悪化している"、"なかなか希望の就職口が見つからない"など危機感からキャリアのリ・デザインを考えようと思う方もいらっしゃるでしょう。

　いずれの場合も、組織のビジネスモデルと同様に、外部環境の変化から大きな影響を受ける以上、必要に応じて、自分のビジネスモデルも変化させ、検証によって改善を行う必要があります。

　自分自身を見つめ直すことは、生き方を見直すことにもつながります。デザインしたモデルは、明日からの行動を変えるきっかけにもなるかもしれません。ご自身のキャンバスを描くことから始めてみませんか？

chapter 4 　個人をビジネスモデル化してデザインする

▶誰かのために役立つ仕事をデザインする

顧客が困っていることに、自分がいかに上手に役立っているか？　という視点が、"働く"ということの根本だと考えていきましょう。誰かのために役立つ仕事をビジネスモデルとしてデザインしていきます。

▶キャンバスで客観的に自分を可視化する

個々のキャンバスは、自分の納得のいくデザインをとことん追求し、いかに実現させるかを客観的に可視化するためのツールです。組織のキャンバスに比べ、より自分の思いや性格、満足度などソフト的な要素を加味して考えることが満足感を向上させるポイントになります。

ケース1-1：業界再編のために転職を検討する

キャリアをリ・デザインしたことで、これまでとはまったく違う業界に入ることになった事例を紹介します。

◆ 半導体メーカー　　◆ 早期退職プログラム　　◆ リ・デザイン

リ・デザイン事例として、技術者の坂本氏の例をご紹介しましょう。

坂本氏は、半導体製造メーカーに30年近く勤務してきました。同業企業からの転職組として、開発チームのリーダーを務めるなど経験豊富な技術者としてここ10年余りは、プロジェクトの管理者を任されることも多くなっていました。管理職になったことで、給与も上がり組織内でも一目置かれる存在として順調に実績を積むことができました。管理業務とエンジニアとしての現場業務の両立のために業務量が増えたことに大きな不満はありませんでした。

基本的に温和でコミュニケーション能力も高い坂本氏は、同僚や部下からの信頼も厚く、仕事への不満は少し残業が多いことくらいでした。

しかし、状況が一変したのが昨年です。近年、国内での半導体の製造は大幅に海外企業にそのシェアを奪われ、すでに競合他社も含め縮小傾向にありました。業界再編の波は、坂本氏の会社にも例外なく及び、以前の競合他社との合併や海外メーカーとの経営統合など会社の状況がどんどん変化し続けました。

■ 早期退職プログラムを活用して転職活動

今年、さらなるニュースが坂本氏を驚愕させました。今まで国内で行っていた一部の開発事業部がすべて国外のグループ会社に移行され、すべての社員にほかの事業部への転属が言い渡されました。また、中間管理職以上はすべて早期希望退職の対象となることも同時に発表されました。

早期退職は、希望する者のみとはいえ、事実上今までのスキルを活かす部署がなければ、居場所がなくなることは目に見えていました。

坂本氏は、こうした事態に何も準備してこなかったことを悩みましたが、将来への展望が見えない中、このまま会社に残ることだけに固執することが自分にとって幸せではないと思うようになりました。そこで、早期退職プログラムを活用しながら、転職活動を積極的に展開することにしました。

■ キャンバスでキャリアをリ・デザイン

坂本氏は、早速自身の今までの経験や活動を振り返りながらキャンバスを作成してみました。

作成してみて、一番難しかったのは、自分自身でした。実際にどのようなリソースを持っているのか、客観的に考えたことがなかったからです。また、改めて誰をどのように助けていきたいか見直すことで、自分はどのような意識で働いてきたかを再認識することになりました。従来は、過去の技術スキルや経験を「売り」にすることが常識でした。しかし、これからの時代は、業務スキルだけでなく、パーソナルスキルとでもいうべき特徴をいかにアピールしていくかも重要な観点になってきます。

chapter 4　個人をビジネスモデル化してデザインする

坂本氏のキャンバス（転職）

支援者・協力者	主な活動	どのように役に立つか	コミュニケーションの取り方	誰の為に役に立つか
信頼できる上司 妻	プロジェクト管理業務の推進 開発チーム支援 チームの教育	①適切なマネジメントによる 　プロジェクトの生産性 ②課題解決能力 ②コミュニケーションハブ ③安定した生活	プロジェクトの維持： 対面 メール	①~~自分の会社~~ ②チームメンバー ③家族
	自分自身 ・関心事 ・性格 ・能力・スキル 聞き上手 人の調和や輪を保つ 開発・設計スキル 技術経験、ノウハウ		価値を認知させ、届ける手段 メール 社内SNS オフィス 会議	

自己投資	得るもの
・時間 ・エネルギー ・その他のコスト 技術力の向上のための情報収集や学習 残業	・報酬 ・保障 ・充足感 報酬　給与 顧客の感謝、信頼 部下や同僚の信頼

> 自分自身に着目し、技術的なスキルだけではない自分そのものというリソースに着目していくことが重要です。自分なりの特徴を活かせる働き方や本来持っている能力などもキャリアの見直しの大きな手掛かりになります。

BusinessModelYou.com – The BMY Personal Canvas is a derivative work of
BusinessModelGeneration.com, and is licensed under Creative Commons CC BY-SA 3.0
To view a copy of this license, visit http://creativecommpns.org/licenses/by-sa/3.0/

ケース 1-2：顧客を変更してリ・デザインする

リ・デザイン後のビジネスモデルでは、自分自身を象徴するリソースを見つけ、可能性を探ります。

◆ 自分のリソース　◆ ジョブスキル　◆ 介護サービス

では、坂本氏自身のビジネスモデルをキャンバスに描いて検証していきましょう。誰の為に役に立つかに、給与を支給してくれる会社を一番に記載し、チームメンバー、さらに家族を記載しています。今回、会社の状況が悪化していることから最重要顧客である会社が誰の為に役に立つかのブロックからはずれることを想定します。その場合のキャンバスのリバイズを考える上で、自分の本質を象徴する自分自身に着目していきます。転職を検討する場合、今、持っている自分のリソースの見直しによる棚卸は非常に有効です。

自分自身のリソースに再び着目

坂本氏は、棚卸の結果、開発プロジェクトでのリーダー経験などが最も転職でアピールするポイントだと考え、転職サイトなどで転職活動を実行に移しました。しかし、国内ではすでに同業他社も業界再編の苦境という状況は同じであるため、同業界での転職は難しいと判断せざるを得ないことになりました。

ここで、留意すべきは役職やジョブスキルにだけ注視せずに、もともと自分が持っている資質や性格、先天的な能力などにも目をむけてみるということです。坂本氏は、経験によるプロジェクト管理の経験・スキルを優位性として活動してきましたが、同業界でなければこの経験はそれほど大きな差別化になりません。そこで、新しいキャンバスでは、温和で聞き上手である、コミュニケーションスキルが高い点などに大きく目を向けた場合、自分にどのような可能性が生まれるかを検討しました。

自分はどんな人間なのか

「自分自身」には、「自分がどんな人間なのか」に注目した要素を記載していきます。具体的には、関心、能力・スキル、個性、自分が持っている知識、経験、個人的・専門的人脈など、有形・無形のリソースを指します。そこから能力とスキルを考えます。能力とは、その人の生まれ持っている才能であり、スキルは、訓練や学習などによってもたらされた技能を指します。技能には看護、財務分析、建築、コンピュータプログラミングなどがあります。

坂本氏は、もともとムードメーカーとしてチームのモチベーションの向上に貢献していたことを上司に評価されて管理職に昇進しました。また、エンジニアとしての経験や能力も十分に評価されていたため、チームにおいても大いに能力を発揮していました。

そこで、全く異なる業種ではありますが、同じようにチーム作業が要求されるニーズがないか調べました。すると成長業界である介護サービスの世界ではチームで動くことが多く、メンバーを引っ張る役目に大きな価値があると知りました。その後、無事介護サービス企業でグループリーダーとして新しい雇用先を見つけられました。給与はやや下がったものの、勤務先が自宅に近くなって家族と過ごす時間を増やすことができ、新しい仕事に挑戦する意欲が湧き、再スタートに大きな満足感を得られる結果となりました。

chapter 4 個人をビジネスモデル化してデザインする

新しい坂本氏のキャンバス（転職）

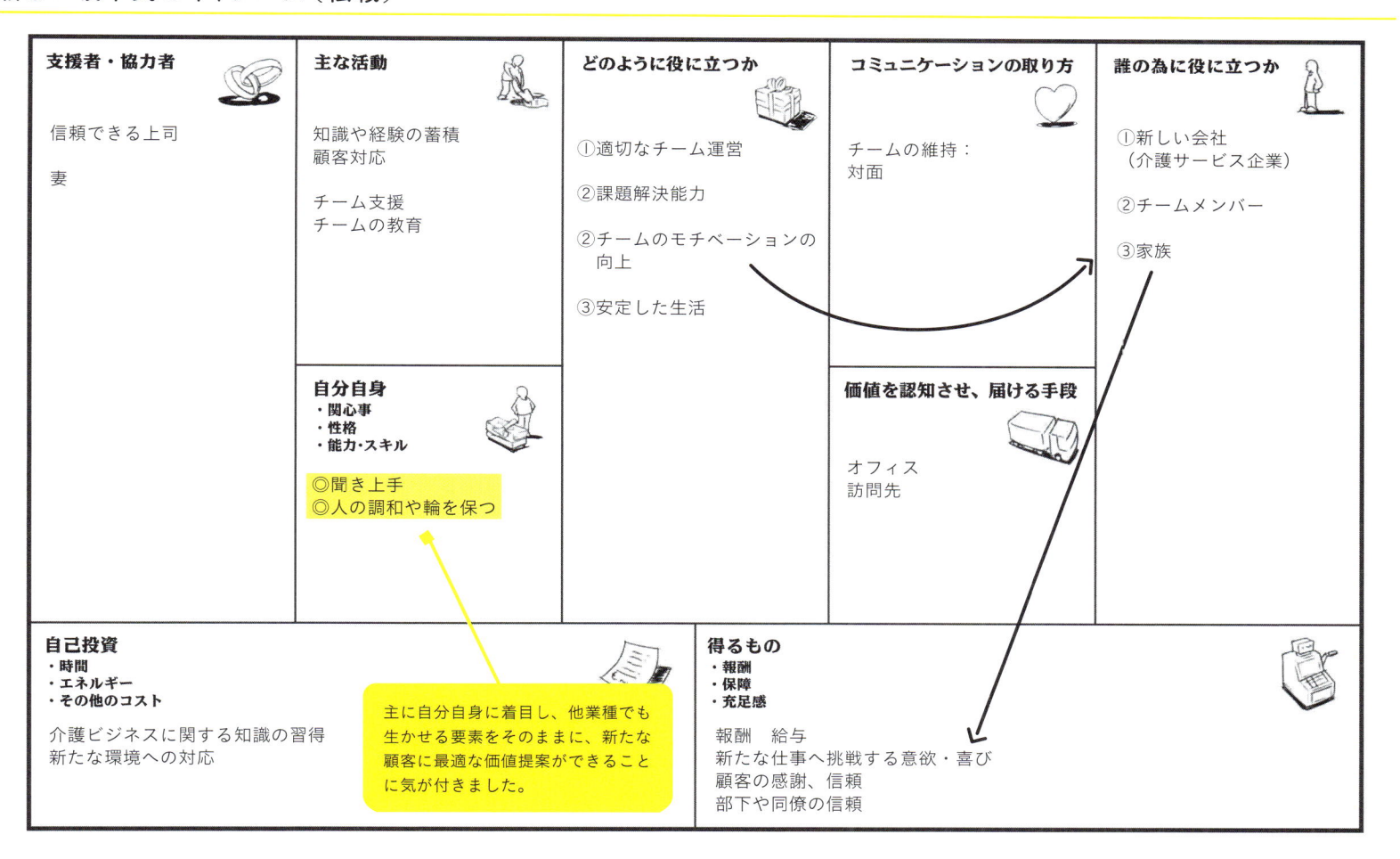

支援者・協力者
信頼できる上司

妻

主な活動
知識や経験の蓄積
顧客対応

チーム支援
チームの教育

自分自身
・関心事
・性格
・能力・スキル

◎聞き上手
◎人の調和や輪を保つ

どのように役に立つか
①適切なチーム運営

②課題解決能力

②チームのモチベーションの向上

③安定した生活

コミュニケーションの取り方
チームの維持：
対面

誰の為に役に立つか
①新しい会社
（介護サービス企業）

②チームメンバー

③家族

価値を認知させ、届ける手段
オフィス
訪問先

自己投資
・時間
・エネルギー
・その他のコスト

介護ビジネスに関する知識の習得
新たな環境への対応

> 主に自分自身に着目し、他業種でも生かせる要素をそのままに、新たな顧客に最適な価値提案ができることに気が付きました。

得るもの
・報酬
・保障
・充足感

報酬　給与
新たな仕事へ挑戦する意欲・喜び
顧客の感謝、信頼
部下や同僚の信頼

BusinessModelYou.com – The BMY Personal Canvas is a derivative work of BusinessModelGeneration.com, and is licensed under Creative Commons CC BY-SA 3.0
To view a copy of this license, visit http://creativecommpns.org/licenses/by-sa/3.0/

新たなキャンバスでは、全く異なる業種に転職しても今までの経験を活かし、自分の得意なコミュニケーション能力を活かせる働き方を見出すことができました。

95

ケース２：独立起業を検討する

自分の好きなことを活かして夢をかなえるべく、フラワーアレンジメントのショップを起こした事例を紹介します。

◆ フラワーアレンジメント　　◆ プロフェッショナル・アイデンティティ　　◆ スモールスタート

フラワーアレンジメントの資格取得者山村氏は、家電メーカーのOLとして10年の勤務経験がありました。実家が、生花の生産農家である山村氏は、子供のころからたくさんの花に囲まれて育ったこともあり、6年前からフラワーアレンジメントの教室に通ってきました。当初は、趣味として花を活けることを楽しんでいました。

もともとセンスの良い山村氏のアレンジは友人からも好評で、趣味の延長で何度か依頼を受けては、好みやイメージからオリジナリティの高いアレンジを工夫することに喜びを感じていました。また、通っていたフラワーアレンジメント教室で講師のアシスタントを務めるなど、花に親しむ生活がより大きな満足を感じる拠り所になっていました。

■ 自分の専門性を道しるべにして夢をかなえる

手に職と言われるように、自分の専門性が顧客に価値を提供できることは、大きな優位性になります。自分が、新たな道を模索する際に、道しるべとして大きな手がかりになるのが、もともと好きなことです。好きなことなら、携わることにより熱心になり、努力を惜しみません。ですから、自分がどんな趣味を持っているか、何に関心があるかを問いながら、自分自身を振り返ってみることです。そうした自分のコアになるもので専門性をより高めていくことができれば、それは大きな武器になります。プロフェッショナル・アイデンティティは、目指すべきゴールではなく、自分が進むべき道への方向性を示すものになります。

知人の結婚式のブーケを制作したことをきっかけに、漠然とですが「いずれフラワーアレンジメントの店を経営したい」と思うようになりました。OL生活で少しずつではありますが、起業資金も貯められたので一念発起することを検討しました。

山村氏のキャンバスを見てみましょう。キャンバスは、ビジネスモデルとして成立するように考えていきますので、他者と比べるのではなく、自分なりのモデルを上手にデザインしていけば、きっかけやチャンスはいつでも作り出すことができます。

山村氏も実家の生花生産農家のコネを最大限に活用し、仕入れコストを限りなくゼロに近づけたり、フラワーアレンジメント教室にスペースを借りたりするなど、スモールスタートでの低リスクな独立をうまく成立させました。山村氏のフラワーアレンジメントの大きな特徴は、生花が新鮮で長持ちすること、生花の知識が豊富なので顧客のイメージやリクエストに応じて珍しい花を取り入れることにあります。また、生花生産農家の話題や花にまつわるストーリーや花束のお手入れ方法をコンテンツとして提供して口コミで話題になり、人気を博しています。

このケースは、自分が置かれた環境や好きなことを最大限に活用し、顧客に喜んでもらえるビジネスモデルをデザインできた好例です。

chapter 4　個人をビジネスモデル化してデザインする

山村氏のキャンバス（フラワーアレンジメントショップ開業）

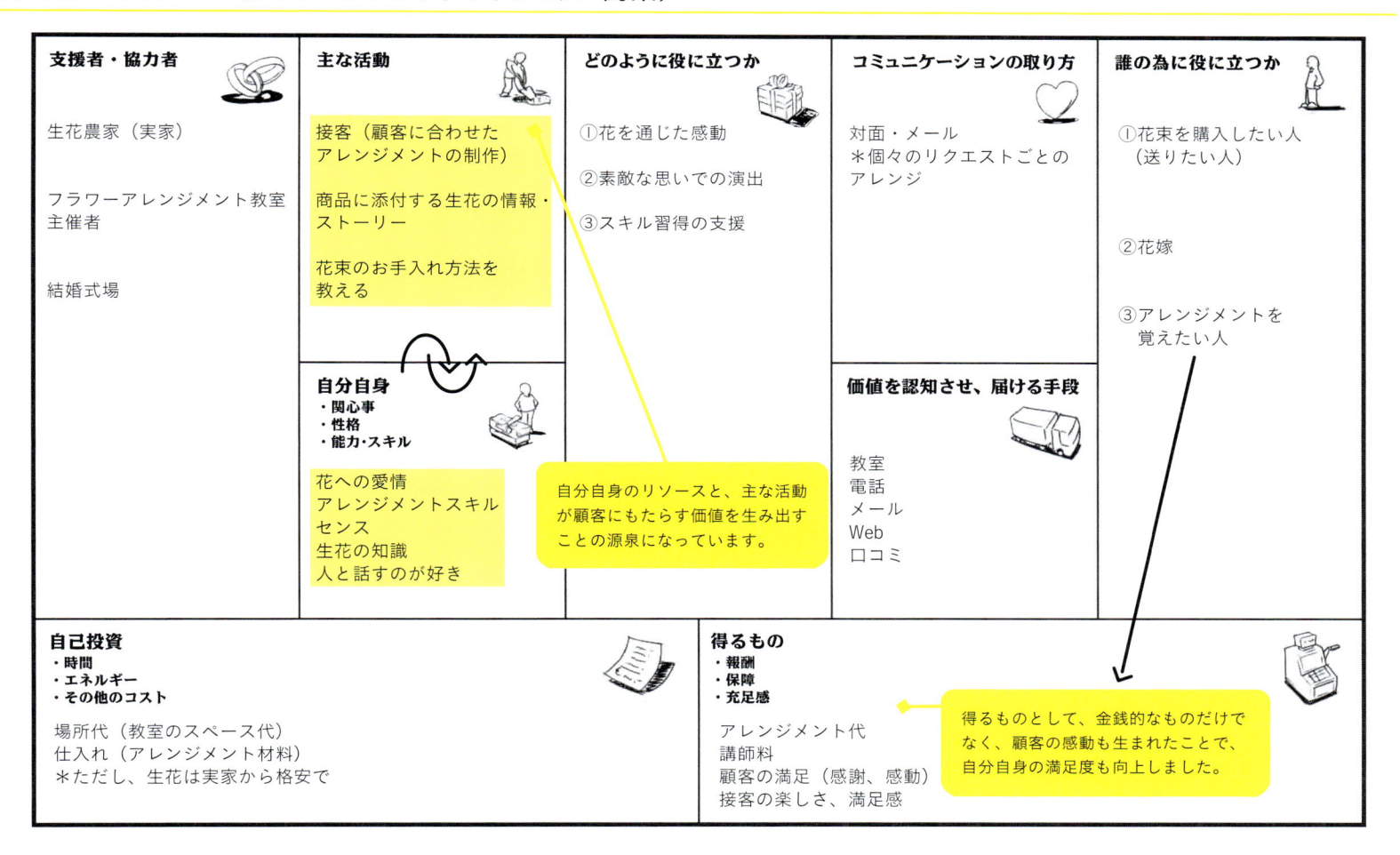

支援者・協力者	主な活動	どのように役に立つか	コミュニケーションの取り方	誰の為に役に立つか
生花農家（実家） フラワーアレンジメント教室主催者 結婚式場	接客（顧客に合わせたアレンジメントの制作） 商品に添付する生花の情報・ストーリー 花束のお手入れ方法を教える	①花を通じた感動 ②素敵な思いでの演出 ③スキル習得の支援	対面・メール ＊個々のリクエストごとのアレンジ	①花束を購入したい人（送りたい人） ②花嫁 ③アレンジメントを覚えたい人
	自分自身 ・関心事 ・性格 ・能力・スキル 花への愛情 アレンジメントスキル センス 生花の知識 人と話すのが好き		**価値を認知させ、届ける手段** 教室 電話 メール Web 口コミ	

※ 自分自身のリソースと、主な活動が顧客にもたらす価値を生み出すことの源泉になっています。

自己投資	得るもの
・時間 ・エネルギー ・その他のコスト 場所代（教室のスペース代） 仕入れ（アレンジメント材料） ＊ただし、生花は実家から格安で	・報酬 ・保障 ・充足感 アレンジメント代 講師料 顧客の満足（感謝、感動） 接客の楽しさ、満足感

※ 得るものとして、金銭的なものだけでなく、顧客の感動も生まれたことで、自分自身の満足度も向上しました。

BusinessModelYou.com – The BMY Personal Canvas is a derivative work of BusinessModelGeneration.com, and is licensed under Creative Commons CC BY-SA 3.0
To view a copy of this license, visit http://creativecommpns.org/licenses/by-sa/3.0/

ケース3：自分を新しくデザインする

地域貢献を通じて、自身の新たな価値を発見した事例を紹介します。

株式会社co-meeting
取締役CTO
吉田 雄哉 氏
よしだ・ゆうや

◆ 人材育成　◆ 地域貢献　◆ ヒーロー

　吉田氏は、2011年に同僚4人と株式会社co-meetingを設立し、社名と同じリアルタイムコラボレーションツール「co-meeting」を提供しています。同時に「パブリック・クラウド・エバンジェリスト＝パクえ」として、業界でも知る人ぞ知る名物エンジニアのひとりです。ベンダーを超えた技術コンサルティングに定評があり、様々な企業や団体にその経験を伝える活動を行っています。

■ 秋田県横手市のプロジェクトに参加

　そうした取り組みの中で、特に力を入れている活動が、秋田県横手市商工会議所が主催する「ITエースをねらえ!!」プロジェクトです。2012年6月から行われているプロジェクトで、2014年6月で第8回となります。プロジェクトの目的は以下の通りです。

①次世代のIT人材を見つけ、地域のIT化を担うリーダーを育成すること。
②交流の促進と個々の伝える力や引き出す力、見つける力を伸ばすこと。

　このプロジェクトは、横手市商工会議所のメンバーを中心とし、秋田県や横手市からも後援を受けている活動です。これまで、地元のITエンジニア向けの様々なセミナーや、中学、高校、大学生のための開発ハンズオンセミナー、地域企業の経営者向け情報セキュリティに関するセミナー、さらにハッカソン（「マラソン」と「ハック」を組み合わせた言葉で、24時間で成果物を作り上げる開発イベント）、開発合宿などを行ってきました。最新情報に精通するインフルエンサーが講師として、地元に足を運んでいることも特徴のひとつです。

　吉田氏は、その講師として地元からも厚い信頼を受けています。プロジェクトは、SNSを活用しての地域情報を発信するなど新たな取り組みとして注目され、その活動は、第6回フクオカRuby大賞で「まつもとひろゆき特別賞」を受賞しました。初めてプログラムやデザインを学ぶ人から上級者まで各層の人材育成と、クラウドを業務で利用できる人材の育成を行っている点が高く評価されました。

■ BMGのワークショップを開催

　吉田氏は、このプロジェクトで技術的なセミナーだけでなく、BMGのフレームワークを伝えるワークショップを開催したいと提案し、ビジネスモデル・キャンバスを学ぶ回を実施しました。そこで、参加者の企業や地元の公共施設などをテーマにし、人気のある施設と寂しい施設の違いなどを探りました。

　吉田氏はこうした活動を通じて、会社での自分の役割だけでなく、自身の持っている情報や知識を、もっと広い視野で役立てたいという思いを持つようになりました。

　吉田氏は、実際にワークショップでファシリテーションをしなが

chapter 4　個人をビジネスモデル化してデザインする

▶盛況だったワークショップ

「ITエースをねらえ!!」プロジェクトの一環として、開催されたBMGワークショップの一コマです。

▶「ITエースをねらえ!!」吉田氏（パクえ）のキャンバス

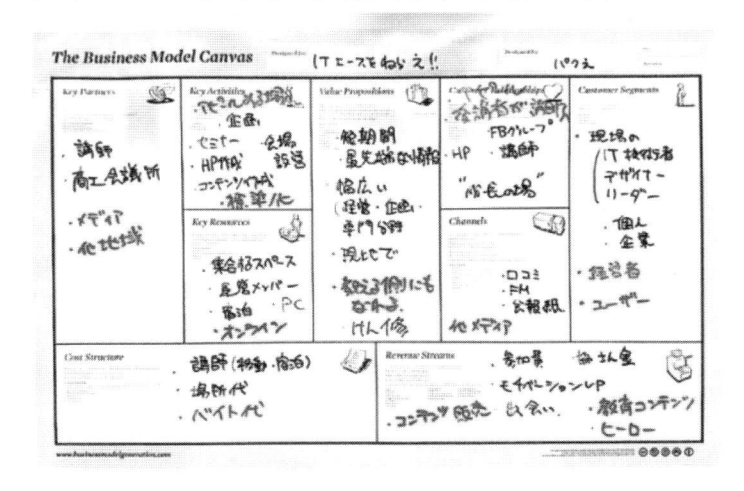

実際に現地のワークショップにて作成したキャンバス。

ら自分自身のキャンバスも描いてみました。

　普段は、吉田氏は、顧客企業の情報システムに関わる方々を相手に自身の価値を提供していますが、キャンバスを通じて考えてみると、様々な方たちに自分の持っている情報や経験を教えることを通じて、新たな価値を提供できると感じました。「地元の熱意に応えるべく、いつも必死にコンテンツを準備して多くの方のお役に立てるよう励んでいます」と楽しそうに語っています。吉田氏の教育やコンテンツを通してまさに、「ITエースをねらえ!!」のヒーローになることを目標にキャンバスがブラッシュアップされました。

　キャンバスには、まず普段の活動が黒字で書かれ、プロジェクトなどの活動を通じて、新たにデザインした部分が赤字で追加されて、吉田氏の価値が新発見されました。

ケース4-1：自分の目指す道で独立起業

縁の木代表
白羽玲子氏
しらは・れいこ

ビジネスパーソンから店舗オーナーとして事業をスタートする事例を紹介します。

◆ 独立起業　　◆ 珈琲焙煎業　　◆ 子どもの職業訓練

　組織に帰属するビジネスパーソンから、店舗オーナーに独立起業を進めている白羽氏をご紹介しましょう。白羽氏は、印刷業界や出版業界で企業向け企画販売や営業として長年従事してきました。プライベートでは、2人の子供を持つ母としての顔も持っています。知的障害を持つ次男が幼稚園年長に進級するのを機に退職し、2014年春に「株式会社縁の木」を創業しました。

■ 焙煎珈琲を提供する事業をスタート

　縁の木の主な事業は、「煎り立ての珈琲」とお菓子を顧客の好みに合わせて提供するというシンプルなものですが、そのビジネスモデルは、キャンバスを駆使しながら何度もデザインと検証プロセスの繰り返しを行っています。白羽氏は、自身の人生の岐路で、事業のためのビジネスモデル・キャンバスのデザインと同時に自分自身のキャンバスのデザインも行いました。事業モデルの検証だけでなく、自分の生き方を根本から見直したのです。
　では、キャンバスを見ながら事業概要を確認していきましょう。

■ 事業立ち上げの背景

- 「挽き立て珈琲」の美味しさがコンビニやファミレスの影響で認知される中、さらに「注文焙煎の豆」を提供することで、本当の珈琲の美味しさ、楽しさを紹介したい
- 自分の子どもに知的障害があり、小学校の特殊学級に入る時点で、地元かつ子どもの職業訓練にもつながる事業を模索していた
- 自分の子供の障害を機に、社会的な課題を感じ、知的障害者の就労や適正収入獲得の支援につながる活動を行いたいと考えるようになった
- 知的障害者の平均月収は1万円前後。助成金などもあるが、いつまでアテにできるか分からず、自分たちで売り上げを増大させる手段や場所が必要だと痛感。将来、自分たちの子供が安心して働ける環境づくりに少しでも寄与したい
- 知的障害者が「自信を持って」「誇りをもって」仕事をすることができる環境を用意したい
- 独自技術や高い能力を持った障害者を抱えていても、企業への営業を行うノウハウがない場合がほとんど。企業への事業提案や施設側との調整を行うことで、ニーズに合ったサービスを作りだす支援をしたい

　主な事業活動を検討した結果、以下の要因から珈琲焙煎業をコアにすることとしました。

- ゆくゆくは知的障害者の就労先としたいことから、食中毒を引き起こす要素（食材など）を回避したい
- 健常者が得る平均以上の利益を確保したい
- 愛好者のパイが大きく、取り組みの施策と販売先が企業・団体・個人と多岐にわたる

chapter 4 個人をビジネスモデル化してデザインする

縁の木のキャンバス

KP キーパートナー	KA 主な活動	VP 価値提案	CR 顧客との関係	CS 顧客セグメント
・珈琲豆問屋 ・焙煎機メーカー ・授産施設 ・NPO法人 ・障害者就労施設 ・人材派遣会社 ・イベント運営会社 ・広告代理店	・珈琲豆焙煎・販売 ・授産施設からの仕入れと販売 ・リブランド・OEM ・メディアプランニング請負 **KR 主なリソース** ・自由が利く時間はばりばり営業 ・バイトさん	・好みに合わせた焙煎したての豆を提供 ・企業ブランドを表すオリジナルブレンドコーヒー製作支援 ・授産施設と企業のコラボによる新サービス立ち上げ、新商品製作支援 ・授産施設の売り上げ増、一定化	・販売／購入 ・無添加食品知識の向上 ・知的障害者施設PR **CH チャネル** ・実店舗 ・Eコマース（モールで） ・人材派遣会社 ・ノベルティ制作	・個人 ・喫茶店 ・企業（総務） ・企業 　（CSR、PR、人事） ・企業 　（マーケティング担当者）

縁の木のミッションは、「煎り立ての珈琲」とお菓子をお客様の好みに合わせて提供することと、全国知的障害者施設での計画生産やものづくりを頒布会流通の構築によって支援することです。

CS コスト構造	RS 収入の流れ
・仕入れ・内職 ・ショッピングモール手数料 ・設備投資（焙煎機、グラインダーなど）	・珈琲豆の焙煎・販売 ・仕入品の販売 ・ノベルティ制作・販売

Strategyzer strategyzer.com
DESIGNED BY : Business Model Foundry AG
The makers of Business Model Generation and Strategyzer

This work is licensed under the Creative Commons Attribution-Share Alike 3.0 Unported License. To view a copy of this license, visit:
http://creativecommons.org/licenses/by-sa/3.0/ or send a letter to Creative Commons, 171 Second Street, Suite 300, San Francisco, California, 94105, USA.

縁の木の主な事業は、「煎り立ての珈琲」とお菓子を、お客様のお好みに合わせて提供するというシンプルなものですが、そのビジネスモデルは、キャンバスを駆使しながら何度もデザインと検証プロセスの繰り返しを行っています。

ケース4-2：事業を通して自分の生き方を見つける

縁の木のロゴ

事業のビジネスモデルを検証するプロセスで自分自身のキャンバスもリ・デザインした事例を紹介します。

◆リ・デザイン　◆知的障害者の就労支援　◆BtoB

　白羽氏が、事業としてのビジネスモデルを検証するプロセスで、自分自身のキャンバスをリ・デザインする作業は、これからの生き方を見つめる重要な岐路になりました。自分の生き方は、だれを喜ばせ、だれを助けていきたいのかという根源的な課題を解決していくことが重要です。白羽氏の場合は、この"思い"を論理的で収益性なども考慮した現実的な取り組みとして、結実しています。

■ 子供の将来までを見越した自分の生き方を見つける

　白羽氏の事業の根底には、知的的障害者の就労支援というビジョンがあります。そのための施策として、以下のような取り組みを進めることを考えています。

- 可処分所得が多く、消費が集中している東京で、障害者に対して指導などを行う全国の授産施設が製造した商品を適正価格で販売いたします
- 店舗については各県が東京にアンテナショップを置く仕組みと同様に機能させますが、基本は頒布会モデルをメインとします
- 授産施設、福祉施設にて製造された「お茶」にまつわる商品などから、取り扱いを開始します
- 商品梱包、ノベルティなど、制作時の作業についても、地元施設と連携し行っていきます

　また、白羽氏は、企業向けの営業としての経験やノウハウを自身の差別化ポイントとして活用しようと考えました。既存のリレーションを大いに活用して、コンシューマ向けのビジネスだけでなく、企業向けのBtoB向けのメニュー開発にも注力しています。そのため、キャンバスでもコンシューマ向けのビジネスと企業向けのBtoBモデルの両方を顧客セグメントとして想定しています。たとえば、企業向けには、オリジナルの焙煎珈琲の製造に加え、イベントやセミナーでのオリジナル珈琲の提供やノベルティとしての商材開発なども提供メニューとして検討しています。また障害者派遣業務を行っている企業には、就労研修の場を提供するなど多岐にわたるサービスを展開できるようにしたいと考えています。

■ 新規ビジネスでは早期に信頼を得る手段が必要

　このビジョンを事業化した際に、成立するためのビジネスモデルをデザインするという明確なディレクションがあることが、早期の事業化の原動力となっています。

　なにより白羽氏自身が、個人のキャンバスを「自己紹介」のツールとして最も有効に活用していると語っています。

　たとえば、金融機関における融資などの申し込みはもちろん、初めての商談の際にも、自分の人となりや経験をアピールし、迅速に相手の信頼を勝ち得ることが非常に重要です。そのため、個人のキャンバスは、新たな自分の生き方を見極めるためだけでなく、相手に自分を伝えるためのツールとしても大きな効果を発揮しました。

chapter 4　個人をビジネスモデル化してデザインする

白羽氏個人のキャンバス

支援者・協力者
- ●●氏（焙煎）
- ●●氏
（内装、店舗コンセプト）
- ●●氏（財務）
- ●●氏（EC/Web）
- ●●氏（店舗運営支援）
- ●●氏・●●氏（施設紹介）
- 広告主（プランニング案件）
- ●●氏・●●氏（メンター）

- 白羽氏の夫（夫）

主な活動
- セミナー企画
- キャンペーン企画
- 印刷進行
- 子育て
- PTA
- 自閉症療育
- 教育委員会

自分自身
- 関心事
- 性格
- 能力・スキル

- 障害者支援
- 比較的短気
- ヒアリング能力
- BtoB営業

どのように役に立つか
- 頒布会
- ノベルティ
- オフィスコーヒー
- ➡BtoB営業スキル

- 企業と障害者施設の
コラボ企画立案、実現

- 次男の就労訓練
- ➡障害者支援のモチベーション

- 広告プランニング、
制作物管理
- ➡実経験

> コンシューマ向けのビジネスと企業向けのBtoBモデルの両方を顧客セグメントとして想定。たとえば、企業向けには、オリジナルの焙煎珈琲の製造に加え、イベントやセミナーでのオリジナル珈琲の提供やノベルティとしての商材開発なども提供メニューとして検討しています。

コミュニケーションの取り方
- 電話
- メール
- 対面（店舗）
- 訪問
- SkypeやFacetime

価値を認知させ、届ける手段
- サンプル配布
- 来店割引
- 顧客カルテ作成
- メールマガジン
- Web/ECサイト
- Facebookページ

誰の為に役に立つか
- 美味しく、新鮮な飲料を
飲みたい個人／企業

- 授産施設など
障害者就労施設

- マーケター
（広告プランニング、
セミナー企画、
制作物企画管理）

自己投資
- 時間
- エネルギー
- その他のコスト

- 平日4日＋土曜日は店舗
- 平日1日＋店舗での空き時間はメディアプランニング事業

報酬
- 充足感

- 収入
- 次男のコミュニケーションスキル向上
- 人脈（1.顧客、2.障害者支援、3.代理店事業）

BusinessModelYou.com – The BMY Personal Canvas is a derivative work of BusinessModelGeneration.com, and is licensed under Creative Commons CC BY-SA 3.0. To view a copy of this license, visit http://creativecommpns.org/licenses/by-sa/3.0/

白羽氏個人のキャンバスは、事業のキャンバスをどのように具体化するかという観点で、具体的なアクティビティをメインに記載されています。

Business Model
Generation
WORK SHOP

chapter 5
ケース別
BMGキャンバスの事例集

ase Study

Case Study

付加価値税徴税システム
ビーエムシー・インターナショナル

大手企業が手を出さないニッチマーケットの途上国に新たな活路を開拓した事例を紹介します。

ニッチマーケット　途上国　付加価値税徴税システム

■ ニッチマーケットに狙いを定める

ビーエムシー・インターナショナルは、いわゆるPOSシステムの市場で実績のある企業です。すでに先進国を中心に20数か国で導入実績を持っています。しかし、日本国内はもちろん、先進各国では、すでにPOSソリューションのサプライヤーが多数存在しています。そこで、あえて、大手が狙わないニッチマーケットである途上国に新たな活路を開拓しようとプロジェクトを進めました。

というのも、途上国の多くは、長年脱税が問題になっています。国によっては、付加価値税（VAT：Value-Added Tax）が国家予算に占める割合は3割を超えることも少なくありません。そのため、付加価値税徴収の問題は、国家の死活問題にもなりかねません。

納税がきちんとなされれば、国は海外からの援助に頼らず自分達で経済開発・社会開発予算を確保することができます。そこで、ビーエムシーは、増税ではなく、正しく納税させることで増収が可能になるシステムがたいへん有効だと考えました。

■ 付加価値税徴税システムをソリューション展開

提供する製品は、付加価値税徴税システムです。ビーエムシーでは、既存のPOSシステムを長年販売してきましたが、同じようなシステムでは途上国では脱税や汚職、徴税組織の非効率な業務などのため、税金が正確に徴収されません。

また、途上国の中でもアフリカの国々での脱税問題は非常に深刻であり、どんなPOSにも付けられるタイプのシステムの早急な開発が求められました。

そこで、新たに開発した製品は、お店のレジやPOSに同社が開発したシステム端末を接続することで、販売データの保存と国のサーバーへの送信を行うものです。国が売り上げを把握できれば、税金逃れはできません。店舗にとっても税金回収にやってくる担当者に対応するよりも、データ送信のほうがシンプルで、賄賂を要求されることもないため、大きな成果が期待できます。

▶POSに付ける付加価値税徴税システムに活路を見出す

これまで提供していたPOSシステムではなく、どんなPOSにでも付けられるタイプの付加価値税徴税システムを展開しました。
出典：http://www.bmcinc.co.jp/japan/

chapter 5 ケース別 BMGキャンバスの事例集

ビーエムシー・インターナショナルの付加価値税徴税システムのキャンバス

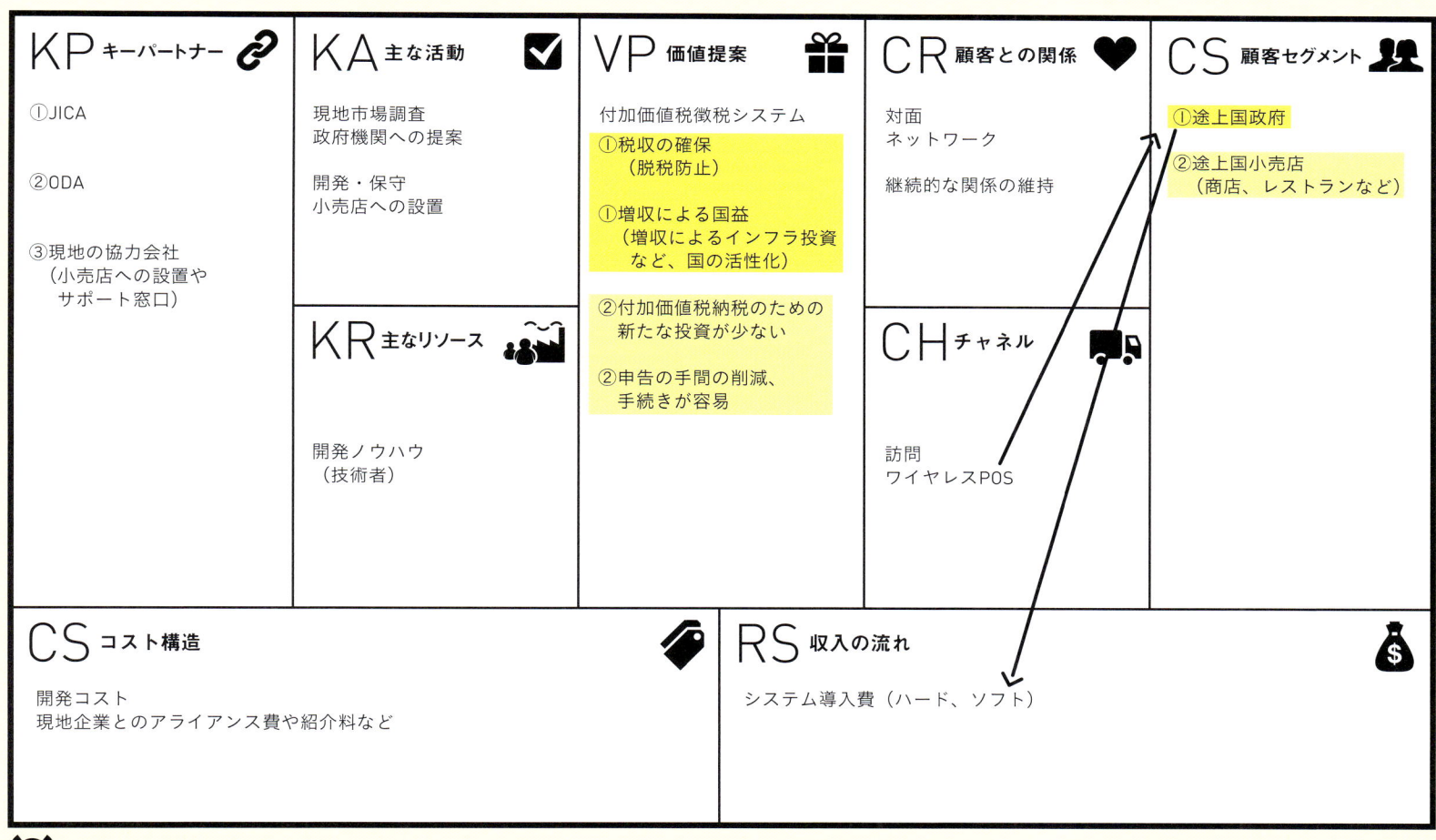

KP キーパートナー	KA 主な活動	VP 価値提案	CR 顧客との関係	CS 顧客セグメント
①JICA ②ODA ③現地の協力会社 （小売店への設置や サポート窓口）	現地市場調査 政府機関への提案 開発・保守 小売店への設置 **KR 主なリソース** 開発ノウハウ （技術者）	付加価値税徴税システム ①税収の確保 　（脱税防止） ①増収による国益 　（増収によるインフラ投資 　など、国の活性化） ②付加価値税納税のための 　新たな投資が少ない ②申告の手間の削減、 　手続きが容易	対面 ネットワーク 継続的な関係の維持 **CH チャネル** 訪問 ワイヤレスPOS	①途上国政府 ②途上国小売店 （商店、レストランなど）

CS コスト構造	RS 収入の流れ
開発コスト 現地企業とのアライアンス費や紹介料など	システム導入費（ハード、ソフト）

Strategyzer strategyzer.com

DESIGNED BY: Business Model Foundry AG
The makers of Business Model Generation and Strategyzer

新たに開発した製品は、お店のレジやPOSに同社が開発したシステム端末を接続することで、販売データの保存と国のサーバーへの送信を行うものです。国が売り上げを把握できれば、税金逃れはできません。店舗にとっても税金回収にやってくる担当者に対応するよりも、データ送信のほうがシンプルで、賄賂を要求されることもないため、大きな成果が期待できます。

Case Study

ビーエムシー・インターナショナル
新しい市場のリバース・イノベーション

発展途上国でデザインされたビジネスモデルは先進国でも応用可能なイノベーションをもたらすことがあります。

現地調査　　新市場　　リバース・イノベーション

途上国で実際にビジネスを展開するには、市場は未成熟であり、販売・設置・メンテナンス業務も容易ではありません。しかし、ビーエムシー・インターナショナルは、途上国への働きかけができるまたとない機会と考え、ODA支援プログラムに応募し、現地における調査や政府機関からの支援を受けながら、自社のビジネスが現地にどう貢献できるのか、現地における調査を行いました。

途上国におけるビジネスの現地調査

まず、自社製品が途上国でどのように役立つのかを調べる必要があります。そのため、いくつかの地域で試験的な検証を行っています。ミャンマーとベトナムでは、テスト用システムを店舗に設置してデータを収集しました。たとえば、ミャンマーは、近年日本をはじめ海外の企業の参入が相次いだことで、非常に経済が活性化しており、生活環境が比較的整っている点、英語が通じやすい点などからビジネスを展開しやすい国のひとつです。

現地で自社製品の実証実験を行い、これを普及させるよう政府に働きかけることに注力しています。テスト結果から税収アップが見込めること示すことで、優位性を理解してもらうことが可能です。

現在、約30か国で、脱税防止のために特殊な仕掛けのレジなどの設置を義務付けた法律が存在しています。アフリカで同様の法を整備中の国に働きかけたところ、ブルキナファソが初の導入国となりました。売上高と付加価値税が国のサーバーに記録されるシステムで、将来的には一定の売上高がある全店舗に導入され、約10億円の税収アップが見込まれています。

あたり前のシステムがリバース・イノベーションの種

先進国では、すでにあたり前のPOSシステムですが、途上国ではまったく別のニーズで導入が求められていました。このように新しい市場では、"自明の理"は何ひとつないと思ってデザインすることが重要です。既存のビジネスを基本に組み立てを行うと固定概念に引っぱられてしまいます。逆に、こうした途上国で生まれたイノベーションのモデルを先進国でも応用することは「リバース・イノベーション」と呼ばれており、これからのビジネスモデルのひとつの潮流として注目されています。

脱税防止システムのモデルは、この考え方を応用すると、先進国でこれから市場が急成長するモバイルPOSのビジネスモデルに転用できます。レジ端末の代わりに今後、タブレット端末やスマートフォンが急増することが見込まれています。大手流通企業やモール、商店街のニーズは途上国の政府と同様に、小売店の収入の把握や知識のない小売店にとっての手間の軽減です。また、無線で売り上げ状況を送信する仕組みなどもそのままモバイル端末に転用できるものです。

chapter 5 ケース別 BMGキャンバスの事例集

ビーエムシー・インターナショナルのモバイルPOSのキャンバス

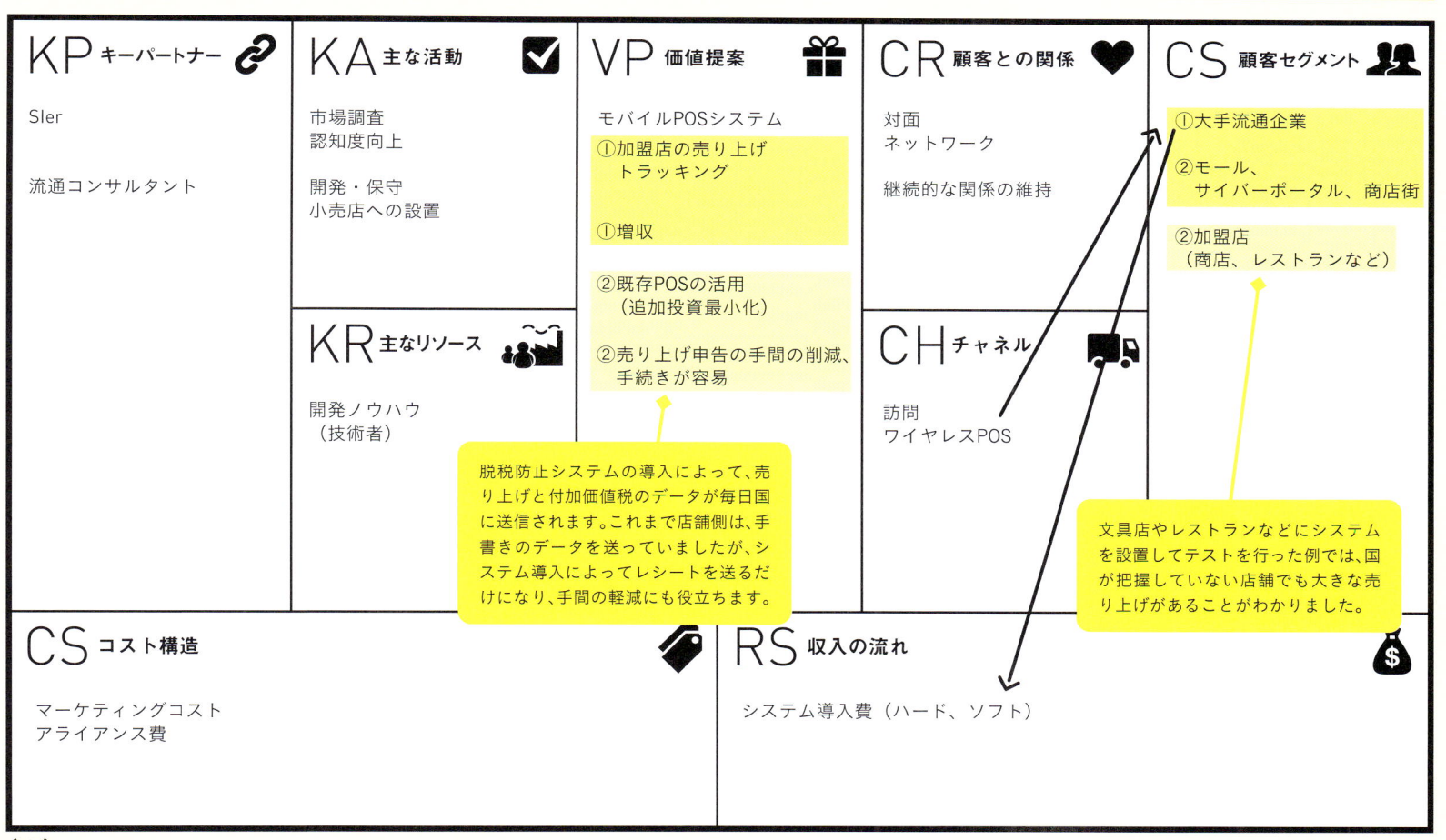

KP キーパートナー	KA 主な活動	VP 価値提案	CR 顧客との関係	CS 顧客セグメント
SIer 流通コンサルタント	市場調査 認知度向上 開発・保守 小売店への設置	モバイルPOSシステム ①加盟店の売り上げトラッキング ①増収 ②既存POSの活用（追加投資最小化） ②売り上げ申告の手間の削減、手続きが容易	対面 ネットワーク 継続的な関係の維持	①大手流通企業 ②モール、サイバーポータル、商店街 ②加盟店（商店、レストランなど）
	KR 主なリソース 開発ノウハウ （技術者）		**CH チャネル** 訪問 ワイヤレスPOS	

脱税防止システムの導入によって、売り上げと付加価値税のデータが毎日国に送信されます。これまで店舗側は、手書きのデータを送っていましたが、システム導入によってレシートを送るだけになり、手間の軽減にも役立ちます。

文具店やレストランなどにシステムを設置してテストを行った例では、国が把握していない店舗でも大きな売り上げがあることがわかりました。

CS コスト構造	RS 収入の流れ
マーケティングコスト アライアンス費	システム導入費（ハード、ソフト）

Strategyzer strategyzer.com

DESIGNED BY: Business Model Foundry AG
The makers of Business Model Generation and Strategyzer

途上国で生まれたイノベーションのモデルを先進国に応用することは「リバース・イノベーション」と呼ばれており、これからのビジネスモデルのひとつの潮流として注目されています。この考え方を応用して脱税防止システムを先進国の新たなビジネスモデルに転換することも可能です。

Case Study

でんかのヤマグチ 顧客サービスで差別化を実現

価格競争から脱却し、サービスに注力することで新たな価値を提案した事例を紹介します。

● 大型家電量販店　　● アフターサービス　　● 顧客台帳

　東京都町田市にある家電店「でんかのヤマグチ」は、大型家電量販店に囲まれる中、15期連続の黒字を維持しています。この店では、家電の価格が一般的な量販店の2倍近くという高値であることも少なくありません。家電業界は、ネット通販の台頭などもあり量販店の再編が進むなど激戦が続く市場です。しかし、でんかのヤマグチでは、かつて安値販売により業績が傾いた経験から、価格競争ではなく顧客の絞り込みや、提供サービスの見直しと拡充によって、ビジネスモデルを変革させました。

■ 徹底した顧客サービスと顧客分析

　充実した顧客サービスを提供するために、ターゲットとする顧客を徹底的に絞り込んでいます。商圏は東京都町田市に限定し、購入頻度と購入累計額によりセグメント分けを行い、「過去5年に1万円以上の購入がない」なら、顧客の対象から外しています。

　一方、対象にした顧客に対しては、家電の設置や配線、設定など一般的な家電に関するアフターサービスはもちろん、社内で「裏のサービス」と呼ばれる"日常生活のサービス"も積極的に行っています。例えば、ビデオの録画予約や買い物の手伝い、電球の交換、外出時の留守番、犬の散歩などできる限りのサービスを進んで提供します。こうした活動が顧客から高い満足度と信頼の獲得につながり、家電販売の売り上げも向上しています。

　また、でんかのヤマグチは、詳細な顧客台帳を作成しています。顧客台帳には、家族構成や趣味などのほか、他店から購入した家電の情報まで記載されています。顧客台帳の内容が充実しているのは、日常サービスをサポートすることで、表面的ではない顧客の本音を知っているからです。この顧客台帳をもとに、家電の買い替え時期や追加購入の機会の仮説を立て、効果的な販促活動を行っています。

■ 商品で差別化できない場合は、サービスで差別化する

　家電量販店は、大量に仕入れ、大量に販売して販売価格を下げることで優位性を持っていました。しかし、販売コストを低減し、品ぞろえを豊富にできるネット通販の台頭とともに、その優位性はなくなりつつあります。同じ商品だったら安価なほうがいいのは、消費者として当たり前の心理です。

　どのような商材でもそうですが、商品が同じであれば、価格競争になってしまいます。そこで、サービスという付加価値を提供することで差別化を図ります。でんかのヤマグチでは、「家電商品」を、「家電のアフターサービス」＋「日常サービス」という付加価値込みで提供していますので、当然他社より高値でも購入したいと思う顧客がたくさん存在するということなのです。

　でんかのヤマグチが成功しているのは、まさに自社のターゲットの顧客セグメントを明確にし、その顧客が求める価値提案を突き詰め、拡充していったからにほかなりません。

chapter 5　ケース別 BMGキャンバスの事例集

でんかのヤマグチのキャンバス

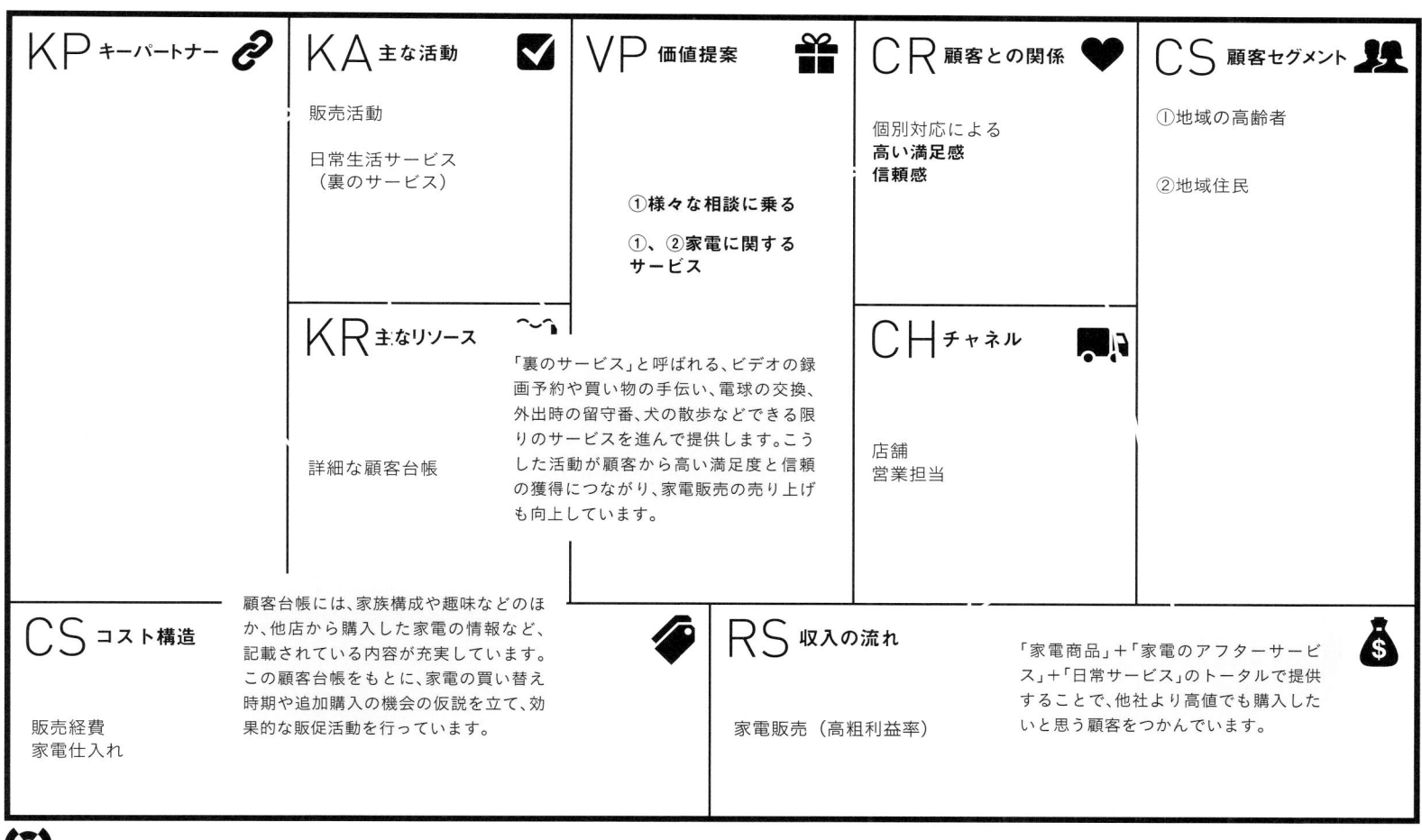

KP キーパートナー	KA 主な活動	VP 価値提案	CR 顧客との関係	CS 顧客セグメント
	販売活動 日常生活サービス （裏のサービス）	①様々な相談に乗る ①、②家電に関する サービス	個別対応による 高い満足感 信頼感	①地域の高齢者 ②地域住民
	KR 主なリソース 詳細な顧客台帳	「裏のサービス」と呼ばれる、ビデオの録画予約や買い物の手伝い、電球の交換、外出時の留守番、犬の散歩などできる限りのサービスを進んで提供します。こうした活動が顧客から高い満足度と信頼の獲得につながり、家電販売の売り上げも向上しています。	CH チャネル 店舗 営業担当	

CS コスト構造	RS 収入の流れ
顧客台帳には、家族構成や趣味などのほか、他店から購入した家電の情報など、記載されている内容が充実しています。この顧客台帳をもとに、家電の買い替え時期や追加購入の機会の仮説を立て、効果的な販促活動を行っています。 販売経費 家電仕入れ	家電販売（高粗利益率）　「家電商品」＋「家電のアフターサービス」＋「日常サービス」のトータルで提供することで、他社より高値でも購入したいと思う顧客をつかんでいます。

Strategyzer strategyzer.com

DESIGNED BY: Business Model Foundry AG
The makers of Business Model Generation and Strategyzer

でんかのヤマグチが成功したのは、このキャンバスからもわかるように、まさに自社のターゲットの顧客セグメントを明確にし、その顧客が求める価値提案を突き詰め、拡充していったからにほかなりません。

111

Case Study

タイムズ24　多様なサービスを展開するコインパーキング

経営資産（リソース）の共有でイノベーションを実現した事例を紹介します。

コインパーキング　　駐車場ビジネス　　顧客の行動導線

サービス業をモデルに独自の価値提案

　町の中でよく見かけるコインパーキング、その中でも最大手のひとつである「タイムズ24」。パーク24グループとして古くからあるコインパーキングを運営する会社ですが、大きく成長を続けています。

　従来の駐車場ビジネスは、不動産ビジネスのひとつとして考えられてきました。遊休地や空き地を活かすために、所有者から受託した土地を不動産業者が管理し運営するのが一般的でした。ところがタイムズ24の駐車場ビジネスは不動産ビジネスではなく、コンビニエンスストアと同様に、多店舗展開できるサービス業というコンセプトのもとに事業を推進しています。

　店舗である駐車場は無人のため、まめな保守点検や清掃、24時間の緊急対応などを行っています。また、また駐車しづらい区割りでも駐車しやすい動線を作ります。さらに、看板の位置や向き、高さなど、顧客目線でのきめの細かい店舗のデザインによって、従来の不動産ビジネスから脱却しました。

儲かっているうちに次の投資を行う

　次に、ビジネスが堅調なうちに大規模なシステム投資を行いました。加速度的に増える駐車場を適切に管理するため、全駐車場についてそれぞれの駐車枠の空き状況や稼働時間、売り上げなどをすべて把握し、タイムリーな対応に役立てています。さらに顧客のNAVIシステムやWebを通じてリアルタイムで満車/空車情報などを提供することで、顧客の利便性の向上を図っています。このほか、カードによる決済、利用のたびに貯まるポイントサービス、柔軟な価格対応など、サービスの拡充を常に行っています。

駐車場を起点に様々なビジネスを繰り出す

　いったん借りた土地、いわゆるこのビジネスの主なリソースに様々なビジネスを付加しています。

　たとえば、電気自動車時代をにらんだ「パーク＆チャージ」。充電設備をプラスするだけで駐車場が電気自動車の充電所に変身します。また、鉄道会社と連携した「パーク＆ライド」。車が集中するエリアの手前のエリアで駐車し、電車に乗ることで駐車料金を割引するシステムです。車が集中するエリアの混雑緩和にもなりますし、周辺の駐車場の利用促進にもなります。

　このように、タイムズ24では、駐車場の土地というリソースを最大限に活用して顧客の行動導線に注目し、顧客がその場で困っている課題を解決するためのサービスを次々に繰り出しています。

chapter 5 ケース別 BMGキャンバスの事例集

タイムズ24の駐車場ビジネスのキャンバス

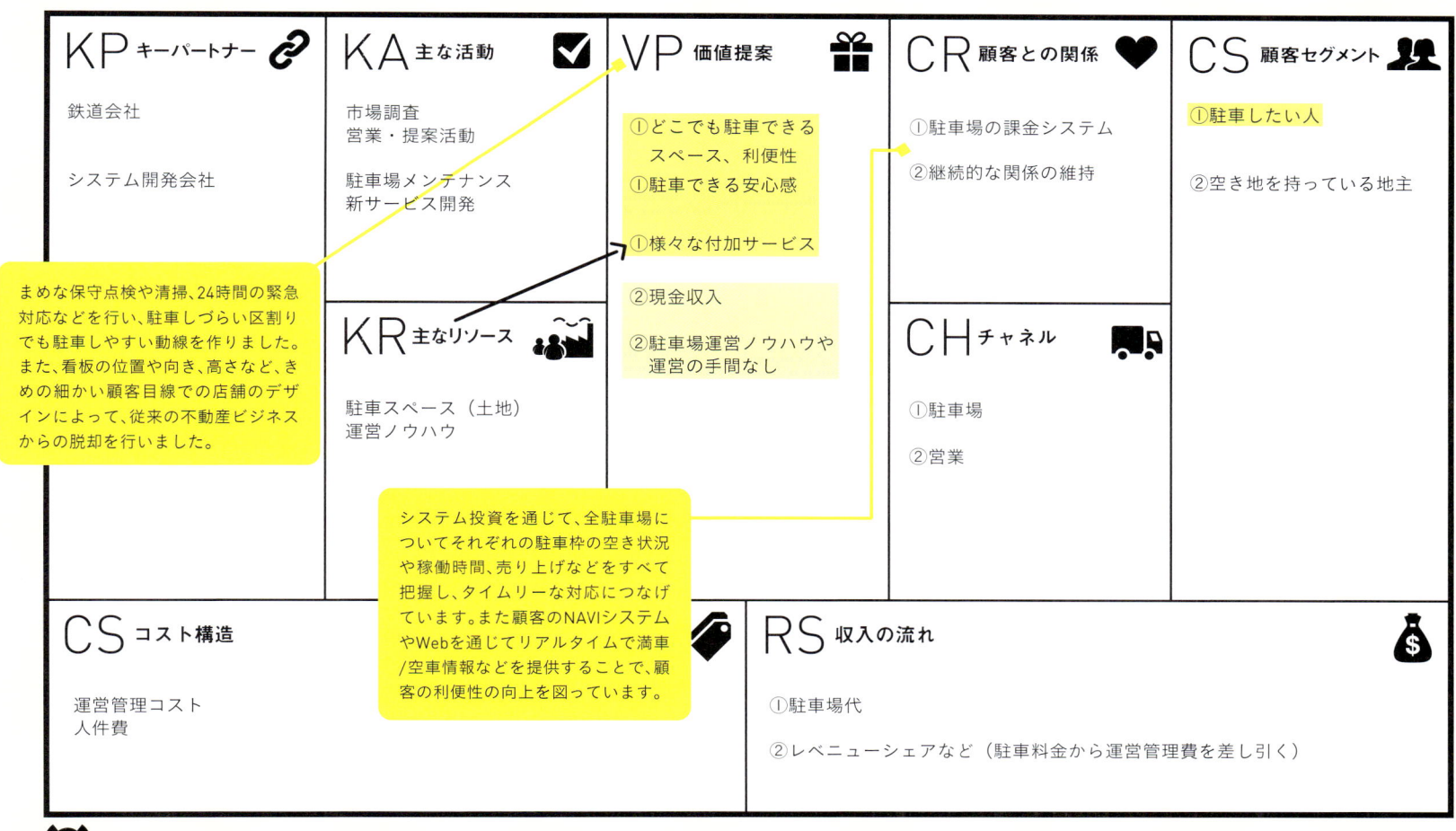

KP キーパートナー	KA 主な活動	VP 価値提案	CR 顧客との関係	CS 顧客セグメント
鉄道会社 システム開発会社	市場調査 営業・提案活動 駐車場メンテナンス 新サービス開発 **KR 主なリソース** 駐車スペース（土地） 運営ノウハウ	①どこでも駐車できるスペース、利便性 ①駐車できる安心感 ①様々な付加サービス ②現金収入 ②駐車場運営ノウハウや運営の手間なし	①駐車場の課金システム ②継続的な関係の維持 **CH チャネル** ①駐車場 ②営業	①駐車したい人 ②空き地を持っている地主

まめな保守点検や清掃、24時間の緊急対応などを行い、駐車しづらい区割りでも駐車しやすい動線を作りました。また、看板の位置や向き、高さなど、きめの細かい顧客目線での店舗のデザインによって、従来の不動産ビジネスからの脱却を行いました。

システム投資を通じて、全駐車場についてそれぞれの駐車枠の空き状況や稼働時間、売り上げなどをすべて把握し、タイムリーな対応につなげています。また顧客のNAVIシステムやWebを通じてリアルタイムで満車/空車情報などを提供することで、顧客の利便性の向上を図っています。

CS コスト構造	RS 収入の流れ
運営管理コスト 人件費	①駐車場代 ②レベニューシェアなど（駐車料金から運営管理費を差し引く）

従来の駐車場ビジネスは不動産ビジネスとして考えられてきましたが、タイムズ24の駐車場ビジネスは不動産ビジネスではありません。コンビニエンスストアと同様に、多店舗展開できるサービス業という定義のもとに事業を推進していることが特徴です。

Case Study

タイムズ24　カーシェアリング「タイムズカープラス」

駐車場運営からさらにカーシェアリングビジネスへ発展した事例を紹介します。

■カーシェアリング　　■電気自動車　　■相互シナジー

　カーシェアリングは、1970年代にスイスで生まれた車の新しい保有スタイルだと言われています。日本でも最近、よく見かけるようになりましたが、大手事業者がサービス提供を開始してからまだそれほどの年月は経っておらず、注目されはじめたばかりのサービスです。今後、カーシェアリングの認知度とニーズがさらに高まっていくにつれて、利用者の数はますます劇的に増えていくものと考えられています。

　タイムズ24では、こうしたニーズにいち早く対応し、カーシェアリングの「タイムズカープラス」を展開しています。タイムズは、もともと全国に4000か所、東京だけでも1000か所以上の駐車場運営を目標にしてます。一方、電気自動車は、一回の充電に数時間かかるうえ、フル充電でも数十キロしか走行できません。そこで、タイムズ駐車場に電気自動車を配置すれば新しいビジネスができるのではないかと考えました。

スピード感を重視したアライアンスや経営統合

　メンテナンス会社もコールセンターも駐車場システムもすべて自社で行っています。しかし、事業開始すぐに、カーシェアリング事業での車の管理ノウハウを蓄積するには1～2年では無理だと気づきました。そこで、マツダレンタカーのノウハウを活用するため、グループ化しました。それにより、5年間で車両保有台数7000台を実現しています。すべてを自社のリソースだけで行っていれば、1000台程度の保有にとどまっていたと考えられます。

　現在はレンタカーとカーシェアリングを同じブランドで展開しており、顧客は、利用時間や行き先によって使い分けることが可能です。

　さらに、カーシェアリング事業を法人向けに強化しています。

　企業の営業や納品用の社用車は、これまでカーリースを利用するのが一般的でした。リースにすれば購入する場合よりは、経費を削減できますが、毎月の駐車場代や燃料費などの維持費は少なくありません。しかし、カーシェアリングならば発生する費用は利用した分だけ。駐車場代や燃料費も利用料金に含まれているため、固定費や維持費も最小限に抑えられるため、注目されています。

　タイムズカープラスでは、土地を持っていることがこのビジネスでも大きな優位性になっています。特に都心部では車よりも土地にかかるコストの方が圧倒的に大きいため、土地を新たに調達していたら、利益を出すのは難しくなってしまいます。つまり、土地を持ったプレーヤーが有利なビジネスなのです。

　カーシェアリングは車を、駐車場は土地をシェアするビジネスとして、同じシェアリング・ビジネスであるため、リソースを共有できます。一方、駐車場はその周辺にいない顧客をターゲットにします。反対にカーシェアリングはその周辺にいる顧客を対象にするため、トータルで相互シナジーを考慮したマーケティングが必要になります。その意味で、駐車場の黄色の看板は、宣伝媒体として大きな効果を上げています。

chapter 5　ケース別 BMGキャンバスの事例集

カーシェアリング「タイムズカープラス」のVPキャンバス

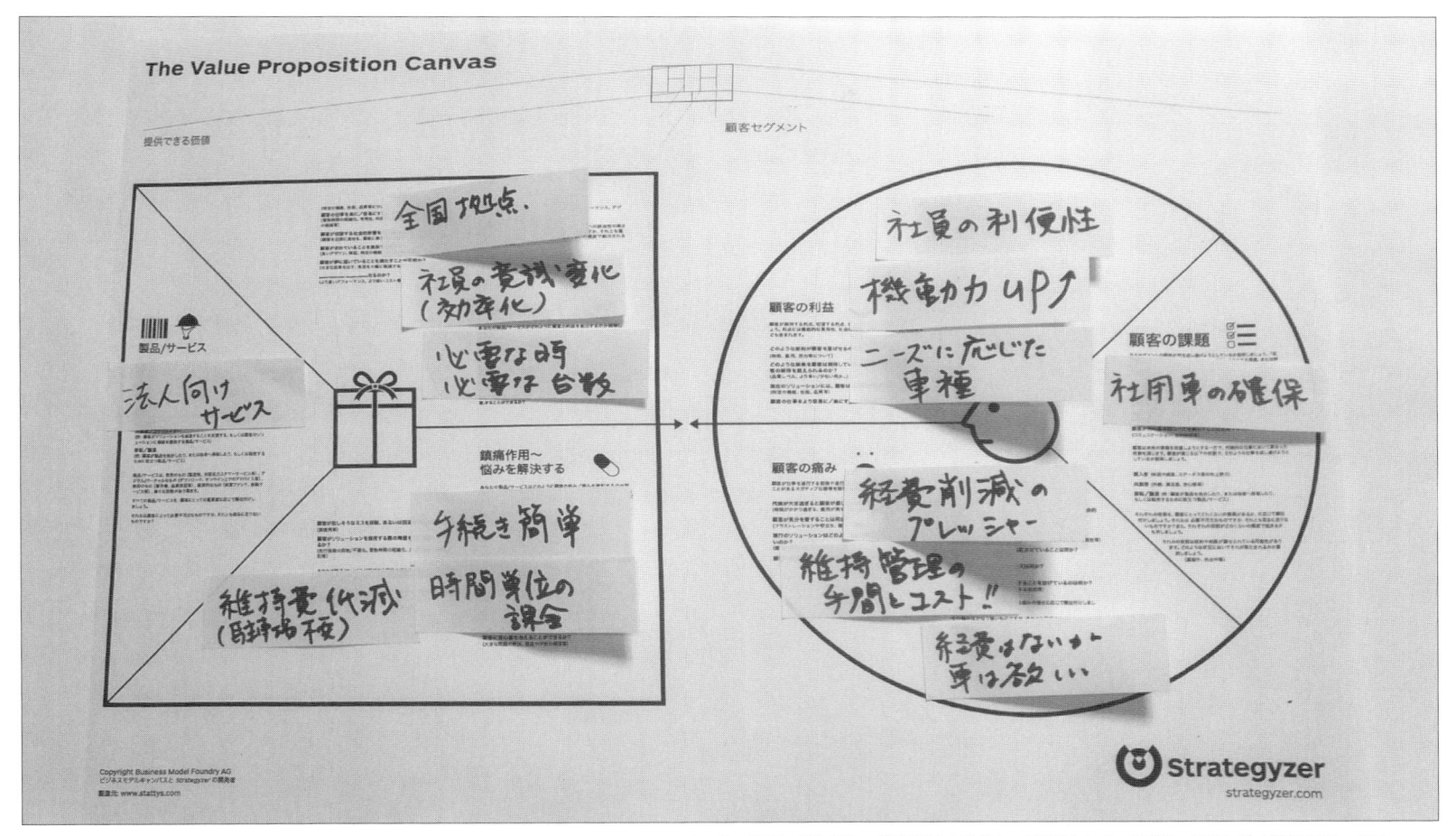

カーシェアリングは車を、駐車場は土地をシェアするという、同じシェアリング・ビジネスで、リソースを共有できます。しかし、駐車場のマーケティングはその周辺にいない顧客をターゲットにしますが、カーシェアリングのマーケティングはその周辺にいる顧客を対象にすることから、相互シナジーが必要となりました。

カーシェアリング「タイムズカープラス」のキャンバス

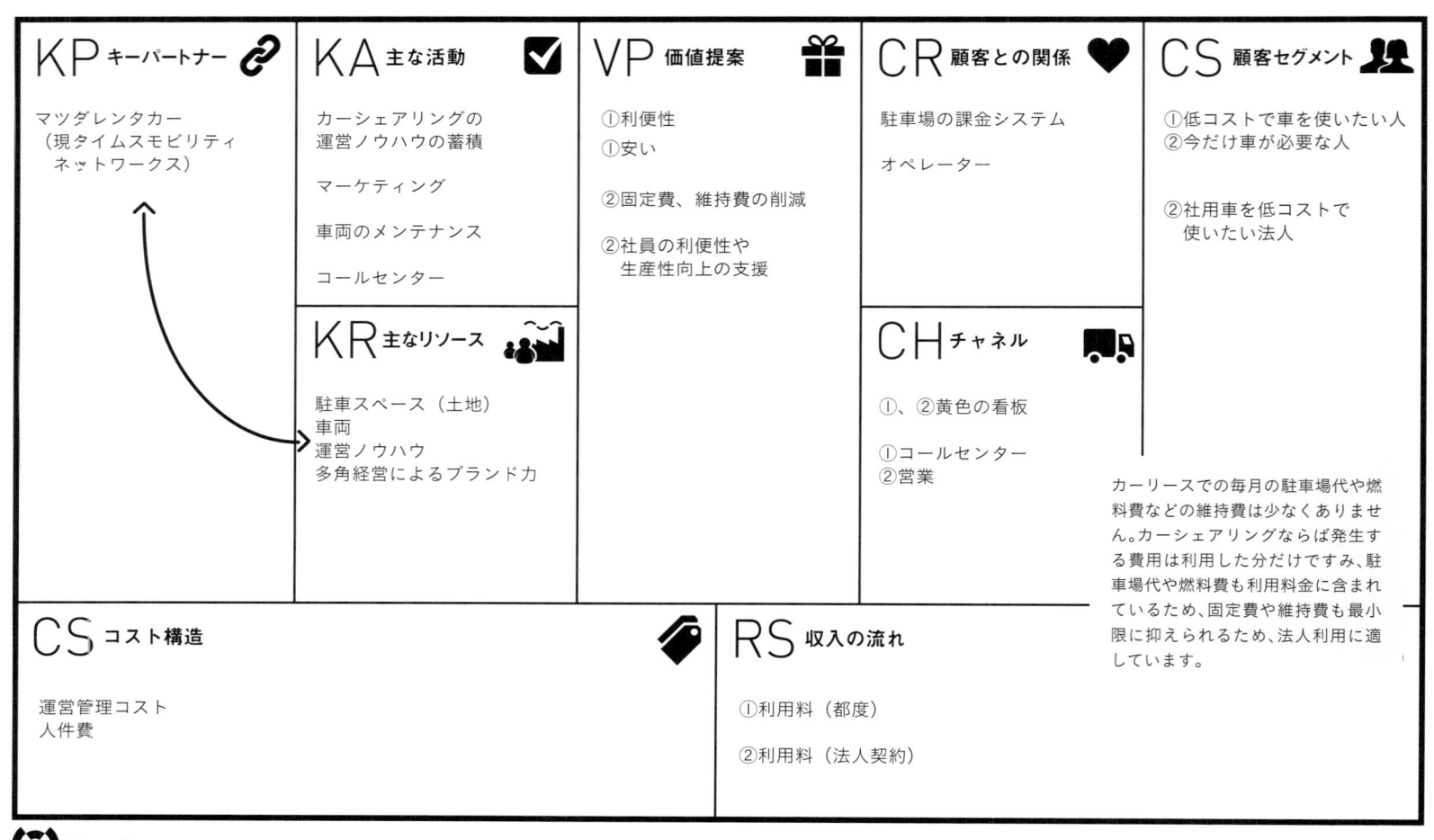

KP キーパートナー	KA 主な活動	VP 価値提案	CR 顧客との関係	CS 顧客セグメント
マツダレンタカー（現タイムスモビリティネットワークス）	カーシェアリングの運営ノウハウの蓄積 マーケティング 車両のメンテナンス コールセンター	①利便性 ①安い ②固定費、維持費の削減 ②社員の利便性や生産性向上の支援	駐車場の課金システム オペレーター	①低コストで車を使いたい人 ②今だけ車が必要な人 ②社用車を低コストで使いたい法人
	KR 主なリソース 駐車スペース（土地） 車両 運営ノウハウ 多角経営によるブランド力		**CH チャネル** ①、②黄色の看板 ①コールセンター ②営業	

CS コスト構造	RS 収入の流れ
運営管理コスト 人件費	①利用料（都度） ②利用料（法人契約）

カーリースでの毎月の駐車場代や燃料費などの維持費は少なくありません。カーシェアリングならば発生する費用は利用した分だけですみ、駐車場代や燃料費も利用料金に含まれているため、固定費や維持費も最小限に抑えられるため、法人利用に適しています。

タイムズカープラスは、土地を持っていたことが大きな優位性になっています。特に都心部では車よりも土地にかかるコストの方が圧倒的に大きいため、タイムズ駐車場の土地がなければ、利益を出すのは難しくなってしまいます。つまり、土地を持ったプレーヤーが有利なビジネスなのです。

Case Study

スターフェスティバル 宅配弁当「ごちクル」

弁当の製造ではなく、「届ける」という付加価値を追求した事例を紹介します。

◆ 弁当デリバリー事業　◆ 軽量物流会社の活用　◆ 高利益率

■「ごちそうを届けるクルー」＝「ごちクル」

スターフェスティバルは、宅配弁当・配達・デリバリーの総合サイト「ごちクル」を運営しています。東京以外に札幌、仙台、名古屋、大阪、広島、福岡に支社を設け、全国展開を始めており、有名店のお弁当や駅弁もオーダーできると注目を集めています。オンラインの弁当屋という、アイデア自体は簡単なものの、月に20万食も売り上げることもあるユニークなビジネスを展開しています。

「ごちクル」は、もともと大手町や青山などのランチ需要が高いオフィス街でランチ難民が多かった点に着目して始められました。最初は、弁当作りの仕組みを調べたうえで、店舗を持たない弁当製造工場を開拓し、インターネット上に各々のサイバー店舗を作って販売していました。取り扱い店舗数は100店舗まで伸びました。その後モール型事業である「ごちクル」を強化し、資金調達を実施し急成長を遂げています。「ごちクル」では、従来の"弁当製造から提供まで"という形態にこだわらず、飲食店に弁当のデリバリー事業参入を呼びかけ、取り扱い弁当数を増やしていきました。

飲食店が「ごちクル」を利用して弁当デリバリー事業に参入するメリットとして、以下の3点があります。

① 飲食店のランチタイムのキッチン稼働率を上げられ、空き時間を有効活用できる。

② 余った食材の有効活用ができる。仕入れのロットを大きくすることができ、食材を安く仕入れることができる。

③ 2日前に予約を受ける受注販売を行っており、支払いは成果報酬のため、導入初期費用もなく、デリバリー事業に参入するハードルが低い。

さらに、複数の軽量物流会社と契約して、「ごちクル」側が各飲食店に配送車を手配する点で、従来のサイバーモールのモデルとは異なります。「ごちクル」の商品開発チームが、弁当デリバリー事業の経験がない飲食店にノウハウを提供したり、共同で商品開発を行ったりしています。焼肉店の叙々苑など、誰もが知る有名飲食店の取り扱いも増え、「ごちクル」でしか取り扱っていないブランドもあることが差別化にもなっています。2014年現在では約6300種類の弁当を取りそろえるまでになっています。

■ ターゲットを絞り利益率の高い価格帯を見極める

顧客の95％が法人利用で、役員の会議や会社のイベントでの発注が多く、発注者である秘書や総務の方による口コミで認知が広がっています。そのため、比較的高額な弁当に需要が多く、利益率の高い弁当を法人向けに販売することで、ビジネスモデルをより盤石なものにしています。

スターフェスティバル「ごちクル」の弁当事業に参入したい飲食店のVPキャンバス

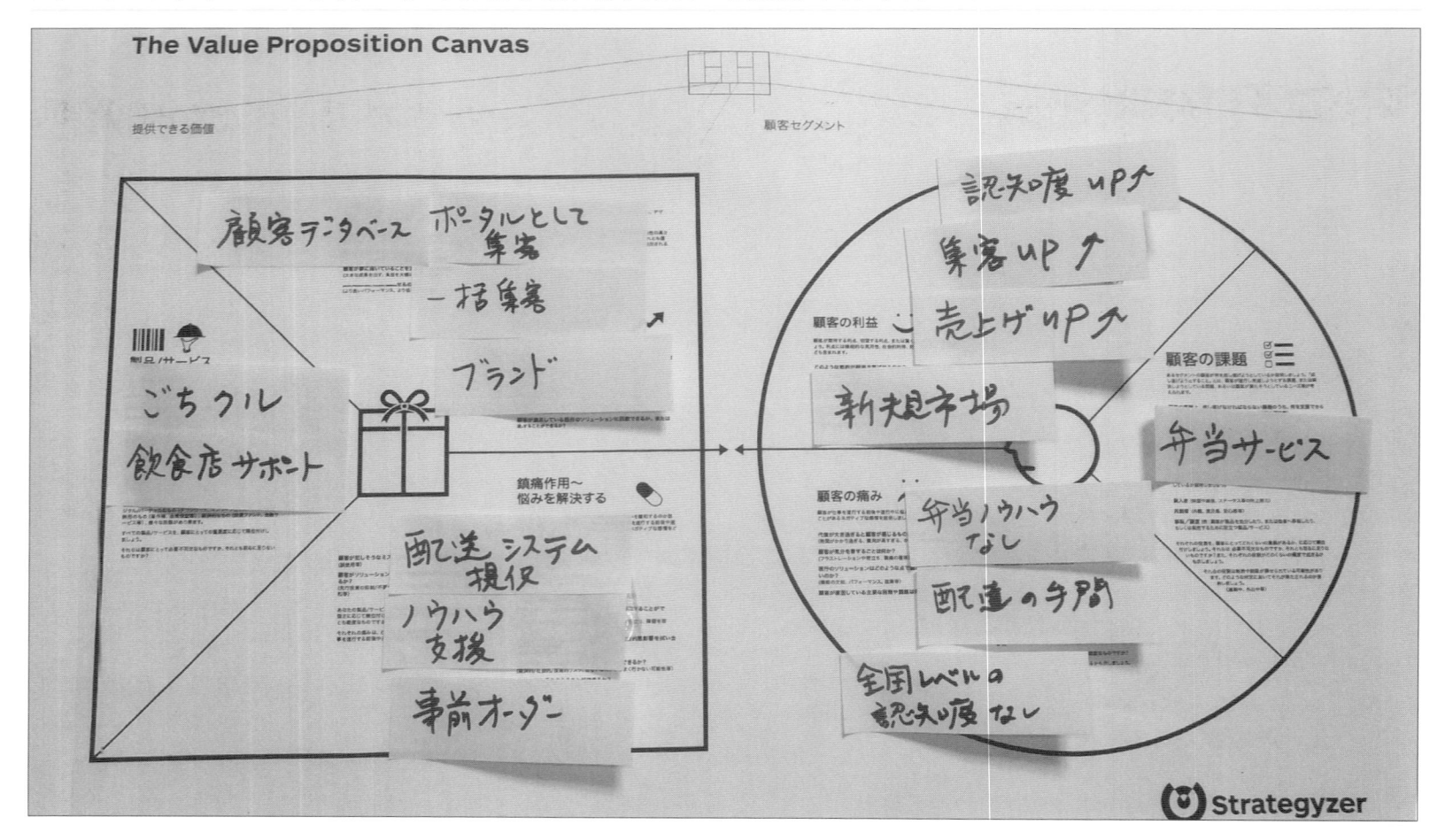

VPキャンバスで弁当事業に参入したい飲食店が提供できる価値と顧客セグメントをまとめ、メリットを探りました。

スターフェスティバル「ごちクル」のキャンバス

KP キーパートナー 🔗	KA 主な活動 ✅	VP 価値提案 🎁	CR 顧客との関係 ♥	CS 顧客セグメント 👥
食品の配送業者	企画、イベント 商品カタログ、 マーケティング 配送・運用システム 営業開拓	①食の楽しさ ①様々な店の、多種の弁当から選べる ①届けてくれる （利便性・時間・手間） ②集客 ②弁当ビジネスのノウハウ ②運営・配送コスト削減 （参入障壁が低い）	①オペレーター、ネット ②対面	①以下のユーザを抱える法人 ①-1 いろいろな弁当を手軽に食べたい ①-2 珍しい弁当を取り寄せたい ②弁当ビジネスに参入したい飲食店
	KR 主なリソース 👥 飲食店とのリレーション 弁当宅配ノウハウ 調理ノウハウ		**CH チャネル** 🚚 ①弁当コンシェルジェ ①ホームページ、電話 ①口コミ ②営業	

CS コスト構造	RS 収入の流れ 💰
マーケティングコスト 人件費 配送システム 従来の店舗をもたない弁当製造の工場〜提供という形態で培った飲食店とのリレーションや宅配弁当、調理ノウハウが、飲食店に対する弁当のデリバリー事業参入の呼びかけにつながりました。	①弁当代（配達代を含む） 　高級弁当（利益率約50％）：1,500円以上 　一般弁当（約25％）：700〜1,500円 　低価格弁当（約25％）：700円以下 ②成功報酬

顧客の95％が法人利用で、役員の会議や会社のイベントでの発注が多く、発注者である秘書や総務の方による口コミで認知が広がっています。そのため、比較的高額な弁当に需要が多く、利益率の高い弁当を法人向けに販売することで、ビジネスモデルをより盤石なものにしています。

Case Study

サントリー&サーモス マイボトルドリンク「drop」

「drop」のホームページ
出典：http://www.suntory.co.jp/softdrink/drop/

1社だけでは提供できない「価値」を生み出し激戦市場に参入した事例を紹介します。

◆次世代飲料　◆マイボトル　◆共同事業

■2社の強みの合わせ技で商品開発

サントリー食品インターナショナルとサーモスは、共同で、マイボトルドリンク「drop（ドロップ）」を開発しコンビニ経由で発売しました。この共同開発プロジェクトは、飲料市場で新規需要の開拓を狙うサントリーと、魔法びんのメーカーであるサーモスの意向が一致し、実現しました。

飲料業界・魔法びん業界の双方で両社がこれまでに培ってきた商品開発力を応用した新技術により開発され、"こだわりのおいしさを専用マイボトルで時間が経っても楽しめる、次世代飲料"として市場に投入されました。テストマーケティングとして、コンビニエンスストア「セブン-イレブン」の一部店舗で販売を行い、購入者や消費者モニターを通じて、反応を集めています。

■「drop」開発の背景と特長

コーヒー飲料市場は、年々競争の激化が進み、コーヒーメーカーだけでなく、カフェ、専門店、コンビニなど多岐にわたる企業がしのぎを削り、缶コーヒーなどの飲料メーカーは、商品開発に頭を悩ませていました。

一方、節約志向やエコ志向を背景にマイボトルを持つ人が増加しており、国内のステンレス魔法びん市場は年々伸長しています。それに伴い、お茶やコーヒーをマイボトルで楽しむといったスタイルが確立しつつあります。「自分で作って飲みたい」という理由で飲料を楽しむ一方で、「ホットでもコールドでも楽しみたい」などの理由でマイボトル派が増えたと考えられますが「コーヒーやお茶だけでなく様々なタイプの飲み物も飲みたい」「作りたてを飲みたい」というニーズも増えつつあります。

こうした顧客層をターゲットに、サントリーが"おいしい温度を保つマイボトルで楽しむための飲み物"を、サーモスが"おいしい飲み物をより楽しむための保温・保冷マイボトル"を提供するため、開発期間3年をかけ、マイボトルドリンク「drop」が生まれました。

ドリンクにはサントリーの飲料開発の知見を活かし、時間が経ってもマイボトルでおいしさを楽しめるよう、香りを持続させるための独自技術を採用し、従来の缶やペットボトル入りの清涼飲料では使用するのが困難な原料も使用し、ホットでもコールドでも好みに合わせて楽しめます。また、専用ボトル内で飲む直前に開封する新容器「dropポーション」を独自に開発し、素材の味わいを損なわず、作りたての味を楽しめます。

マイボトルにはサーモスが独自開発した真空断熱技術を採用し、それぞれの飲み物を最適な温度で長時間楽しめます。「dropポーション」を簡単に開封できるハンドルや、香り立ちを楽しむ広口構造などが「drop」のための専用設計モデルとして開発されました。

今後も、新しい飲料スタイルを2社共同で提案していきたいとしています。

chapter 5 ケース別 BMGキャンバスの事例集

マイボトルドリンク（サントリーサイド）のキャンバス

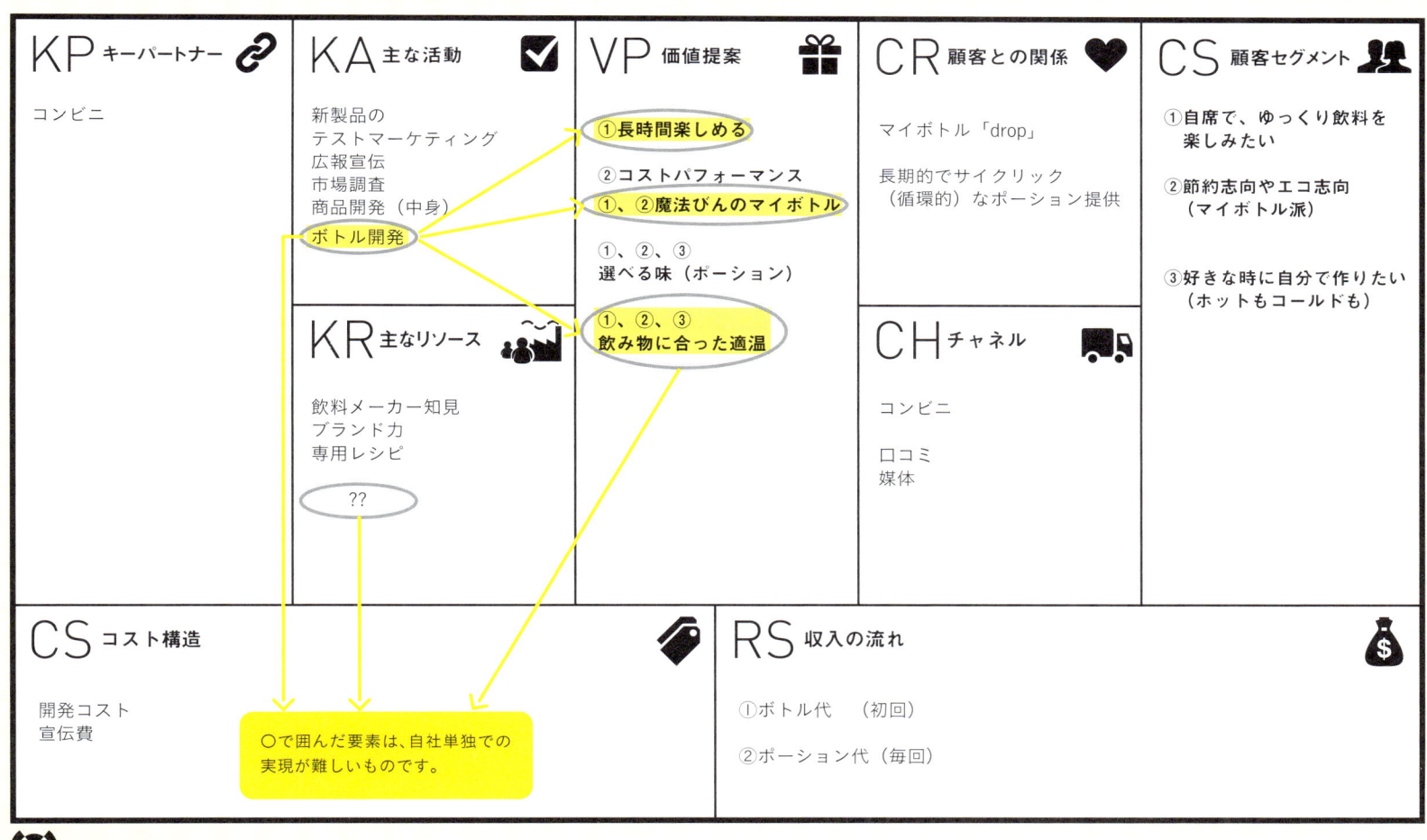

KP キーパートナー	KA 主な活動	VP 価値提案	CR 顧客との関係	CS 顧客セグメント
コンビニ	新製品の テストマーケティング 広報宣伝 市場調査 商品開発（中身） **ボトル開発**	①長時間楽しめる ②コストパフォーマンス ①、②魔法びんのマイボトル ①、②、③ 選べる味（ポーション） ①、②、③ 飲み物に合った適温	マイボトル「drop」 長期的でサイクリック （循環的）なポーション提供	①自席で、ゆっくり飲料を 楽しみたい ②節約志向やエコ志向 （マイボトル派） ③好きな時に自分で作りたい （ホットもコールドも）
	KR 主なリソース 飲料メーカー知見 ブランド力 専用レシピ ??		CH チャネル コンビニ 口コミ 媒体	

CS コスト構造	RS 収入の流れ
開発コスト 宣伝費 ○で囲んだ要素は、自社単独での実現が難しいものです。	①ボトル代　（初回） ②ポーション代（毎回）

Strategyzer strategyzer.com

DESIGNED BY: Business Model Foundry AG
The makers of Business Model Generation and Strategyzer

サントリーは飲料開発の知見を活かし、時間が経ってもマイボトルでおいしさを楽しめるよう、香りを持続させるための独自技術を採用。従来の缶やペットボトル入りの清涼飲料では使用するには困難な原料も使用し、ホットでもコールドでも好みに合わせて楽しめる飲み物を開発しました。

マイボトルドリンク（サーモスサイド）のキャンバス

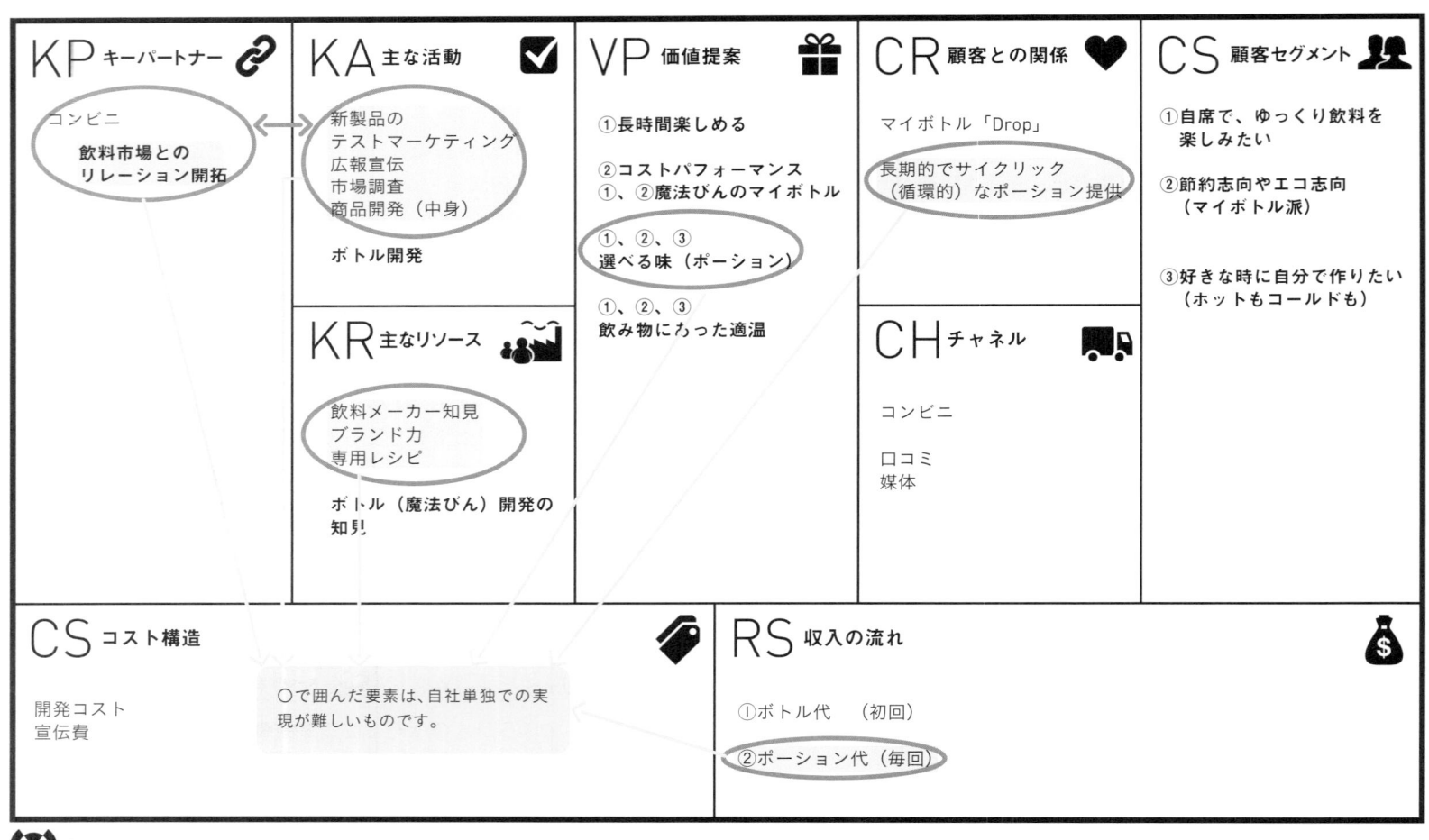

KP キーパートナー 🔗	KA 主な活動 ✅	VP 価値提案 🎁	CR 顧客との関係 ❤️	CS 顧客セグメント 👥
コンビニ （飲料市場との リレーション開拓）	新製品の テストマーケティング 広報宣伝 市場調査 商品開発（中身） ボトル開発	①長時間楽しめる ②コストパフォーマンス ①、②魔法びんのマイボトル ①、②、③ 選べる味（ポーション） ①、②、③ 飲み物にあった適温	マイボトル「Drop」 長期的でサイクリック （循環的）なポーション提供	①自席で、ゆっくり飲料を 楽しみたい ②節約志向やエコ志向 （マイボトル派） ③好きな時に自分で作りたい （ホットもコールドも）
	KR 主なリソース 🏭		**CH** チャネル 🚚	
	飲料メーカー知見 ブランド力 専用レシピ ボトル（魔法びん）開発の 知見		コンビニ 口コミ 媒体	

CS コスト構造 🏷️	RS 収入の流れ 💰
開発コスト 宣伝費 ○で囲んだ要素は、自社単独での実現が難しいものです。	①ボトル代　（初回） ②ポーション代（毎回）

Strategyzer strategyzer.com
DESIGNED BY: Business Model Foundry AG
The makers of Business Model Generation and Strategyzer

サーモスは「drop」の専用設計ボトルに真空断熱技術を採用し、「drop ポーション」を簡単に開封できるハンドルや、香り立ちを楽しむ広口構造などを開発しました。

chapter 5　ケース別 BMGキャンバスの事例集

マイボトルドリンク「drop」（協業プロジェクト）のキャンバス

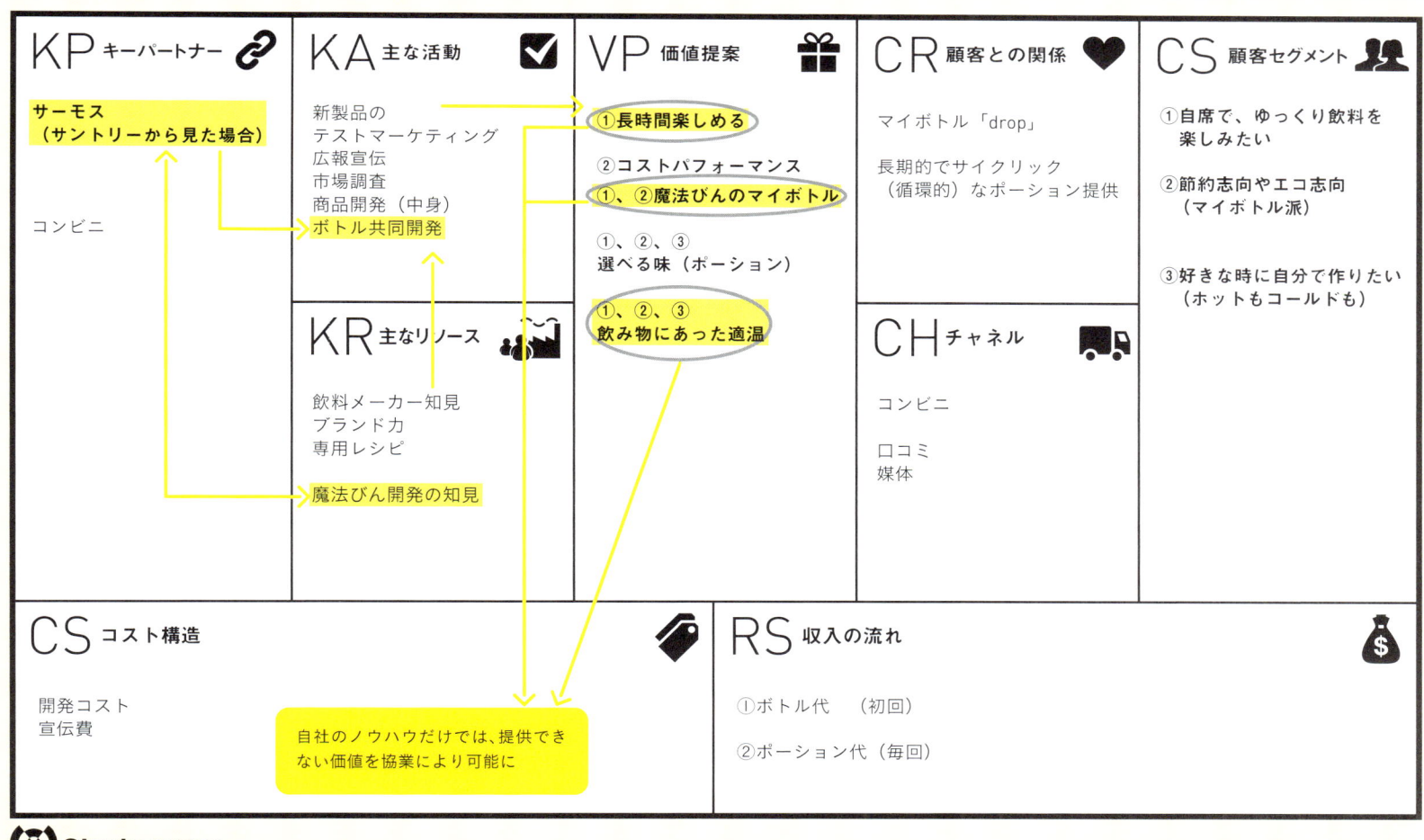

KP キーパートナー	KA 主な活動	VP 価値提案	CR 顧客との関係	CS 顧客セグメント
サーモス（サントリーから見た場合）　　コンビニ	新製品のテストマーケティング　広報宣伝　市場調査　商品開発（中身）　ボトル共同開発	①長時間楽しめる　②コストパフォーマンス　①、②魔法びんのマイボトル　①、②、③選べる味（ポーション）　①、②、③飲み物にあった適温	マイボトル「drop」　長期的でサイクリック（循環的）なポーション提供	①自席で、ゆっくり飲料を楽しみたい　②節約志向やエコ志向（マイボトル派）　③好きな時に自分で作りたい（ホットもコールドも）
	KR 主なリソース　飲料メーカー知見　ブランド力　専用レシピ　魔法びん開発の知見		**CH チャネル**　コンビニ　口コミ　媒体	

CS コスト構造	RS 収入の流れ
開発コスト　宣伝費　　自社のノウハウだけでは、提供できない価値を協業により可能に	①ボトル代（初回）　②ポーション代（毎回）

Strategyzer strategyzer.com
DESIGNED BY: Business Model Foundry AG
The makers of Business Model Generation and Strategyzer

マイボトルドリンク「drop」は、サントリーが"おいしい温度を保つマイボトルで楽しむための飲み物"を、サーモスが"おいしい飲み物をより楽しむための保温・保冷マイボトル"を提供するため、3年の開発期間をかけて完成しました。

123

Case Study

オーパワー　節電プラットフォーム

顧客が節電するほど売り上げが向上するビジネスモデルの事例を紹介します。

● 公益事業パートナー　　● 節電　　● スマートメーター

■ 電力、ガスなどの利用状況を提供

オーパワー（OPOWER）は、90社以上の電気、ガスなどの公益事業パートナーと提携し、世界各国の2000万世帯以上の顧客にサービスを提供しています。公益市場における「顧客エンゲージメント・プラットフォーム」を構築しており、日本では東京電力と業務提携を行い、家庭向けに開始した東京電力の無料会員制インターネットサービス「でんき家計簿」を通じてアクセス可能です。

■ 利用状況が分かれば省エネに力が入る

オーパワーは、電力を利用する一般の消費者に省エネを促進する情報を提供するサービスを行います。たとえば、米国サンフランシスコでは、地元の電力供給会社から毎月送られてくる請求書に、オーパワーによって分析された電気利用の記録が同封されてきます。利用記録には、毎日どの時間帯に多く電力を使ったか、同じ地域の家族構成などが近い他の家庭での消費との比較などがグラフ形式で表示されます。

それによって、朝は電子レンジやドライヤーなどの利用が多くなり、他の家に比べて無駄遣いが多いようだといったことがよく分かるようになります。つまり、オーパワーのサービスによって、単なる使用料と料金だけでなく、自分の家の電力消費の具体的な実態を、把握できるようになります。消費量が明確に把握できるようになると、消費者はより省エネに励むことが様々な調査で分かっています。利用記録には毎月の節電目標とその達成度を提示、あわせてどうすれば、もっと省エネができるのかといったアドバイスを、その家の利用パターンに合わせて教えてくれます。

■ ユニークなビジネスモデルで Win × Win × Win

オーパワーのビジネスモデルは、たいへんユニークです。ネットに接続されたスマートメーターのデータを分析し、行動科学やビッグデータの解析のテクニックなどにより、独自の解析を行っています。

すでに世界各国で消費者にサービスを提供していますが、オーパワーが契約するのは電力供給会社で、電力消費が1キロワット時節約されるごとに3〜5セントを受け取るというビジネスモデルのため、消費者への告知、宣伝を直接行うことなく安定した収入を確保することができます。

一方、電力会社から消費者への請求書に、「どうすれば電力を使わないようにするか」を満載したお知らせが同封され、節約志向の消費者のための顧客満足度にも貢献し、自社×電力会社（顧客）×利用者（エンドユーザ）の3者のWinを実現しています。

chapter 5 ケース別 EMGキャンバスの事例集

オーパワーの節電プラットフォームのキャンバス

KP キーパートナー	KA 主な活動	VP 価値提案	CR 顧客との関係	CS 顧客セグメント
電力会社 ←→	利用記録の提供 解析ノウハウの蓄積 電力各社との提携 システム強化	①消費者の満足度向上 ①安定した電力供給 ①節電の定着	①対面 提携によるプラットフォーム ②適切な見えるアドバイス	顧客 ①電力会社
	KR 主なリソース プラットフォーム 解析ノウハウ	②電気代の節約 ②利用の可視化	CH チャネル ①営業、訪問 ②サービス 利用記録（請求書）	エンドユーザ ②一般消費者

CS コスト構造	RS 収入の流れ
プラットフォーム運営管理コスト 人件費	①サービス利用料（1キロワット時節約されるごとに3〜5セント）

> このモデルでは、節電量に合わせて支払う電力会社が顧客ではあるが、エンドユーザである消費者にサービスを提供する際に欠かすことのできないパートナーとしても地域の電力会社が挙げられるため、KPとCSの両方に記載してあります。

Strategyzer strategyzer.com

DESIGNED BY: Business Model Foundry AG
The makers of Business Model Generation and Strategyzer

Case Study

リネット　クリーニング保管サービス

宅配クリーニングの良さと保管サービスをワンストップで提供するビジネスモデルの事例を紹介します。

◆宅配クリーニング　◆保管サービス　◆顧客の声

■ 顧客のニーズをワンストップでサービス化

　衣替えの時期、クリーニングが終わった後の衣類を入れ替える作業は面倒ですし、収納場所が少なくて困った経験をお持ちの方も多いと思います。宅配クリーニングの大手リネットが提供する「クリーニング＋保管」は、衣替えのクリーニング品を家から一歩も出ることなく預けて、クリーニング後、衣類を指定した期間まで、そのまま無料で保管してもらえるサービスです。

　宅配業者に衣類を預けるだけで、衣類をクリーニングでキレイにした上で、かさばる冬物のコートや収納しているだけでは劣化してしまう生地の服などを、クリーニング店の管理が行き届いた倉庫で大切に保管してくれるため、昨今利用者が拡大しています。

■ もともとあった顧客ニーズ

　衣類をクリーニング店に持ち込んで、引き取りにいくという形態が従来のモデルだったのに対し、ライフスタイルの変化などにより、顧客のニーズは多様化しており、すでに宅配クリーニングやストレージサービス（保管庫）のサービスは、ばらばらに提供されてきました。しかし、ここ数年クリーニングチェーン店が保管サービスをはじめると、潜在ニーズは一気に顕在化しました。

　顧客ニーズを見てみましょう。

- 衣替えを考えている
- 整理・整頓が苦手で衣類の保管が面倒
- 虫食いやカビなどが心配だけれども知識がなく、手間も面倒
- お洒落が大好きで流行に合わせて服を買いたいけれど収納場所を確保することがたいへん
- 自分で手入れや保管が難しい着物・毛皮・カシミヤ素材など洋服を最適な状態で保管したい
- 店舗に必要なタイミングで引き取りに行く時間がない、面倒

　こうしたニーズに応えるため、繊維品質管理者による管理を行っています。衣類に最適な空調管理を行い、虫食いやダニ、カビの発生を防いでいます。また、洗濯時の品質管理も徹底し、抗菌剤の入った洗剤を使用するなどキレイにクリーニングし、最適な状態で保管することを徹底しています。

■ 顧客の声をサービス向上に活かす

　もともと宅配クリーニングを専門に運営しているので、クリーニングの質は高い評価を得ています。また、たとえば、12点以上だとハンガーボックスで自宅へ届けてくれる、オプション加工が付けられるなどのオプションサービスやコストパフォーマンスの観点からも、5万人以上の顧客の声をもとにサービスを改善しています。

リネットの宅配クリーニング利用者のVPキャンバス

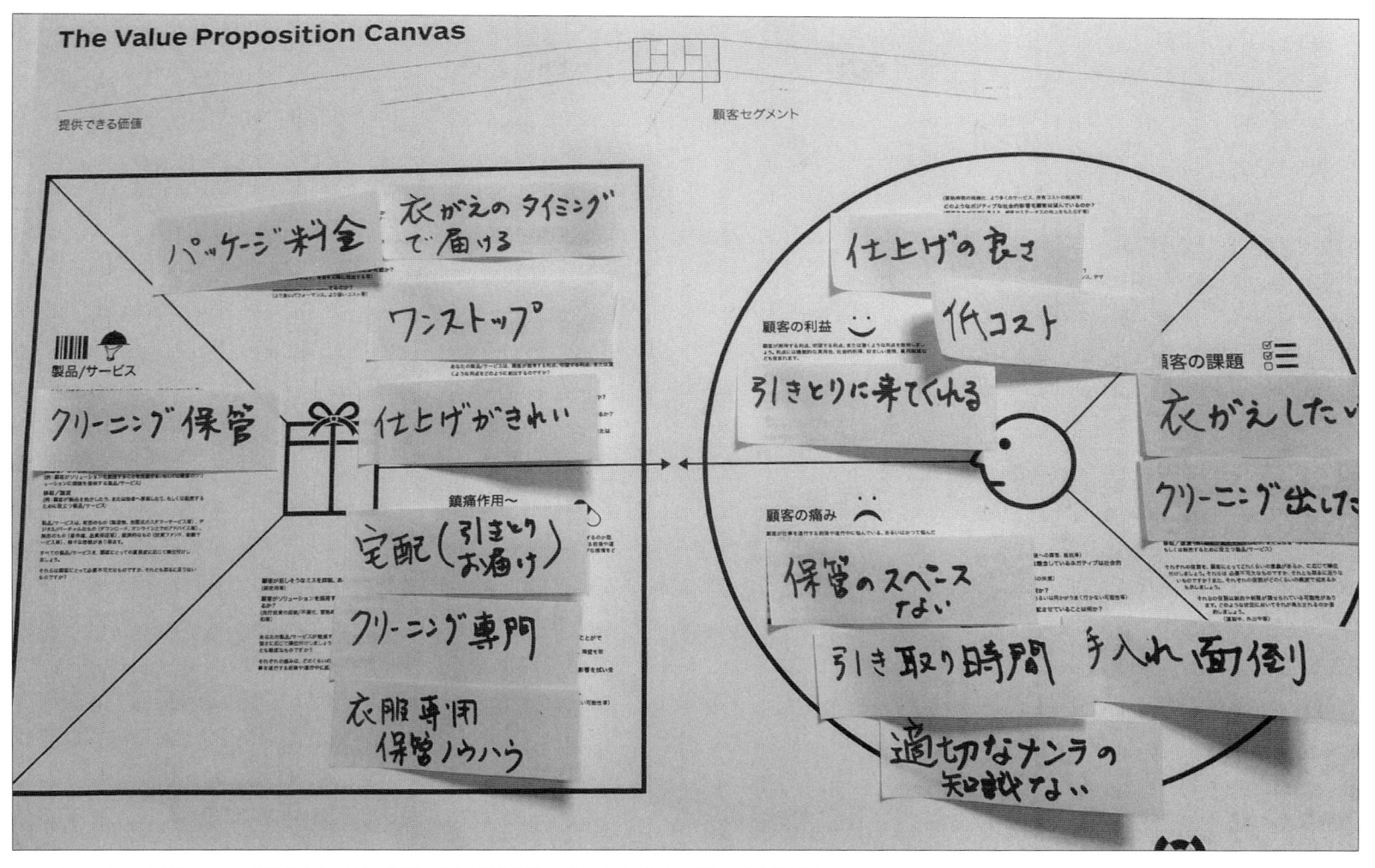

VPキャンバスで宅配クリーニングが利用者に対して提供できる価値と顧客セグメントをまとめ、メリットを探りました。

リネットの宅配クリーニング保管サービスのキャンバス

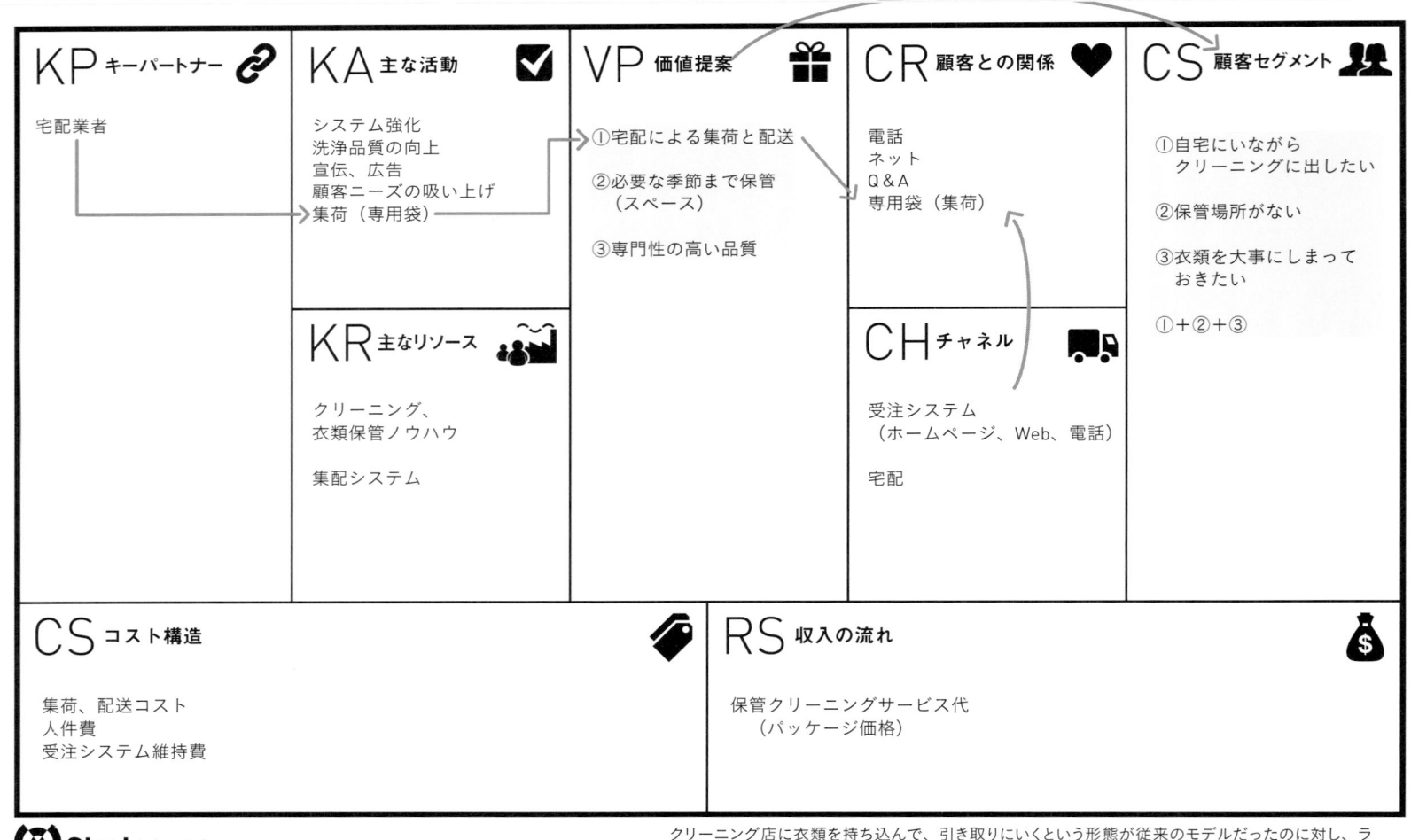

KP キーパートナー	KA 主な活動	VP 価値提案	CR 顧客との関係	CS 顧客セグメント
宅配業者	システム強化 洗浄品質の向上 宣伝、広告 顧客ニーズの吸い上げ 集荷（専用袋）	①宅配による集荷と配送 ②必要な季節まで保管（スペース） ③専門性の高い品質	電話 ネット Q&A 専用袋（集荷）	①自宅にいながらクリーニングに出したい ②保管場所がない ③衣類を大事にしまっておきたい ①+②+③
	KR 主なリソース クリーニング、 衣類保管ノウハウ 集配システム		**CH チャネル** 受注システム （ホームページ、Web、電話） 宅配	

CS コスト構造	RS 収入の流れ
集荷、配送コスト 人件費 受注システム維持費	保管クリーニングサービス代 （パッケージ価格）

Strategyzer strategyzer.com
DESIGNED BY: Business Model Foundry AG
The makers of Business Model Generation and Strategyzer

クリーニング店に衣類を持ち込んで、引き取りにいくという形態が従来のモデルだったのに対し、ライフスタイルの変化などにより、顧客のニーズは多様化しており、すでに宅配クリーニングやストレージサービス（保管庫）のサービスは、ばらばらに提供されてきました。しかし、ここ数年クリーニングチェーン店が保管サービスを始めたことで、潜在ニーズは一気に顕在化しました。

Case Study

chapter 5 ケース別 BMGキャンバスの事例集

N社＋M社 「アサイーボウル大福」開発プロジェクト

関東と関西の企業がコラボレーションして、画期的な新スイーツを開発した事例を紹介します。

◆ 風評被害克服　　◆ ヘルシースイーツ　　◆ 共同開発

■ 「食」に対する強い思いを持つN社とM社

　N社は大手製粉会社のひとつであり、神奈川県厚木市にある研究所では、機能性素材セラミドの食品への応用分野で大きな成果を上げていました。しかし、研究開発のチームにとって商品化やマーケティングの分野は、まだまだ未開拓の状態でした。

　一方でM社は、「日本のコメ文化を世界へ」と米粉を使用したクオリティの高いメイドイン・ジャパン・スイーツを国内外に製造・販売していましたが、東日本大震災以降は海外での風評被害の影響を受け、苦境に立たされていました。

　N社は、開発したセラミドをサプリメントだけでなく、広く食品に応用できないか、また、これまでの業務用以外にも販路開拓ができないかと模索していました。

　その一方でM社は、スーパーやコンビニの棚に並ぶ新しいコンセプトの商品開発のための画期的なアイデアを探していました。

　両社ともそれぞれの分野で長年健康や美容に関わる「食」に対する思いはとても強いものでした。

■ 会員制サロンでの出会いが共同開発へ発展

　2013年4月にオープンした商業ビル「グランフロント大阪」内には、知的創造拠点「ナレッジキャピタル」が開設されました。ナレッジキャピタルでは、ビジネスパーソン、研究者、大学関係者、クリエイターなど、分野を越えた様々な人々の「新たな出会いと交流、そして価値創造の場」として会員制交流サロン「ナレッジサロン」を提供しています。このサロンのメンバーでもあり、ビジネスモデル・キャンバスを用いてコンサルテーションを行うD社が、ナレッジサロンにおいてN社とM社を引き合わせたことをきっかけに、新たな共同開発がスタートすることとなりました。

■ カロリー控えめで美容に効果的なスイーツを

　M社の高崎工場・商品開発チームとN社の機能性素材開発チームによって新たな商品開発が始まりました。このコラボレーションによって生まれた「アサイーボウル大福」は、肌の保湿効果が期待できるセラミドという機能性素材を、洋風大福という斬新な菓子に加えることによって、カロリーは控えめでも満足感の高いユニークな商品となりました。

　美容と健康に効果的なスイーツというその斬新な企画力から、全国のコンビニエンスストアで販売され、マスコミやブログでも多く取り上げられるなど、美意識の高い女性を中心に、ヘルシー志向の多くの消費者に支持され、2013年10月の発売以来、わずか3週間で20万個以上の売り上げを記録、震災後の北関東における食品メーカーに希望をもたらしました。

▶コラボレーション前のN社のキャンバス

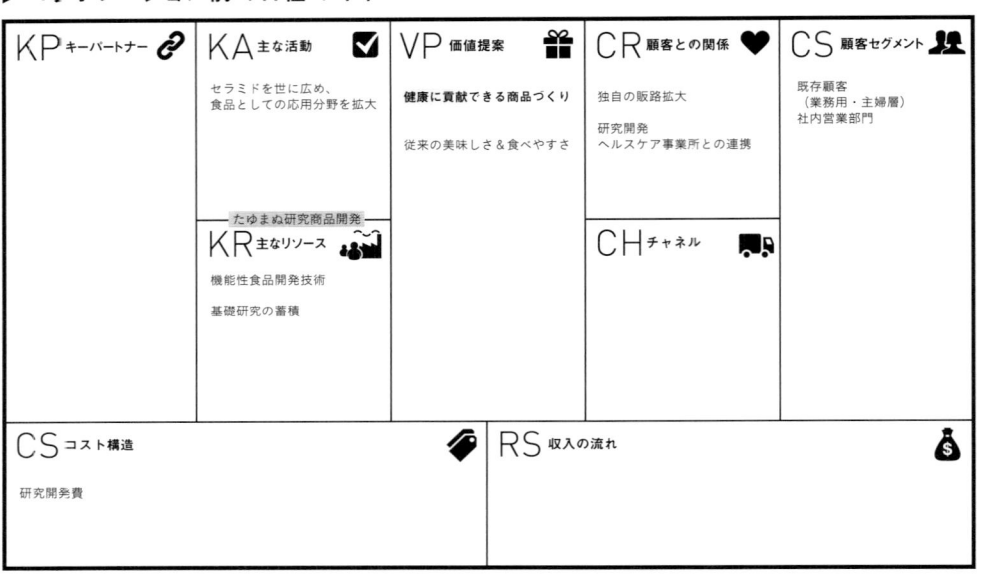

KP キーパートナー	KA 主な活動	VP 価値提案	CR 顧客との関係	CS 顧客セグメント
	セラミドを世に広め、食品としての応用分野を拡大	**健康に貢献できる商品づくり** 従来の美味しさ＆食べやすさ	独自の販路拡大 研究開発 ヘルスケア事業所との連携	既存顧客 （業務用・主婦層） 社内営業部門
	たゆまぬ研究商品開発 KR 主なリソース 機能性食品開発技術 基礎研究の蓄積		CH チャネル	

CS コスト構造	RS 収入の流れ
研究開発費	

セラミドなど機能性素材の食品への応用技術を利用し、サプリメント以外の新しい商品開発やマーケット開拓を模索していました。

▶コラボレーション後のN社のキャンバス

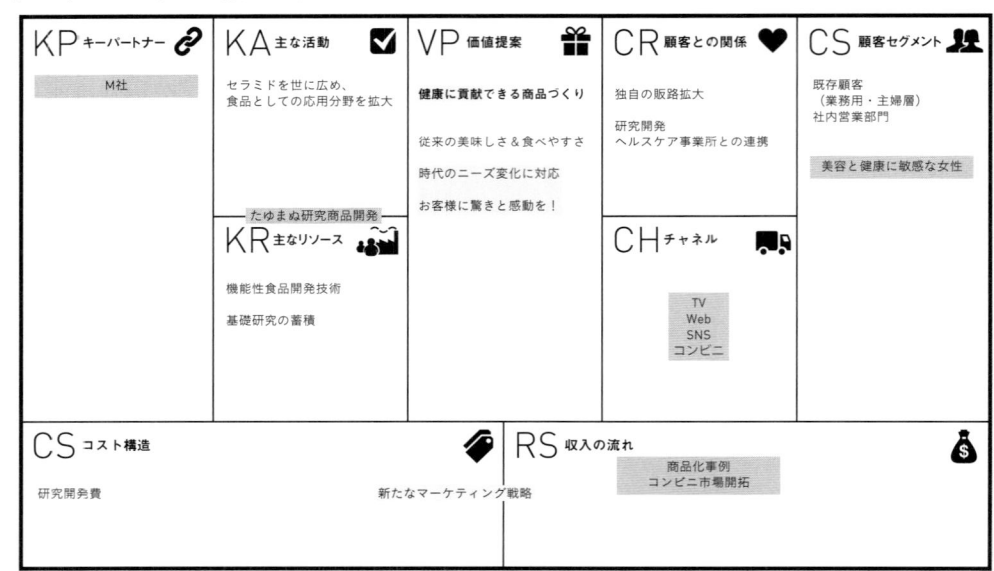

KP キーパートナー	KA 主な活動	VP 価値提案	CR 顧客との関係	CS 顧客セグメント
M社	セラミドを世に広め、食品としての応用分野を拡大	**健康に貢献できる商品づくり** 従来の美味しさ＆食べやすさ 時代のニーズ変化に対応 お客様に驚きと感動を！	独自の販路拡大 研究開発 ヘルスケア事業所との連携	既存顧客 （業務用・主婦層） 社内営業部門 *美容と健康に敏感な女性*
	たゆまぬ研究商品開発 KR 主なリソース 機能性食品開発技術 基礎研究の蓄積		CH チャネル TV Web SNS コンビニ	

CS コスト構造	RS 収入の流れ
研究開発費　　　　　　　　　新たなマーケティング戦略	*商品化事例* *コンビニ市場開拓*

機能性素材（セラミド）の初めてのスイーツ応用が実現、またコンビニ市場の開拓と新しいビジネスチャンスを拡大しました。

▶コラボレーション前のM社のキャンバス

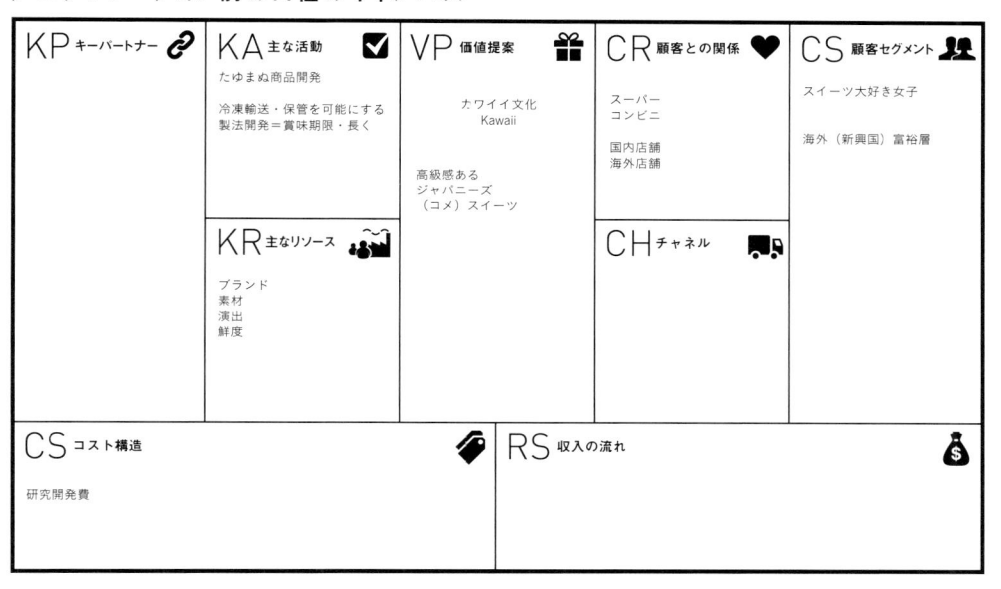

chapter 5 ケース別 BMGキャンバスの事例集

KP キーパートナー	KA 主な活動	VP 価値提案	CR 顧客との関係	CS 顧客セグメント
	たゆまぬ商品開発 冷凍輸送・保管を可能にする 製法開発＝賞味期限・長く **KR 主なリソース** ブランド 素材 演出 鮮度	カワイイ文化 Kawaii 高級感ある ジャパニーズ （コメ）スイーツ	スーパー コンビニ 国内店舗 海外店舗 **CH チャネル**	スイーツ大好き女子 海外（新興国）富裕層

CS コスト構造	RS 収入の流れ
研究開発費	

M社は、厳しい競争に勝ち抜き、スーパーやコンビニの棚に並ぶ新しいコンセプトの商品開発を求めていました。

▶コラボレーション後のM社のキャンバス

KP キーパートナー	KA 主な活動	VP 価値提案	CR 顧客との関係	CS 顧客セグメント
N社 F社	たゆまぬ商品開発 冷凍輸送・保管を可能にする 製法開発＝賞味期限・長く **KR 主なリソース** ブランド 素材 演出 鮮度	カワイイ文化 Kawaii 美容と健康に敏感な 女性のハート♡ 高級感ある ジャパニーズ （コメ）スイーツ	スーパー コンビニ 国内店舗 海外店舗 **CH チャネル** TV Web スイーツ情報 コンビニ	海外（新興国）富裕層 スイーツ大好き女子 新しいモノ好き コンビニファン

CS コスト構造	RS 収入の流れ
セラミド（美容と健康に効果的な素材） 最高の素材 アサイー フルーツグラノーラ	

本商品は、マスコミにも取り上げられ、スイーツランキング急上昇！10/8のフジテレビ「めざましテレビ」や、10/17のTBS「はなまるマーケット」をはじめ、多くのブログやTwitterで話題となりました。

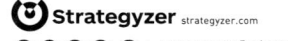

Strategyzer strategyzer.com
DESIGNED BY: Business Model Foundry AG
The makers of Business Model Generation and Strategyzer

（120～131ページのキャンバスすべて）

Appendix

付録では、本書で使ったツールを紹介します。ダウンロード可能なものには右のアイコンが付いています……

● **ビジネスモデルキャンバス**

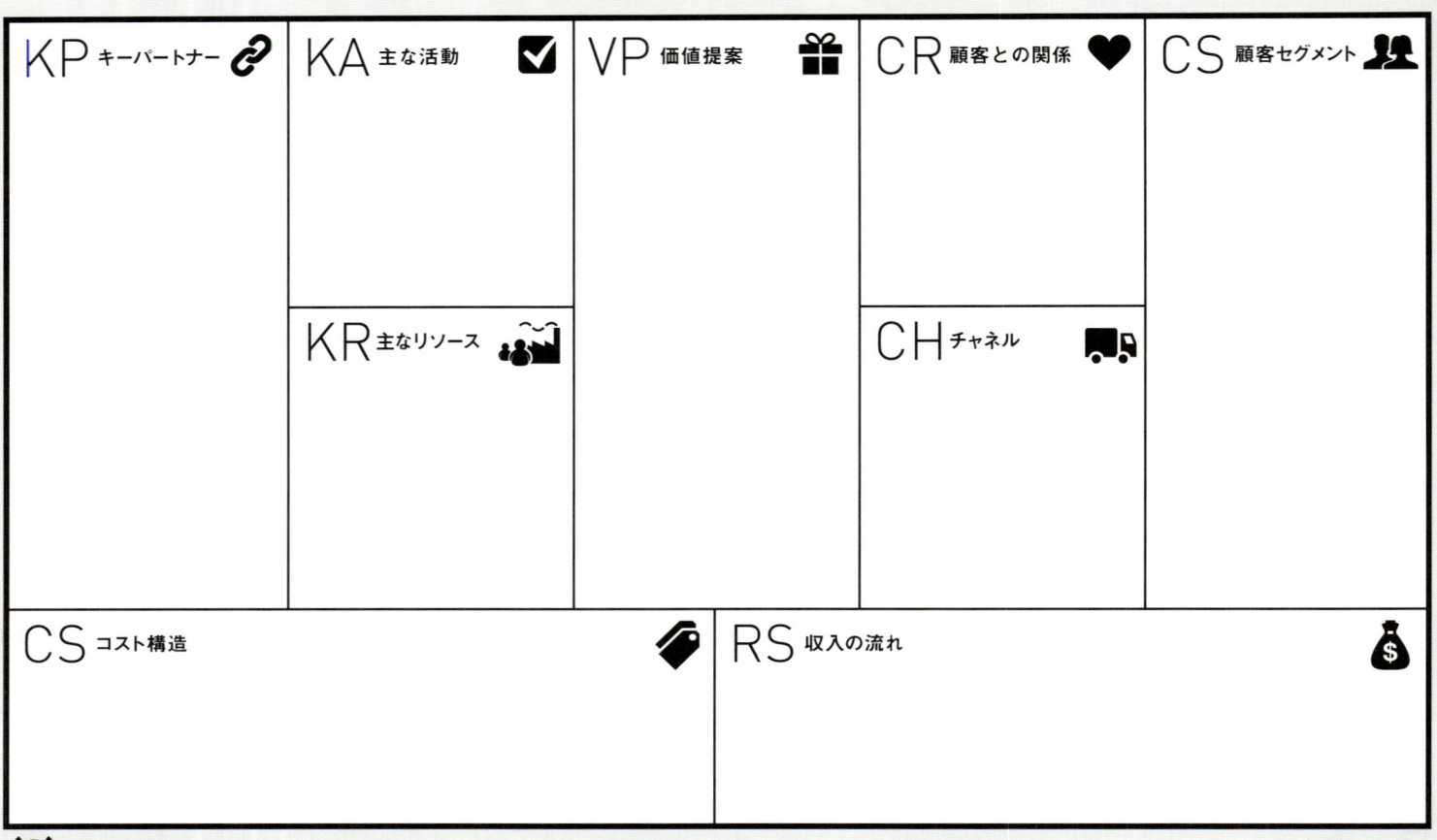

KP キーパートナー	KA 主な活動	VP 価値提案	CR 顧客との関係	CS 顧客セグメント
	KR 主なリソース		CH チャネル	

CS コスト構造	RS 収入の流れ

Strategyzer strategyzer.com

DESIGNED BY: Business Model Foundry AG
The makers of Business Model Generation and Strategyzer

This work is licensed under the Creative Commons Attribution-Share Alike 3.0 Unported License. To view a copy of this license, visit: http://creativecommons.org/licenses/by-sa/3.0/ or send a letter to Creative Commons, 171 Second Street, Suite 300, San Francisco, California, 94105, USA.

BMG実践において、最も主要なツールです。本書でもキャンバスの使いこなしはもちろん、様々な活用例をご紹介しています。

Appendix 本書使用フレームワークについて

● VP（バリュープロポジション）キャンバス

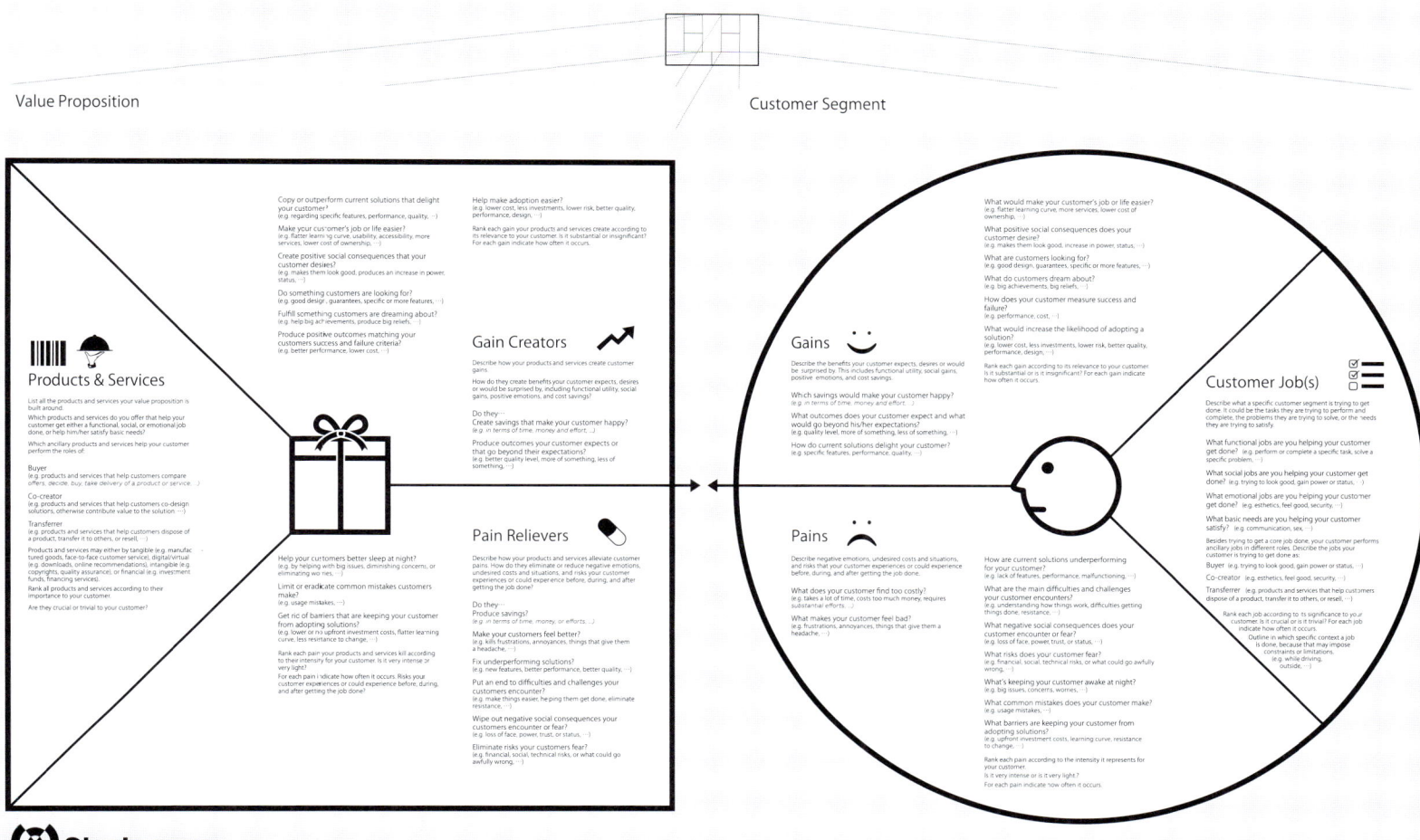

Value Proposition | Customer Segment

Products & Services

List all the products and services your value proposition is built around.
Which products and services do you offer that help your customer get either a functional, social, or emotional job done, or help him/her satisfy basic needs?
Which ancillary products and services help your customer perform the roles of:

Buyer
(e.g. products and services that help customers compare offers, decide, buy, take delivery of a product or service, ...)

Co-creator
(e.g. products and services that help customers co-design solutions, otherwise contribute value to the solution ...)

Transferrer
(e.g. products and services that help customers dispose of a product, transfer it to others, or resell. ...)

Products and services may either be tangible (e.g. manufactured goods, face-to-face customer service), digital/virtual (e.g. downloads, online recommendations), intangible (e.g. copyrights, quality assurance), or financial (e.g. investment funds, financing services).

Rank all products and services according to their importance to your customer.
Are they crucial or trivial to your customer?

Gain Creators

Describe how your products and services create customer gains.

How do they create benefits your customer expects, desires or would be surprised by, including functional utility, social gains, positive emotions, and cost savings?

Do they:

Create savings that make your customer happy?
(e.g. in terms of time, money and effort, ...)

Produce outcomes your customer expects or that go beyond their expectations?
(e.g. better quality level, more of something, less of something, ...)

Copy or outperform current solutions that delight your customer?
(e.g. regarding specific features, performance, quality, ...)

Make your customer's job or life easier?
(e.g. flatter learning curve, usability, accessibility, more services, lower cost of ownership, ...)

Create positive social consequences that your customer desires?
(e.g. makes them look good, produces an increase in power, status, ...)

Do something customers are looking for?
(e.g. good design, guarantees, specific or more features, ...)

Fulfill something customers are dreaming about?
(e.g. help big achievements, produce big reliefs, ...)

Produce positive outcomes matching your customers success and failure criteria?
(e.g. better performance, lower cost, ...)

Help make adoption easier?
(e.g. lower cost, less investments, lower risk, better quality, performance, design, ...)

Rank each of your products and services according to its relevance to your customer. Is it substantial or insignificant? For each gain indicate how often it occurs.

Pain Relievers

Describe how your products and services alleviate customer pains. How do they eliminate or reduce negative emotions, undesired costs and situations, and risks your customer experiences or could experience before, during, and after getting the job done?

Do they:

Produce savings?
(e.g. in terms of time, money, or efforts, ...)

Make your customers feel better?
(e.g. kills frustrations, annoyances, things that give them a headache, ...)

Fix underperforming solutions?
(e.g. new features, better performance, better quality, ...)

Put an end to difficulties and challenges your customers encounter?
(e.g. make things easier, helping them get done, eliminate resistance, ...)

Wipe out negative social consequences your customers encounter or fear?
(e.g. loss of face, power, trust, or status, ...)

Eliminate risks your customers fear?
(e.g. financial, social, technical risks, or what could go awfully wrong, ...)

Help your customers better sleep at night?
(e.g. by helping with big issues, diminishing concerns, or eliminating worries, ...)

Limit or eradicate common mistakes customers make?
(e.g. usage mistakes, ...)

Get rid of barriers that are keeping your customer from adopting solutions?
(e.g. lower or no upfront investment costs, flatter learning curve, less resistance to change, ...)

Rank each pain your products and services kill according to their intensity for your customer. Is it very intense or very light?
For each pain indicate how often it occurs. Risks your customer experiences or could experience before, during, and after getting the job done?

Gains

Describe the benefits your customer expects, desires or would be surprised by. This includes functional utility, social gains, positive emotions, and cost savings.

Which savings would make your customer happy?
(e.g. in terms of time, money and effort, ...)

What outcomes does your customer expect and what would go beyond his/her expectations?
(e.g. quality level, more of something, less of something, ...)

How do current solutions delight your customer?
(e.g. specific features, performance, quality, ...)

What would make your customer's job or life easier?
(e.g. flatter learning curve, more services, lower cost of ownership, ...)

What positive social consequences does your customer desire?
(e.g. makes them look good, increase in power, status, ...)

What are customers looking for?
(e.g. good design, guarantees, specific or more features, ...)

What do customers dream about?
(e.g. big achievements, big reliefs, ...)

How does your customer measure success and failure?
(e.g. performance, cost, ...)

What would increase the likelihood of adopting a solution?
(e.g. lower cost, less investments, lower risk, better quality, performance, design, ...)

Rank each gain according to its relevance to your customer. Is it substantial or is it insignificant? For each gain indicate how often it occurs.

Pains

Describe negative emotions, undesired costs and situations, and risks that your customer experiences or could experience before, during, and after getting the job done.

How are current solutions underperforming for your customer?
(e.g. lack of features, performance, malfunctioning, ...)

What are the main difficulties and challenges your customer encounters?
(e.g. understanding how things work, difficulties getting things done, resistance, ...)

What negative social consequences does your customer encounter or fear?
(e.g. loss of face, power, trust, or status, ...)

What risks does your customer fear?
(e.g. financial, social, technical risks, or what could go awfully wrong, ...)

What's keeping your customer awake at night?
(e.g. big issues, concerns, worries, ...)

What common mistakes does your customer make?
(e.g. usage mistakes, ...)

What barriers are keeping your customer from adopting solutions?
(e.g. upfront investment costs, learning curve, resistance to change, ...)

Rank each pain according to the intensity it represents for your customer. Is it very intense or is it very light?
For each pain indicate how often it occurs.

Customer Job(s)

Describe what a specific customer segment is trying to get done. It could be the tasks they are trying to perform and complete, the problems they are trying to solve, or the needs they are trying to satisfy.

What functional jobs are you helping your customer get done?
(e.g. perform or complete a specific task, solve a specific problem, ...)

What social jobs are you helping your customer get done?
(e.g. trying to look good, gain power or status, ...)

What emotional jobs are you helping your customer get done?
(e.g. esthetics, feel good, security, ...)

What basic needs are you helping your customer satisfy?
(e.g. communication, sex, ...)

Besides trying to get a core job done, your customer performs ancillary jobs in different roles. Describe the jobs your customer is trying to get done as:

Buyer (e.g. trying to look good, gain power or status, ...)

Co-creator (e.g. esthetics, feel good, security, ...)

Transferrer (e.g. products and services that help customers dispose of a product, transfer it to others, or resell, ...)

Rank each job according to its significance to your customer. Is it crucial or is it trivial? For each job indicate how often it occurs.
Outline in which specific context a job is done, because that may impose constraints or limitations.
(e.g. while driving, outside, ...)

Strategyzer strategyzer.com
Copyright Business Model Foundry AG
The makers of Business Model Generation and Strategyzer
Produced by: www.stattys.com

キャンバスの顧客セグメントと価値提案だけにクローズアップして可視化するためのツールです。右側の顧客の分析内容に合わせて、左側の価値提案に該当する内容を考えていきます。

133

● 共感マップ

「共感マップ」は、XPLANEが開発した顧客インサイトを分析するビジュアルシンキング型の思考ツールです。顧客のデモグラフィックな特徴だけでなく、取り巻く環境や行動、関心、願望などを把握するために用います。このツールでディスカッションした顧客プロフィールは、価値提案や顧客への認知、リーチの方法、顧客との適切な関係を考え、デザインしていく際に役立ちます。最終的には、顧客が何に対してなぜお金を払ってくれるのかを理解しやすくなります。

■ 共感マップの使い方

まず、ブレーンストーミングをして、ビジネスモデルに関係しうるすべての顧客セグメントを書き出します。この中から候補を選び、そのうちのひとつを使って、顧客の本音、いわゆるインサイトを探っていきます。

顧客にまず名前をつけ、収入、既婚かどうかなどといったデモグラフィックな特徴を与えます。ペルソナマーケティングのような手法で、個人をより具体的にイメージしていきます。顧客に名前や具体的な特徴をつけてみた上で、次のような6つの質問に答えながら、顧客のプロフィールの構築を細かく行っていきます。

1. 何を見ているのか
生活環境の中で何を見ているのか記述します

2. 何を聞いているのか
だれのどのような影響を受けているのか記述します

3. 何を感じ、何を考えているか
心の中のことを記述します

4. 何を話したり、どんな行動をするのか
顧客が言いそうなこと、公の場での振る舞いを想像します

5. 顧客の痛み
顧客が困っていることや課題意識などを記述します

6. 顧客が得られるもの
欲しているものなどを記述します

共感マップは、自分達のビジネスモデルの仮説に対して、顧客視点がきちんと構築できているかを確認するために役立ちます。本当に顧客が望む問題解決ができているだろうか？ この価値に対してお金を払ってくれると思うだろうか？ などと問いながらビジネスモデルへのフィードバックを行うと効果的です。

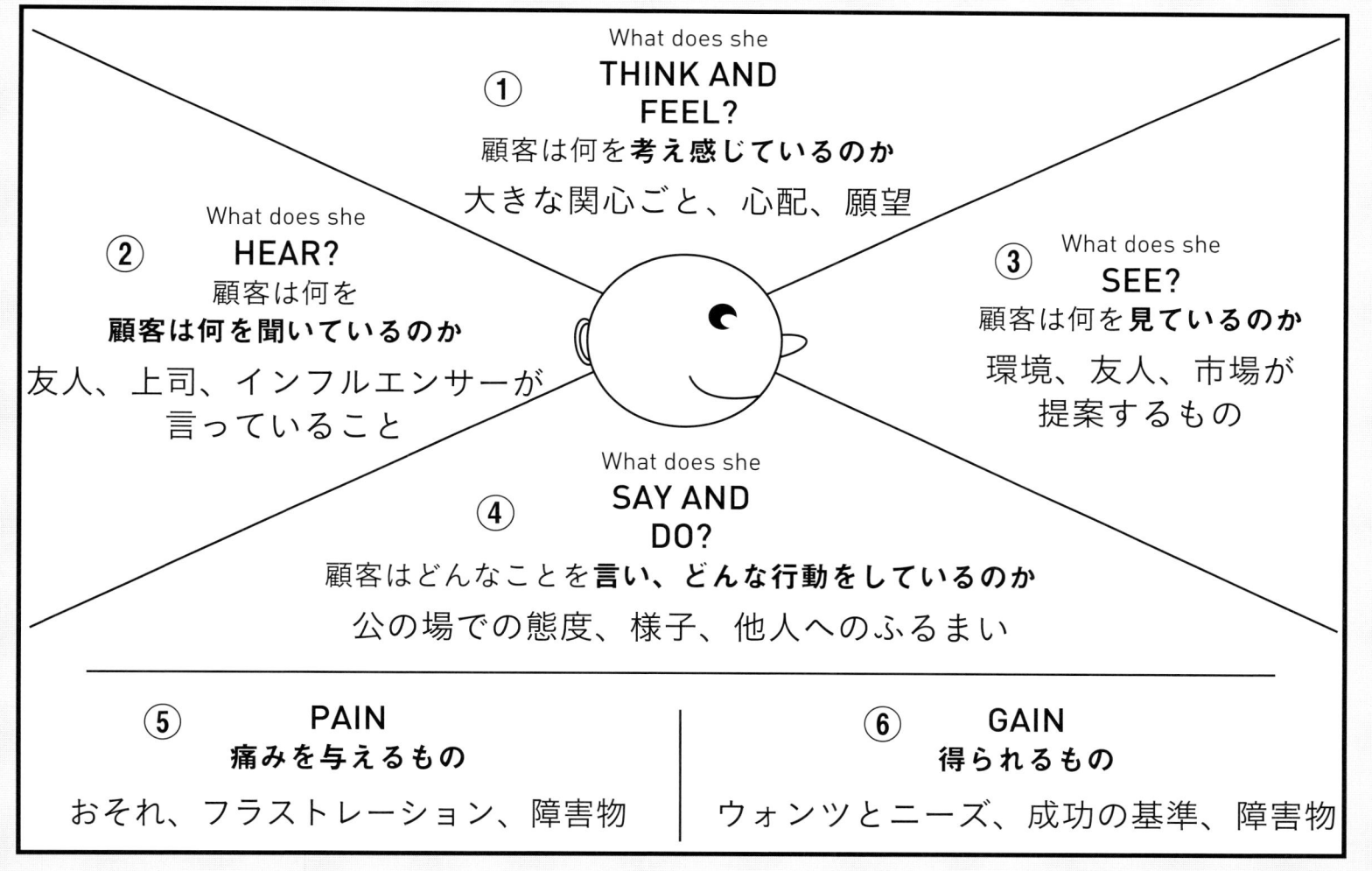

Appendix　本書使用フレームワークについて

① What does she **THINK AND FEEL?**
顧客は何を**考え感じているのか**
大きな関心ごと、心配、願望

② What does she **HEAR?**
顧客は何を
顧客は何を聞いているのか
友人、上司、インフルエンサーが
言っていること

③ What does she **SEE?**
顧客は何を**見ているのか**
環境、友人、市場が
提案するもの

④ What does she **SAY AND DO?**
顧客はどんなことを**言い、どんな行動をしているのか**
公の場での態度、様子、他人へのふるまい

⑤ **PAIN**
痛みを与えるもの
おそれ、フラストレーション、障害物

⑥ **GAIN**
得られるもの
ウォンツとニーズ、成功の基準、障害物

『ビジネス・モデルジェネレーション』（翔泳社）130ページを参考に作成

● アイデア整理シート

■ いきなりキャンバスを描くのが難しい場合に

筆者が、企業研修用に作成したオリジナルシートです。弊社コピーライトを記載の上、ご利用ください。

いきなり、キャンバスを描いていくのには、まだ整理が十分でないと思った場合に、利用すると便利です。また、グループワークを行うまでに自分の頭の中を整理し、テーマとなるビジネスをディスカッションメンバーに説明する際にも役立ちます。

本書のChapter2で具体的な記載例を紹介していますので、ぜひご参照ください。キャンバスに落とし込む内容のポイントを見直すことができるように、4枚のシートを順に記載していきます。

1. テーマとキーワード

対象となるビジネスや製品、サービスにかかわる重要なキーワードをいくつかピックアップしておきます。

2. 顧客ニーズの分析

このビジネスの顧客層と、その顧客層にもたらす価値を、優先度の高い順に列挙してください。ひとつの欄に、共通する複数の要素を記入しても構いません。また、全ての欄を埋める必要はありません。

3. 課題分析①

このビジネスに必要不可欠な新規調達または流用できる、製品やソリューション、パートナーなどを自社・他社問わず、列挙してください。全ての欄を埋める必要はありません。

4. 課題分析②

このビジネスを推進する上での問題点や、足りていない要素を列挙してください。全ての欄を埋める必要はありません。

上記の4シートに、現状のビジネスステイタスやこれから始めようとしているビジネスのアイデアを、該当するシートに従って、考えていきます。

シートを記載する上で、競合のサービスや先行しているサービスなどを研究し、それとの差別化になるポイントなども考えておくと、実際のワークショップでより深い議論を行うことができます。

また、机上ではいいアイデアだと思っても実行上の課題や足りないリソースがどうなっているかなど、他部署に確認しておいたほうがいい内容をあらかじめ把握するためにも活用できます。

アイデア整理シート

テーマ

このテーマに関して、キーとなる要素を記入してください。

キーワード ※特に重要なものにはマーク（「★」など）を入れるなど明記してください。		

キャンバスをいきなり描くことに慣れていない場合は、考えているテーマをいったん書きながら整理することで、アイデアをより明確に表現することができます。

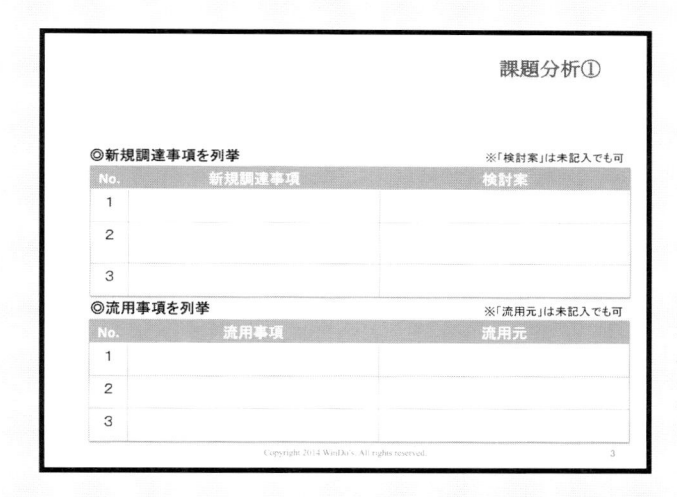

課題分析①

◎新規調達事項を列挙　　※「検討案」は未記入でも可

No.	新規調達事項	検討案
1		
2		
3		

◎流用事項を列挙　　※「流用元」は未記入でも可

No.	流用事項	流用元
1		
2		
3		

実施にあたり新規調達が必要なものや流用可能なものがないかを要件に合わせて記載していきます。検討案や流用元を記載していきます。

顧客ニーズの分析

優先度		顧客セグメント（顧客ニーズ）	価値提案（顧客にもたらす価値）
高	5		
↑	4		
	3		
↓	2		
低	1		

顧客ニーズの分析シートでは、既存のビジネスの場合はより典型的な顧客とそのニーズを、新規のビジネスの場合は、想定している顧客とそのニーズを記載していきます。

課題分析②

◎課題の列挙　　※「対応策」は未記入でも可

No.	課題	対応策
1		
2		
3		

◎不足事項の列挙　　※「補足案・代替案」は未記入でも可

No.	不足事項	補足案・代替案
1		
2		
3		

実施にあたり、課題となる要件や不足が実施の妨げとなっている要件を記載していきます。対策が想定できるものは、合わせて記載しておきます。

● 外部環境分析 SWOT

　外部環境分析には、いろいろな手法やツールがあります。一般的によく利用されるもののひとつにSWOT分析があります。
　外部環境分析を行った結果をキャンバスに反映する際に活用することもできますので、ご紹介します。
　SWOTでは、それぞれ自分たちの強み、弱み、市場の後押しとなる機会要因、逆に脅威となりうる外的要因を記載しておきます。
　ここでは、さらに強みと機会が交差した際に、とるべき戦略や施策を記載します。また自分たちに弱みはあるものの、市場機会の要因がある場合は、たとえば段階的にでも今後取りこぼしが回避できる施策はないか考えます。一方、強みがあっても今後市場的な脅威となる要因がある場合には、コアコンピタンスに集中するなど絞り込みや差別化を図るための施策をあげておきます。さらに弱みがあって、市場の脅威も想定できる場合は撤退なども含めた最悪の事態を回避するための検討を行います。この、交差した部分であげた施策案は、外部環境要因として、反映するための要素に落とし込み、キャンバスに反映していきます。
　シナリオは、そのまま付箋紙にキャンバスの一要素として書き込める内容である場合もあれば、そのシナリオを実践するためのアクティビティやチャネルなど各ブロックの要素に落とし込み直す必要がある場合もあります。

▶攻めと守りを戦略的に思考するSWOT分析

	Opportunity 機会 追い風になっている市場的要因などを列挙します	**Threat 脅威** 今後、脅威となり得る外部的要因を列挙します
Strength 強み 自分たちのビジネスが持っている強み、優位点を列挙します。	積極的攻勢 （事業機会の拡大策）	差別化戦略 （何に絞り込むか？）
Weakness 弱み 自分たちの弱みと感じる要素を箇条書きで列挙します	段階的施策 （取りこぼしを防ぐには？）	専守防衛 or 撤退 （最悪の事態を回避するには？）

SWOT分析では、それぞれ自分達の強み、弱み、市場の後押しとなる機会要因、逆に脅威となりうる外的要因を記載しておきます。

テーマ名	機会Opportunity O1 O2 O3 O4	脅威Threat T1 T2 T3 T4
強みStrength S1 S2 S3 S4	事業機会拡大のシナリオ	絞り込み戦略シナリオ
弱みWeakness W1 W2 W3 W4	取りこぼしを防ぐシナリオ	最悪の事態を回避するシナリオ

個人のビジネスモデル・キャンバス（パーソナル・キャンバス）

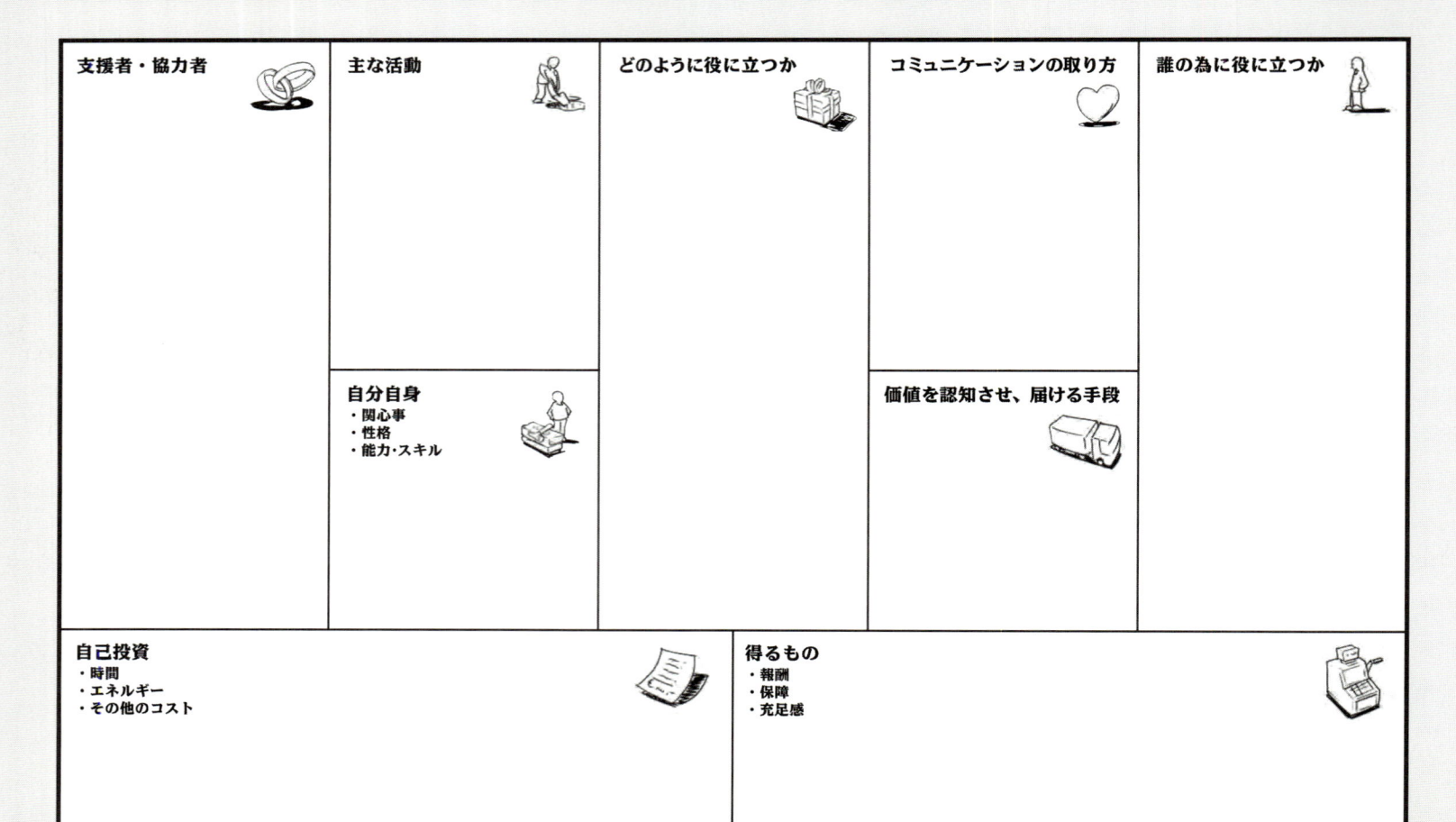

支援者・協力者	主な活動	どのように役に立つか	コミュニケーションの取り方	誰の為に役に立つか
	自分自身 ・関心事 ・性格 ・能力・スキル		価値を認知させ、届ける手段	

| 自己投資
・時間
・エネルギー
・その他のコスト | 得るもの
・報酬
・保障
・充足感 |

本書でも紹介している、BMGのメソッドがベースとなったBMYのキャンバスです。

BusinessModelYou.com – The *BMY* Personal Canvas is a derivative work of BusinessModelGeneration.com, and is licensed under Creative Commons CC BY-SA 3.0
To view a copy of this license, visit http://creativecommpns.org/licenses/by-sa/3.0/

最後に

ここ数年、国内外で多くの企業や組織がBMGを導入しはじめています。

著者も本当に数多くの企業の皆様にBMGやBMYをお伝えするワークショップや講演を行って参りました。こうした活動を通じて、たくさんの参加者の方々がBMGの卓越したメソッドに共感し、熱い思いで明日に立ち向かおうと志す姿を拝見し、私自身も大きな感銘を受けてきました。

本書を手に取ってくださった方々にも、今感じている閉塞感を打ち破るための"気づき"を少しでも感じていただけたらこんなにうれしいことはありません。

また、これから新しいビジネスに向かう前途有望な皆様にさらなる成功への近道を実感していただければ幸いです。

今津美樹

謝辞

制作協力者
本書の出版にあたり資料やアイデアのご提供・ご協力、またアドバイスを頂戴した多くの皆様にこの場を借りて感謝いたします。

木下 忠

絹川 輝和

大久保 香織

柏谷 由

吉田 雄哉

Special Thanks to

Yves Pigneur

Tim Clark

Isabelle Pigneur

Yukiko

Minako

Keiko

Fumika

Masako

Takashi

Seiko

なお、動画コンテンツ配信のための録画・制作はメディアサイト株式会社にご協力いただき、収録いたしました。

http://www.mediasite.co.jp/
メディアサイト株式会社では、Web講演会や授業収録、インターネット上での映像配信システム「Mediasite」を提供しています。映像収録の専用Recorderと、配信から管理までをトータルにサポートするServerソフトウェアにて、オンデマンド配信やライブ配信を実現します。

著者略歴

今津美樹
（いまづ・みき）

ウィンドゥース 代表取締役
ITアナリスト
明治大学リバティアカデミー講師

米国系IT企業にてマーケティングスペシャリストとしての長年の実績と20カ国以上におよぶグローバルでの経験による、マーケティングアウトソーサーウィンドゥースの代表を務める。
また、株式会社リンクステーションほか社外取締役を歴任。ITを活用したマーケティングに関する講演・企業研修など幅広く活動し、ITアナリストとしてラジオ解説、執筆活動・解説・書評等多数。
BMGおよびBMYワークショップのファシリテーターとして国内外の数多くの企業研修を手掛けるほか、Business Model You 日本代理店として原著者ティム・クラークと日本におけるBusiness Model Youの普及准進やコースの提供を行う。

http://www.windo.co.jp/bmg
https://www.facebook.com/WinDos.co

STAFF

ブックデザイン　小口翔平 + 西垂水敦（tobufune）
カバーイラスト・マンガ・本文イラスト
　　　　　　　　加納徳博
DTP　　　　　　岩村美佳
データ協力　　　株式会社アズワン
編集　　　　　　江種美奈子、近藤真佐子、斎藤澄人
　　　　　　　　（翔泳社）

本書内容に関するお問い合わせについて

このたびは翔泳社の書籍をお買い上げいただき、誠にありがとうございます。弊社では、読者の皆様からのお問い合わせに適切に対応させていただくため、以下のガイドラインへのご協力をお願い致しております。下記項目をお読みいただき、手順に従ってお問い合わせください。

●ご質問される前に
弊社Webサイトの「正誤表」をご参照ください。これまでに判明した正誤や追加情報を掲載しています。
正誤表　https://www.shoeisha.co.jp/book/errata/

●ご質問方法
弊社Webサイトの「刊行物Q&A」をご利用ください。
刊行物Q&A　https://www.shoeisha.co.jp/book/qa/

インターネットをご利用でない場合は、FAXまたは郵便にて、下記"翔泳社 愛読者サービスセンター"までお問い合わせください。電話でのご質問は、お受けしておりません。

●回答について
回答は、ご質問いただいた手段によってご返事申し上げます。ご質問の内容によっては、回答に数日ないしはそれ以上の期間を要する場合があります。

●ご質問に際してのご注意
本書の対象を越えるもの、記述個所を特定されないもの、また読者固有の環境に起因するご質問等にはお答えできませんので、予めご了承ください。

●郵便物送付先およびFAX番号
送付先住所　〒160-0006　東京都新宿区舟町5
FAX番号　03-5362-3818
宛先（株）翔泳社 愛読者サービスセンター

※本書に記載されたURL等は予告なく変更される場合があります。
※本書の出版にあたっては正確な記述につとめましたが、著者や出版社などのいずれも、本書の内容に対してなんらかの保証をするものではなく、内容やサンプルに基づくいかなる運用結果に関してもいっさいの責任を負いません。
※本書に掲載されている画面イメージなどは、特定の設定に基づいた環境にて再現される一例です。
※本書に記載されている会社名、製品名はそれぞれ各社の商標および登録商標です。

図解
ビジネスモデル・ジェネレーション
ワークショップ

2014年　6月23日　初版第1刷発行
2020年　9月10日　初版第4刷発行

著者　　　今津美樹
発行人　　佐々木 幹夫
発行所　　株式会社 翔泳社
　　　　　(https://www.shoeisha.co.jp/)
印刷・製本　日経印刷株式会社
©2014 Miki Imazu

＊本書は著作権法上の保護を受けています。本書の一部または全部について、株式会社翔泳社から文書による許諾を得ずに、いかなる方法においても無断で複写、複製することは禁じられています。

＊本書のお問い合わせについては、本ページに記載の内容をお読みください。

＊落丁・乱丁はお取り替えいたします。03-5362-3705までご連絡ください。

ISBN 978-4-7981-3696-7
Printed in Japan